ZHONGGUO WENHUA WENWU HE LÜYOU
TONGJI NIANJIAN

中国文化文物和旅游统计年鉴

中华人民共和国文化和旅游部 编

2024

国家图书馆出版社

图书在版编目（CIP）数据

中国文化文物和旅游统计年鉴. 2024 / 中华人民共和国
文化和旅游部编. --北京 : 国家图书馆出版社, 2024.
ISBN 978-7-5013-8306-1
Ⅰ. G12-66；K87-66
中国国家版本馆 CIP 数据核字第 2024NY5629 号

书　　名　中国文化文物和旅游统计年鉴 2024
ZHONGGUO WENHUA WEIWU HE
LÜYOU TONGJI NIANJIAN 2024
著　　者　中华人民共和国文化和旅游部　编
责任编辑　王炳乾

出版发行　国家图书馆出版社（北京市西城区文津街 7 号　100034）
（原书目文献出版社　北京图书馆出版社）
010-66114536　63802249　nlcpress@nlc. cn（邮购）
网　　址　http://www.nlcpress.com
印　　装　河北鲁汇荣彩印刷有限公司
版次印次　2024 年 12 月第 1 版　2024 年 12 月第 1 次印刷

开　　本　880×1230　1/16
印　　张　25.75
字　　数　576 千字
书　　号　ISBN 978-7-5013-8306-1
定　　价　298.00 元

《中国文化文物和旅游统计年鉴 2024》

编者说明

一、《中国文化文物和旅游统计年鉴 2024》系统收录了全国和各省、自治区、直辖市 2023 年文化和旅游发展各方面的统计数据，以及其他重要历史年份的统计数据，是一部全面反映我国文化建设和旅游发展情况的综合性统计资料。

二、本年鉴正文内容共分为九个部分：一、综合；二、公共图书馆；三、群众文化；四、艺术；五、文化市场；六、旅游；七、文物；八、教育、科技及其他；附录资料。为方便读者使用，多数篇末附有《主要统计指标解释》。

三、本资料尚缺香港、澳门特别行政区及台湾省的资料。

四、符号使用说明：资料中的空缺项表示该项统计指标数据不足本表最小单位数、无该项数据或该项统计指标数据不详，“#”表示主要项。

五、年鉴中若有遗漏和不足之处，请读者批评指正，以便在内容上不断完善和充实。

编　　者

2024 年 8 月

目　　录

一、综合

2023 年全国文化和旅游发展主要统计数据……2
按年份全国主要文化和旅游机构数……3
按年份全国文化和旅游事业费基本情况……4
按年份各地区文化和旅游事业费……5
按年份各地区文化和旅游事业费占财政支出比重……6
按年份各地区人均文化和旅游事业费及位次……7
2023 年全国文化和旅游机构数和从业人员情况……8
2023 年全国文化和旅游部门所属机构经费收支基本情况……12
2023 年各地区主要文化和旅游机构数……14
2023 年各地区主要文化和旅游机构从业人员数……15
主要统计指标解释……16

二、公共图书馆

按年份全国公共图书馆主要业务活动情况……22
按年份全国公共图书馆经费收支及设施情况……23
按年份各地区公共图书馆机构数……24
按年份各地区公共图书馆从业人员……25
按年份各地区公共图书馆总藏量……26
按年份各地区人均拥有公共图书馆藏量……27
按年份各地区公共图书馆总流通人次……28
按年份各地区公共图书馆图书外借册次……29
按年份各地区公共图书馆财政拨款……30
按年份各地区公共图书馆总支出……31
按年份各地区公共图书馆新增藏量购置费……32
按年份各地区公共图书馆人均购书费……33

按年份各地区公共图书馆购书费支出占总支出的比重……34
按年份各地区公共图书馆新购图书册数……35
按年份各地区公共图书馆阅览室座席数……36
按年份各地区每万人公共图书馆建筑面积……37
2023 年公共图书馆基本情况……38
2023 年各地区公共图书馆基本情况……44
2023 年各地区省级公共图书馆基本情况……56
2023 年各地区地市级公共图书馆基本情况……68
2023 年各地区县市级公共图书馆基本情况……80
主要统计指标解释……92

三、群众文化

按年份全国文化馆（站）基本情况……97
按年份各地区文化馆（站）机构数……98
按年份各地区文化馆机构数……99
按年份各地区文化站机构数……100
按年份各地区文化馆（站）从业人员数……101
按年份各地区文化馆（站）组织文艺活动次数……102
按年份各地区文化馆（站）举办训练班次……103
按年份各地区文化馆（站）培训人次……104
按年份各地区文化馆（站）财政拨款……105
按年份各地区文化馆（站）总支出……106
按年份各地区每万人拥有文化馆（站）设施建筑面积……107
2023 年全国文化馆（站）基本情况……108
2023 年各地区文化馆（站）基本情况……112
2023 年各地区省级文化馆基本情况……120
2023 年各地区地市级文化馆基本情况……128
2023 年各地区县市级文化馆基本情况……136
2023 年各地区文化站基本情况……144
2023 年各地区乡镇文化站基本情况……150

主要统计指标解释……156

四、艺术

按年份各地区艺术表演团体机构数……159
按年份全国文化和旅游部门执行事业会计制度的艺术表演团体基本情况……160
按年份各地区文化和旅游部门执行事业会计制度的艺术表演团体演出场次……161
按年份各地区文化和旅游部门执行事业会计制度的艺术表演团体演出观众人次……162
按年份各地区文化和旅游部门执行事业会计制度的艺术表演团体演出收入……163
按年份各地区文化和旅游部门所属艺术表演场馆机构数……164
按年份全国文化和旅游部门执行事业会计制度的艺术表演场馆基本情况……165
按年份各地区文化和旅游部门执行事业会计制度的艺术演出场馆观众人次……166
按年份各地区文化和旅游部门执行事业会计制度的艺术表演场馆演出收入……167
2023 年全国艺术表演团体情况……168
2023 年全国文化和旅游部门所属艺术表演团体基本情况……170
2023 年全国文化和旅游部门执行事业会计制度的艺术表演团体基本情况……172
2023 年全国文化和旅游部门执行企业会计制度的艺术表演团体基本情况……176
2023 年其他部门文艺表演团体基本情况……180
2023 年全国艺术表演场馆基本情况……182
2023 年全国文化和旅游部门所属艺术表演场馆基本情况……184
2023 年全国文化和旅游部门执行事业会计制度的艺术表演场馆基本情况……186
2023 年全国文化和旅游部门执行企业会计制度的艺术表演场馆基本情况……190
2023 年演出场所经营单位基本情况……194
2023 年各地区艺术表演团体机构数和从业人员数……196
2023 年各地区艺术表演团体分剧种机构数……200
2023 年各地区艺术表演团体演出及收支基本情况……202
2023 年各地区文化和旅游部门所属艺术表演团体基本情况……204
2023 年各地区其他部门文艺表演团体基本情况……208
2023 年各地区艺术表演场馆演出及收支基本情况……214
2023 年各地区文化和旅游部门所属艺术表演场馆基本情况……216
2023 年各地区演出场所经营单位基本情况……218

2023 年美术展览创作机构基本情况 ······ 222
2023 年各地区美术展览创作机构基本情况 ······ 226
2023 年各地区美术馆基本情况 ······ 236
主要统计指标解释 ······ 246

五、文化市场

近年来全国文化市场经营机构基本情况 ······ 248
近年来全国娱乐场所基本情况 ······ 248
近年来全国互联网上网服务营业场所（网吧）基本情况 ······ 249
2023 年全国文化市场经营机构基本情况 ······ 250
2023 年全国娱乐场所基本情况 ······ 250
2023 年全国互联网上网服务营业场所（网吧）基本情况 ······ 252
2023 年全国经营性互联网文化单位基本情况 ······ 254
2023 年全国艺术品经营单位基本情况 ······ 258
2023 年全国演出经纪机构基本情况 ······ 260
2023 年全国各地区文化市场经营机构基本情况 ······ 262
2023 年各地区娱乐场所基本情况 ······ 263
2023 年各地区互联网上网服务营业场所（网吧）基本情况 ······ 264
2023 年各地区经营性互联网文化单位基本情况 ······ 268
2023 年各地区艺术品经营机构基本情况 ······ 276
2023 年各地区演出经纪机构基本情况 ······ 280

六、旅游

按年份旅游业主要发展指标 ······ 286
按年份国内游客出游人次和国内游客出游花费 ······ 287
2023 年国内游客出游基本情况 ······ 288
2023 年各地区 A 级旅游景区基本情况 ······ 289
2023 年各地区分等级 A 级旅游景区数量 ······ 290
2023 年各地区旅行社基本情况 ······ 291
2023 年全国旅行社组织接待国内旅游情况 ······ 292
2023 年各地区星级饭店主要经济指标 ······ 293

2023 年各地区星级饭店机构情况 ………………………………………… 294
2023 年各地区五星级饭店经营情况 ………………………………………… 295

七、文物

2023 年全国文物业基本情况 ………………………………………… 298
2023 年全国文物保护管理机构基本情况 ………………………………………… 302
2023 年全国博物馆基本情况 ………………………………………… 308
2023 年文物保护科学研究机构基本情况 ………………………………………… 314
2023 年全国各地区文物业基本情况 ………………………………………… 320
2023 年全国各地区文物保护管理机构基本情况 ………………………………………… 328
2023 年全国各地区博物馆基本情况 ………………………………………… 340
2023 年全国各地区文物系统管理的国有博物馆基本情况 ………………………………………… 350
主要统计指标解释 ………………………………………… 360

八、教育、科技及其他

2023 年文化和旅游部门教育机构基本情况 ………………………………………… 362
2023 年各地区文化和旅游部门教育机构基本情况 ………………………………………… 366
2023 年文化和旅游科研机构基本情况 ………………………………………… 374
2023 年各地区文化和旅游科研机构基本情况 ………………………………………… 376
2023 年文化和旅游行政部门基本情况 ………………………………………… 382
2023 年文物行政部门基本情况 ………………………………………… 388

附录资料

全国行政区划 ………………………………………… 394
分地区年末人口数 ………………………………………… 395
居民人均可支配收入 ………………………………………… 396
居民人均消费支出 ………………………………………… 397
国内生产总值 ………………………………………… 398

综　合

1

2023年全国文化和旅游发展主要统计数据

指　　标	单位	总量指标		增幅/%
		2022年	2023年	
机构和人员				
机构数	万个	32.69	30.42	-6.9
从业人员数	万人	448.69	448.22	-0.1
经费投入				
文化和旅游事业费	亿元	1201.76	1280.35	6.5
人均文化和旅游事业费	元	85.13	90.83	6.7
公共图书馆				
机构数	个	3303	3246	-1.7
总藏量	万册	135959	143609	5.6
总流通人次	万人次	78970	116061	47.0
文化馆(站)				
机构数	个	43619	43752	0.3
#文化站	个	40116	40236	0.3
提供文化服务次数	万次	268.35	411.96	53.5
举办展览	万次	17.65	25.04	41.9
组织文艺活动	万次	159.75	246.03	54.0
组织公益性讲座	万次	4.25	6.03	41.8
举办训练班	万次	86.70	134.86	55.6
文化服务惠及人次	万人次	95784	183537	91.6
艺术表演团体				
机构数	个	19739	17781	-9.9
演出场次	万场次	166.07	254.22	53.1
#农村演出场次	万场次	74.76	57.90	-22.6
国内演出观众人次	万人次	74021	89654	21.1
#农村观众人次	万人次	25204	28703	13.9
演出收入	万元	809523	2078465	156.8
艺术表演场馆				
机构数	个	3199	3060	-4.3
艺术演出场次	万场次	58.51	41.49	-29.1
艺术演出收入	万元	407682	1030661	152.8
文化市场				
机构数	万个	20.28	17.51	-13.7
从业人员数	万人	134.00	117.75	-12.1
旅游业				
国内旅游人数	亿人次	25.30	48.91	93.3
国内旅游收入	亿元	20444.00	49133.10	140.3
星级饭店营业收入	亿元	1177.69	1601.09	36.0
旅行社营业收入	亿元	1601.56	4442.73	177.4
文物部门				
机构数	个	8873	8765	-1.2
参观人次	万人次	52109.06	118685.66	127.8

按年份全国主要文化和旅游机构数

单位：个

年 份	公共图书馆	文化馆	文化站	旅行社	星级饭店	A级景区
1949年	55	896				
1952年	83	2430				
1957年	400	2748				
1962年	541	2575	1192			
1965年	562	2660	2125			
1970年	323	2332	1794			
1975年	629	2670	2717			
1978年	1218	2840	4053			
1980年	1732	3130	5609			
1985年	2344	3295	5281			
1986年	2406	3330	5583			
1987年	2440	3321	5653	1245		
1988年	2485	3333	5712	1573		
1989年	2512	3321	5716	1617		
1990年	2527	3321	5895	1561		
1991年	2535	3265	7242	1603	853	
1992年	2558	3272	6292	2592	1029	
1993年	2572	3256	6899	3238	1186	
1994年	2589	3261	8015	4382	1556	
1995年	2615	3259	10228	3826	1913	
1996年	2620	3284	41969	4252	2349	
1997年	2628	3286	42163	4986	2724	
1998年	2662	3287	42547	6222	3248	
1999年	2669	3294	42543	7326	3856	
2000年	2675	3297	42024	8993	6029	
2001年	2696	3241	40138	10532	7358	
2002年	2697	3243	39273	11552	8880	
2003年	2709	3228	38588	13361	9751	
2004年	2720	3221	38181	14927	10888	
2005年	2762	3226	38362	16245	11828	
2006年	2778	3214	36874	17957	12751	
2007年	2799	3217	37384	18943	13583	
2008年	2820	3218	37938	20110	14099	
2009年	2850	3223	38736	20399	14237	
2010年	2884	3264	40118	22691	11779	4521
2011年	2952	3285	40390	23690	11676	5573
2012年	3076	3301	40575	24944	11367	6042
2013年	3112	3315	40945	26054	11687	7104
2014年	3117	3313	41110	26650	11180	8026
2015年	3139	3315	40976	27621	10550	8954
2016年	3153	3322	41175	27939	9861	9845
2017年	3166	3328	41193	29717	9566	10496
2018年	3176	3326	41138	37309	8962	11924
2019年	3196	3326	40747	38943	10130	12402
2020年	3212	3321	40366	31074	8430	13332
2021年	3215	3316	40215	31001	7676	14196
2022年	3303	3503	40116	32603	7337	14917
2023年	3246	3516	40236	39580	7245	15721

注：表中旅行社和饭店数据均为经过省级文化和旅游部门审核确认过的数据。

按年份全国文化和旅游事业费基本情况

单位：亿元、%

	文化和旅游事业费	国家财政总支出	文化和旅游事业费占国家财政比重
1978年	4.44	1122.09	0.40
1979年	5.84	1281.79	0.46
1980年	5.61	1228.83	0.46
“六五”时期	**36.03**	**7483.18**	**0.48**
1985年	9.32	2004.25	0.47
“七五”时期	**62.45**	**12865.67**	**0.49**
1986年	10.74	2204.91	0.49
1987年	10.77	2262.18	0.48
1988年	12.18	2491.21	0.49
1989年	13.57	2823.78	0.48
1990年	15.19	3083.59	0.49
“八五”时期	**121.33**	**24387.46**	**0.50**
1991年	17.28	3386.62	0.51
1992年	19.46	3742.20	0.52
1993年	22.37	4642.30	0.48
1994年	28.83	5792.62	0.50
1995年	33.39	6823.72	0.49
“九五”时期	**254.51**	**57043.46**	**0.45**
1996年	38.77	7937.55	0.49
1997年	46.19	9233.56	0.50
1998年	50.78	10798.18	0.47
1999年	55.61	13187.67	0.42
2000年	63.16	15886.50	0.40
“十五”时期	**496.13**	**128022.85**	**0.39**
2001年	70.99	18902.58	0.38
2002年	83.66	22053.15	0.38
2003年	94.03	24649.95	0.38
2004年	113.63	28486.89	0.40
2005年	133.82	33930.28	0.39
“十一五”时期	**1220.40**	**318970.83**	**0.38**
2006年	158.03	40422.73	0.39
2007年	198.96	49781.35	0.40
2008年	248.04	62592.66	0.40
2009年	292.31	76299.93	0.38
2010年	323.06	89874.16	0.36
“十二五”时期	**2669.62**	**703076.19**	**0.38**
2011年	392.62	109247.79	0.36
2012年	480.10	125952.97	0.38
2013年	530.49	140212.10	0.38
2014年	583.44	151785.56	0.38
2015年	682.97	175877.77	0.39
“十三五”时期	**4708.10**	**1096206.86**	**0.43**
2016年	770.69	187755.21	0.41
2017年	855.80	203085.49	0.42
2018年	928.33	220904.13	0.42
2019年	1065.75	238858.37	0.45
2020年	1088.26	245679.03	0.44
“十四五”时期			
2021年	1132.88	245673.00	0.46
2022年	1201.76	260609.17	0.46
2023年	1280.35	274573.81	0.47

注：①国家财政总支出系国家财政决算数。
②文化事业费：1953年—1980年系国家财政决算数(“一五”至“四五”时期含文物、出版经费，“五五”时期不含文物、出版经费)；1981年以后系文化事业统计年报数(不含文物、出版及科学研究费；不含基本建设的财政拨款和行政运行经费，以下各表同)。

按年份各地区文化和旅游事业费

单位：万元

地　区	2000年	2005年	2010年	2015年	2020年	2022年	2023年
全　国	**631591**	**1338193**	**3230646**	**6829708**	**10882645**	**12017593**	**12803547**
北　京	24008	64587	161693	275832	463029	449161	450999
天　津	9796	31592	56348	153744	133272	123008	116278
河　北	18984	39626	70307	185348	353883	393821	422458
山　西	12347	29832	78000	182007	274503	361406	342236
内蒙古	14515	30543	112982	228905	295807	350834	423003
辽　宁	26790	47578	113430	165405	179199	180595	193675
吉　林	15711	26566	90327	156425	207929	183700	200041
黑龙江	16598	33742	74631	152601	210064	264301	253972
上　海	42608	79201	186266	365523	483672	616394	599371
江　苏	38527	77658	163123	403417	860604	864905	886048
浙　江	35334	110397	242002	488225	850347	1122294	1340619
安　徽	15849	30541	76813	146252	225055	254742	285170
福　建	22174	42949	101855	187522	335728	389587	373164
江　西	10696	23398	73401	127094	230014	299401	292294
山　东	30944	61687	138876	299770	503101	548270	565098
河　南	20948	37708	95143	206034	332758	351521	334975
湖　北	19367	43585	114389	235648	432862	423287	473814
湖　南	16564	34771	86133	193798	347866	381726	520134
广　东	58321	128095	269940	539257	1107240	1131114	1074722
广　西	14608	28089	80097	172230	322285	230329	290844
海　南	3468	6007	27356	57512	82829	111709	115365
重　庆	9151	17505	77350	169727	230720	237409	240067
四　川	20500	44523	143902	395788	520403	562668	566827
贵　州	9131	18731	53676	119936	246931	201969	465839
云　南	23945	42036	86881	191211	353527	512023	354165
西　藏	4264	8003	21050	57816	112986	119805	234874
陕　西	13976	23462	89457	205168	265389	286849	312427
甘　肃	9130	20882	55563	113802	184417	202316	200767
青　海	3696	7349	41114	65393	114591	86220	110153
宁　夏	3625	9646	24483	58611	94306	130471	127005
新　疆	10518	24877	71273	160088	275083	348672	347994

按年份各地区文化和旅游事业费占财政支出比重

单位：%

地区	2000年		2005年		2010年		2015年		2020年		2022年		2023年	
	比重	位次	比重	位次	比重	位次	比重	位次	比重	位次	比重	位次	比重	位次
全　国	**0.40**		**0.39**		**0.36**		**0.39**		**0.44**		**0.46**		**0.47**	
北　京	0.54	14	0.61	4	0.60	2	0.48	8	0.65	2	0.6014	8	0.57	10
天　津	0.53	15	0.71	3	0.41	14	0.48	9	0.42	23	0.45	21	0.35	28
河　北	0.46	28	0.40	24	0.25	31	0.33	27	0.39	26	0.42	25	0.44	24
山　西	0.55	11	0.44	14	0.40	15	0.53	4	0.54	10	0.62	6	0.54	12
内蒙古	0.59	8	0.44	15	0.50	7	0.54	3	0.56	9	0.60	9	0.62	7
辽　宁	0.52	17	0.39	25	0.35	22	0.37	24	0.30	30	0.29	31	0.29	31
吉　林	0.90	1	0.42	18	0.51	6	0.49	7	0.50	15	0.45	19	0.45	19
黑龙江	0.45	30	0.42	19	0.33	25	0.38	21	0.39	26	0.48	15	0.44	25
上　海	0.68	5	0.48	9	0.56	4	0.59	2	0.60	7	0.66	5	0.62	6
江　苏	0.61	6	0.46	12	0.33	26	0.42	15	0.63	5	0.58	10	0.58	8
浙　江	0.82	2	0.87	1	0.75	1	0.73	1	0.84	1	0.93	1	1.09	1
安　徽	0.49	23	0.42	20	0.30	29	0.28	31	0.30	30	0.30	30	0.33	29
福　建	0.69	4	0.72	2	0.60	3	0.47	10	0.64	3	0.68	4	0.64	5
江　西	0.48	26	0.41	22	0.38	18	0.29	30	0.35	28	0.41	26	0.39	27
山　东	0.51	18	0.42	21	0.34	23	0.36	25	0.45	19	0.45	20	0.45	21
河　南	0.47	27	0.33	31	0.28	30	0.30	28	0.32	29	0.33	29	0.30	30
湖　北	0.53	15	0.55	6	0.46	10	0.38	22	0.51	12	0.49	13	0.51	15
湖　南	0.49	23	0.39	26	0.32	28	0.34	26	0.41	25	0.42	24	0.54	11
广　东	0.55	11	0.55	7	0.50	8	0.42	16	0.63	5	0.61	7	0.58	9
广　西	0.57	10	0.45	13	0.40	16	0.42	17	0.52	11	0.39	27	0.48	17
海　南	0.51	18	0.39	27	0.47	9	0.46	12	0.42	23	0.53	11	0.51	14
重　庆	0.49	23	0.35	29	0.45	11	0.45	13	0.47	17	0.49	14	0.45	20
四　川	0.45	30	0.41	23	0.34	24	0.53	5	0.46	18	0.47	17	0.45	22
贵　州	0.46	28	0.35	30	0.33	27	0.30	29	0.43	22	0.35	28	0.75	3
云　南	0.58	9	0.54	8	0.38	19	0.41	20	0.51	12	0.76	3	0.53	13
西　藏	0.71	3	0.43	16	0.38	20	0.42	18	0.51	13	0.46	18	0.84	2
陕　西	0.51	18	0.36	28	0.40	17	0.47	11	0.45	19	0.42	23	0.44	26
甘　肃	0.50	22	0.48	10	0.38	21	0.38	23	0.44	21	0.47	16	0.44	23
青　海	0.55	11	0.43	17	0.55	5	0.43	14	0.59	8	0.44	22	0.50	16
宁　夏	0.60	7	0.60	5	0.44	12	0.51	6	0.64	3	0.82	2	0.73	4
新　疆	0.51	18	0.47	11	0.42	13	0.42	19	0.50	15	0.53	12	0.46	18

按年份各地区人均文化和旅游事业费及位次

单位：元

地　区	2000年		2005年		2010年		2015年		2020年		2022年		2023年	
	人均	位次	人均	位次	人均	位次	人均	位次	人均	位次	人均	位次	人均	位次
全　国	**4.99**		**10.23**		**24.11**		**49.68**		**77.08**		**85.13**		**90.83**	
北　京	17.37	2	41.99	2	82.44	1	127.08	3	211.50	2	205.66	3	206.31	3
天　津	9.79	4	30.29	3	43.55	7	99.39	5	96.11	10	90.25	14	85.25	15
河　北	2.81	25	5.78	25	9.78	31	24.96	29	47.43	28	53.08	26	57.14	27
山　西	3.74	19	8.89	16	21.84	17	49.67	16	78.62	15	103.82	11	98.74	12
内蒙古	6.11	11	12.80	9	45.73	5	91.16	6	123.00	7	146.12	6	176.55	6
辽　宁	6.32	10	11.27	12	25.93	14	37.74	23	42.07	29	43.03	29	46.31	30
吉　林	5.76	12	9.78	14	32.89	9	56.81	11	86.37	12	78.24	18	85.52	14
黑龙江	4.50	16	8.83	17	19.48	21	40.03	22	65.95	21	85.29	16	82.94	17
上　海	25.45	1	44.54	1	80.92	2	151.34	2	194.47	3	249.05	2	241.00	2
江　苏	5.18	15	10.39	13	20.74	19	50.58	14	101.55	9	101.57	12	103.92	11
浙　江	7.55	5	22.54	5	44.46	6	88.14	7	131.70	5	170.64	5	202.30	4
安　徽	2.65	26	4.99	30	12.91	29	23.81	30	36.88	30	41.58	30	46.59	29
福　建	6.39	9	12.15	11	27.61	12	48.85	17	80.82	14	93.02	13	89.21	13
江　西	2.58	28	5.43	27	16.47	25	27.84	28	50.90	26	66.12	23	64.74	25
山　东	3.41	21	6.67	21	14.50	27	30.44	26	49.55	27	53.95	25	55.82	28
河　南	2.26	31	4.02	31	10.12	30	21.73	31	33.49	31	35.61	31	34.13	31
湖　北	3.21	23	7.63	19	19.98	20	40.27	21	74.95	16	72.43	21	81.16	19
湖　南	2.57	29	5.50	26	13.11	28	28.57	27	52.35	25	57.80	24	79.19	20
广　东	6.75	7	13.93	7	25.88	15	49.71	15	87.87	11	89.37	15	84.58	16
广　西	3.25	22	6.03	24	17.40	24	35.91	24	64.29	22	45.64	28	57.86	26
海　南	4.41	17	7.25	20	31.55	11	63.14	10	82.16	13	108.77	10	110.61	10
重　庆	2.96	24	6.09	23	26.81	13	56.27	12	71.98	19	73.89	19	75.23	23
四　川	2.46	30	5.42	28	17.89	23	48.24	18	62.19	24	67.19	22	67.74	24
贵　州	2.59	27	5.02	29	15.45	26	33.98	25	64.03	23	52.38	27	120.53	9
云　南	5.58	13	9.45	15	18.90	22	40.32	20	74.89	17	109.10	9	75.79	22
西　藏	16.27	3	28.89	4	70.12	4	178.46	1	309.71	1	329.13	1	643.49	1
陕　西	3.88	18	6.31	22	23.97	16	54.09	13	67.14	20	72.51	20	79.06	21
甘　肃	3.56	20	8.05	18	21.73	18	43.78	19	73.71	18	81.19	17	81.45	18
青　海	7.14	6	13.53	8	73.07	3	111.13	4	193.44	4	144.91	7	185.44	5
宁　夏	6.45	8	16.18	6	38.85	8	87.76	8	130.93	6	179.22	4	174.22	7
新　疆	5.46	14	12.38	10	32.67	10	67.84	9	106.41	8	134.78	8	133.95	8

2023年全国文化和旅游

	总计					
	机构数/个	从业人员数/人	专业技术人才	正高级职称	副高级职称	中级职称
总　　计	**304194**	**4482169**	**497975**	**11751**	**43035**	**101340**
一、文化和旅游合计	**294549**	**4301596**	**442524**	**8969**	**33721**	**78453**
艺术表演团体	17781	385162	275880	4858	13704	26979
其中：文化和旅游部门所属艺术表演团体	1893	104031	75314	4858	13704	26979
艺术表演场馆	3060	55116	18153	167	616	1967
其中：文化和旅游部门所属演出场所	1019	19179	6059	167	616	1967
公共图书馆	3246	60961	41897	1063	6862	19001
文化馆	3516	55848	41643	1163	6951	18162
文化站	40236	143340	34958			
其中：乡镇综合文化站	32243	110812	29659			
美术展览创作机构	800	7390	4750	445	930	1878
其中：美术馆	750	6694	4208	301	822	1701
文化和旅游部门教育机构	93	12092	9049	500	2105	4051
文化和旅游科研机构	168	4302	3420	386	915	1472
文化市场经营机构(不包括非公有制院团和场馆)	157200	860405				
旅行社	39580	312584				
星级饭店	7245	633293				
国家A级旅游景区	15721	1607100				
文化和旅游行政部门	3253	122008				
其他文化和旅游机构	2650	41995	12774	387	1638	4943
其中：文化市场执法机构	1375	19138	3120	19	209	1270
二、文物合计	**9645**	**180573**	**55451**	**2782**	**9314**	**22887**
博物馆(纪念馆)	4508	122635	42516	2176	7297	17712
文物保护管理机构	2547	30752	9051	187	1232	3841
文物保护科研机构	128	6921	3884	419	785	1334
文物行政主管部门	2212	15468				
其他文物机构	250	4797				

机构数和从业人员情况

按执行会计制度分类								
事业						企业		
机构数/个	从业人员数/人	专业技术人才				机构数/个	从业人员数/人	专业技术人才
			正高级职称	副高级职称	中级职称			
65049	**694984**	**255897**	**9905**	**38295**	**92013**	**239145**	**3787185**	**242078**
55563	**517212**	**200446**	**7123**	**28981**	**69126**	**238986**	**3784384**	**242078**
1316	70228	51500	3176	9506	19143	16465	314934	224380
1316	70228	51500	3176	9506	19143	577	33803	23814
625	7884	3174	85	368	1214	2435	47232	14979
625	7884	3174	85	368	1214	394	11295	2885
3246	60961	41897	1063	6862	19001			
3516	55848	41643	1163	6951	18162			
40236	143340	34958						
32243	110812	29659						
800	7390	4750	445	930	1878			
750	6694	4208	301	822	1701			
93	12092	9049	500	2105	4051			
168	4302	3420	386	915	1472			
						157200	860405	
						39580	312584	
						7245	633293	
						15721	1607100	
3253	122008							
2310	33159	10055	305	1344	4205	340	8836	2719
1375	19138	3120	19	209	1270			
9486	**177772**	**55451**	**2782**	**9314**	**22887**	**159**	**2801**	
4508	122635	42516	2176	7297	17712			
2547	30752	9051	187	1232	3841			
128	6921	3884	419	785	1334			
2212	15468							
91	1996					159	2801	

续表

				文化和旅游部门		
	正高级职称	副高级职称	中级职称	机构数/个	从业人员数/人	专业技术人才
总　　计	**1846**	**4740**	**9327**	**65592**	**729143**	**279061**
一、文化和旅游合计	**1846**	**4740**	**9327**	**56827**	**570688**	**229705**
艺术表演团体	1682	4198	7836	1893	104031	75314
其中：文化和旅游部门所属艺术表演团体	1682	4198	7836	1893	104031	75314
艺术表演场馆	82	248	753	1019	19179	6059
其中：文化和旅游部门所属演出场所	82	248	753	1019	19179	6059
公共图书馆				3246	60961	41897
文化馆				3516	55848	41643
文化站				40236	143340	34958
其中：乡镇综合文化站				32243	110812	29659
美术展览创作机构				753	6932	4591
其中：美术馆				707	6281	4052
文化和旅游部门教育机构				93	12092	9049
文化和旅游科研机构				168	4302	3420
文化市场经营机构(不包括非公有制院团和场馆)						
旅行社						
星级饭店						
国家A级旅游景区						
文化和旅游行政部门				3253	122008	
其他文化和旅游机构	82	294	738	2650	41995	12774
其中：文化市场执法机构				1375	19138	3120
二、文物合计				**8765**	**158455**	**49356**
博物馆(纪念馆)				3760	103808	36710
文物保护管理机构				2493	28177	8762
文物保护科研机构				127	6903	3884
文物行政主管部门				2209	15445	
其他文物机构				176	4122	

按单位所属部门分类								
			其他部门					
正高级职称	副高级职称	中级职称	机构数/个	从　业 人员数/人	专业技术 人　　才	正高级职称	副高级职称	中级职称
11344	**41904**	**98826**	**238602**	**3753026**	**218914**	**407**	**1131**	**2514**
8956	**33694**	**78396**	**237722**	**3730908**	**212819**	**13**	**27**	**57**
4858	13704	26979	15888	281131	200566			
4858	13704	26979						
167	616	1967	2041	35937	12094			
167	616	1967						
1063	6862	19001						
1163	6951	18162						
432	903	1821	47	458	159	13	27	57
288	797	1645	43	413	156	13	25	56
500	2105	4051						
386	915	1472						
			157200	860405				
			39580	312584				
			7245	633293				
			15721	1607100				
387	1638	4943						
19	209	1270						
2388	**8210**	**20430**	**880**	**22118**	**6095**	**394**	**1104**	**2457**
1787	6237	15361	748	18827	5806	389	1060	2351
182	1188	3735	54	2575	289	5	44	106
419	785	1334	1	18				
			3	23				
			74	675				

2023年全国文化和旅游部门

	本年收入合计/千元	财政拨款收入	事业收入	经营收入	上级补助收入
总　　计	**330162751**	**188101468**	**8733264**	**311287**	**21322**
一、文化合计	**258334721**	**131703640**	**2988540**	**311287**	**21322**
文化和旅游部门所属艺术表演团体	22069300	16043264	2121617	100370	
文化和旅游部门所属艺术演出场所	5474838	2253378	169748	210917	
公共图书馆	20448807	19879363			
文化馆	17373438	15908818			
文化站	18690511	17386825			
其中：乡镇综合文化站	13433726	12250896			
美术展览创作机构	3286205	3050467			
其中：美术馆	2893351	2701370			
文化和旅游部门教育机构	5249995	4267765			
文化和旅游科研机构	1839209	1558620	245258		
文化和旅游行政部门	147978791	41889065			
其他文化和旅游机构	15923627	9466075	451917		21322
其中：文化市场执法机构	3943331	3886138	11288		10195
二、文物合计	**71828030**	**56397828**	**5744724**		
博物馆(纪念馆)	34326746	29857158	2115523		
文物保护管理机构	12750215	8807628	997961		
文物保护科研机构	5716361	3073014	2301349		
文物行政主管部门	15123495	14037717			
其他文物机构	3911213	622311	329891		

所属机构经费收支基本情况

其他收入	本年支出合计/千元	基本支出	项目支出	经营支出	工资福利支出	资产总计/千元	固定资产净值
132995410	**340768242**	**110889911**	**186726855**	**2344509**	**90639320**	**911125734**	**532181271**
123309932	**259810964**	**85146361**	**147642263**	**502460**	**64769571**	**511115123**	**273197654**
3804049	23399144	9810786	5272764	182903	10615620	33910023	17448295
2840795	5661232	817439	613548	206074	611748	23769761	10240498
569444	20626552	11419373	8698584	25315	9372294	78730593	63471516
1464620	16844762	9457528	6624104	10674	7679212	31551413	19093581
1303686	19463450	9440940	7018326		6179015	97441347	66362609
1182830	14087765	7148824			4814061	81860431	54013368
235738	3393326	1494360	1851236	15495	1068240	13796438	8824022
191981	3007237	1263585	1699370	12761	893149	12229727	7512306
982230	5221722	3307978	1896199	15228	2430835	12037177	7949138
35331	1824817	1049752	731065	2937	748017	3900578	1065419
106089726	147721567	31321049	111901757		21075027	175696009	70989608
5984313	15654392	7027156	3034680	43834	4989563	40281784	7752968
35710	3953568	3286512	576156	553	2790438	1347975	405946
9685478	**80957278**	**25743550**	**39084592**	**1842049**	**25869749**	**400010611**	**258983617**
2354065	35348033	13770746	18763878	1553108	11264761	328982256	238018769
2944626	12843706	7044265	4992775	189799	3757280	21903831	8518244
341998	6598313	1234760	3984794	1288	950268	8568767	1558203
1085778	22611216	3122291	10937161		9595420	23959900	8534786
2959011	3556010	571488	405984	97854	302020	16595857	2353615

2023年各地区主要文化和旅游机构数

单位：个

地　区	公　共图书馆	文化馆	文化站	博物馆(纪念馆)	艺术表演团体	艺术表演场馆	旅行社	星级饭店	国家A级旅游景区
总　计	**3246**	**3516**	**40236**	**4508**	**17781**	**3060**	**39580**	**7245**	**15721**
北　京	19	18	339	69	522	76	2011	294	215
天　津	20	17	257	53	107	126	443	49	103
河　北	181	182	2283	147	819	120	1585	251	516
山　西	127	129	1299	155	756	130	1031	164	390
内蒙古	117	118	1083	128	273	36	1258	204	457
辽　宁	128	123	1355	66	111	68	1154	216	582
吉　林	67	80	916	94	177	124	570	59	303
黑龙江	105	141	1276	132	93	57	863	89	438
上　海	20	19	218	85	261	59	1485	144	144
江　苏	122	116	1255	330	651	278	2805	283	637
浙　江	102	102	1367	206	1217	256	2783	410	947
安　徽	133	124	1510	181	2898	130	1632	197	689
福　建	97	95	1111	102	486	76	1243	222	494
江　西	114	116	1732	170	329	78	1094	289	515
山　东	153	158	1823	348	1870	240	2772	409	1229
河　南	177	202	2500	259	2077	245	1180	316	724
湖　北	119	127	1301	172	614	141	1304	269	609
湖　南	150	150	2133	159	586	120	1326	216	639
广　东	150	144	1618	223	433	127	3031	440	664
广　西	116	124	1178	119	73	23	980	306	720
海　南	24	23	219	33	128	30	735	75	86
重　庆	43	41	1031	106	1039	68	947	118	294
四　川	209	206	4063	272	662	162	670	318	931
贵　州	99	99	1605	122	107	21	770	213	543
云　南	151	150	1457	143	239	27	1634	298	624
西　藏	82	82	701	15	86	31	268	131	170
陕　西	119	121	1354	246	512	76	1156	268	563
甘　肃	104	106	1354	194	376	52	1082	299	469
青　海	50	54	399	24	124	51	567	260	178
宁　夏	27	27	247	52	12	2	181	69	137
新　疆	120	322	1252	98	132	24	1020	369	712

2023年各地区主要文化和旅游机构从业人员数

单位：人

地　区	公　共 图书馆	文化馆	文化站	博物馆 (纪念馆)	艺术表 演团体	艺术表 演场馆	旅行社	星级饭店	国家A级 旅游景区
总　计	**60961**	**55848**	**143340**	**122635**	**385162**	**55116**	**312584**	**633293**	**1607100**
北　京	1301	905	2952	4444	12987	1481	20910	40576	53878
天　津	978	720	861	1393	2896	1685	2694	5600	7647
河　北	2359	2233	6056	4848	15219	3120	6104	26422	54181
山　西	1735	1676	3076	4386	19888	1249	5885	14470	26774
内蒙古	1860	1830	2848	3336	8555	260	5240	12969	29490
辽　宁	2101	1615	2377	2527	4004	614	4875	15760	66052
吉　林	1508	2168	2174	1902	3522	475	3611	4229	19013
黑龙江	1486	2175	3221	2548	4444	567	3769	5086	33596
上　海	2135	890	3784	4748	7057	1229	22556	25590	16035
江　苏	4132	2298	5017	7794	15230	6001	19243	41693	76807
浙　江	3997	2475	9617	5837	38697	6897	26063	44764	60510
安　徽	1732	1513	4638	3075	32651	1748	8636	19393	37765
福　建	1702	951	3022	2586	12729	2373	12198	30914	33970
江　西	1462	1999	4315	4331	7406	1271	6713	19064	40965
山　东	3256	3058	6571	8247	28764	3593	13343	46161	131366
河　南	3189	3493	12521	6996	45105	4019	7968	24685	46531
湖　北	2257	2237	3345	4556	11255	1986	13184	18711	64316
湖　南	2204	2099	8423	4017	14390	2771	15698	18702	150355
广　东	5413	2646	13032	5812	13053	3624	36614	58988	95367
广　西	1799	2189	3625	2792	2574	306	8732	18170	47055
海　南	376	313	441	686	3511	702	6132	12519	22124
重　庆	1079	932	4068	2987	15259	1083	10911	10697	25075
四　川	2543	3234	8545	6742	10877	1421	7150	33963	245368
贵　州	1239	1592	5265	2499	4006	850	5338	9105	41509
云　南	1753	2438	5279	2143	7410	995	13181	17692	41040
西　藏	253	702	4539	312	2635	162	2130	1359	3881
陕　西	2160	2549	4367	9854	15282	1436	8980	22359	61006
甘　肃	1494	1644	4089	5479	11782	1744	5013	15082	19427
青　海	474	770	887	346	3463	515	3048	2171	7048
宁　夏	599	540	671	809	911	15	1133	1844	12325
新　疆	1024	1964	3714	1594	5561	768	5532	14555	36624

主要统计指标解释

一、行业、机构指标解释

本年鉴调查的机构是由文化和旅游部门主办或实行行业管理的各类机构。

文艺创作与表演：指文学、美术创造和表演艺术（如戏剧、戏曲、歌舞、舞蹈、音乐、曲艺、杂技、马戏、木偶、皮影等各种表演艺术）等活动，包括文学（含电影、电视剧剧本）、音乐、歌曲、舞蹈、戏曲、曲艺等的创作，美术（绘画、雕塑）、工艺品、书法、篆刻等的艺术创作，编导、演员的表演、创作活动，剧务、舞台美工、服装道具、灯光音响等活动，民族艺术创作，其他未列明的文艺创作、表演及辅助活动。

艺术表演团体：指由文化和旅游部门主办或实行行业管理（经部门审批并领取营业性演出许可证），专门从事表演艺术等活动的各类专业艺术表演团体，含民间职业剧团（不包括群众业余文艺表演团队）。

艺术表演场馆：指由文化和旅游部门主办的或实行行业管理（经部门审批并领取营业性演出许可证），有观众席、舞台、灯光设备，公开售票，专供文艺团体演出的文化活动场所，包括附属于文化和旅游部门机构内的非独立核算的剧场、排演场。

图书馆：指各类图书馆（对文献和信息进行搜集、整理、存储、利用和管理，向社会公众开放并提供科学、文化等各种知识普及教育的机构），包括公共图书馆和各类机构内部举办的或单独举办的图书馆，不包括部队系统以及文化馆（文化中心、群众艺术馆）、文化站内设的图书室。

群众文化活动：指开展群众文化活动的场所管理和组织的活动，包括文化馆（含综合性文化中心、群众艺术馆）、文化站、文化宫、少年宫等开展的群众文化活动。在本年鉴中，目前暂不统计文化和旅游部门以外的文化宫和少年宫。

文化馆：指专门从事群众文化活动的群众文化场馆（含综合性文化中心、群众艺术馆、文化站），不包括临时抽调人员组成、没有编制的农村和街道文化工作队、服务站等。

美术馆：指由文化和旅游部门主办或实行行业管理的具备展览、典藏、研究及公共教育和服务功能的向公众开放的国有美术馆，以及在民政部门登记注册并在文化和旅游部门备案的具备展览、典藏、研究及公共教育和服务功能的向公众开放的非营利性的民营美术馆。

画院：指由文化和旅游部门主办或实行行业管理的各级国有和民营的非营利性的专门的美术创作、研究机构，有专职创作研究人员和独立建制，包括书画院、书法院、油画雕塑院等，不包括业余性质的美术创作机构。

文化和旅游部门教育机构：指文化和旅游部门主办的高等艺术职业院校和中等专业学校、文化干部院校、其他文化艺术教育机构。

其他文化和旅游企业：指不属于以上分类的文化和旅游部门所属各类企业。

文化市场经营机构：指经文化市场行政部门审批或备案并领取相关许可或备案文件的从事文化经营和文化服务活动的机构。

娱乐场所：指以营利为目的，并向公众开放、供消费者娱乐的歌舞、游艺等场所，以及各地文化行政部门依据相关规定管理并发放《娱乐场所经营许可证》的其他娱乐场所。

互联网上网服务营业场所（网吧）：指通过计算机等设备向公众提供互联网上网服务的营业性娱乐文化服务场所。

旅行社：指以营利为目的，为旅游者提供代办出境、入境和签证手续，安排、接待旅游者，为旅游者安排食宿等有偿服务的企业。

星级饭店：经全国旅游饭店星级评定，为游客提供短期住宿的企业场所。

国家A级景区：由国家旅游景区质量等级评定委员会依照《旅游景区质量等级的划分与评定》国家标准进行评审，颁发“国家A级旅游景区”标志牌，以旅游及其相关活动为主要功能或主要功能之一的空间或地域。

博物馆：指为了研究、教育、欣赏的目的，收藏、保护、展示人类活动和自然环境的见证物，向公众开放的非营利性、永久性社会服务机构，包括以博物馆（院）、纪念馆（舍）、科技馆、陈列馆等专有名称开展活动的单位。

文物考古研究所：是各省级文物行政管理部门领导下的文物保护和科学研究机构，承担有关文物的调查、保护、发掘、研究和宣传工作，对地、市、县的文物工作进行业务辅导。

非物质文化遗产保护中心：指从事非物质文化遗产的调查、抢救、保护、研究、宣传、展示以及其他相关保护活动的专业综合机构。

二、从业人员指标解释

本年鉴调查的从业人员是在文化和旅游部门主办或实行行业管理的各类机构工作并取得劳动报酬的全部人员，包括职工、再就业的离退休人员以及在各机构中工作的外方人员。

专业技术人才：指在专业技术岗位上工作的人员（包括正高级职称、副高级职称、中级职称以及初级及以下人员），不包括在管理岗位上工作具有专业技术职称（职务）的人员。

安全保卫人员：指从事文物安全保卫工作和安全管理工作的人员，包括聘用人员。

在编人员：是指经当地编办批准、列入事业编制的人员。

专职人员：指长期从事业务工作的专业人员。

三、经费指标解释

（一）事业经费指标解释

资产合计：是指文化事业单位占有或者使用的能以货币计量的经济资源，包括各种财产、债权和其他权利，如流动资产、固定资产、在建工程、无形资产和对外投资等。

固定资产净值：文化事业单位使用年限在一年以上、单位价值在1000元以上（其中，专用设备单位价值在1500元以上），并在使用过程中基本保持原来物质形态的资产，包括房屋及构筑物，专用设备，通用设备，文物和陈列品，图书、档案，家具、用具、装具及动植物等，按原值（计提折旧的，按净值）进行反映。

本年收入合计：文化事业单位在本年取得的全

部收入，包括行政事业类资金收入和基本建设类收入，具体有财政拨款、上级补助收入、事业收入、经营收入、附属单位上缴收入和其他收入。

财政拨款收入：文化事业单位本年度实际收到的本级财政拨款，包括一般预算财政拨款和政府性基金预算财政拨款。一级预算单位收到的应拨给下级单位使用的款项，年终时尚未拨出的，在编制财务决算表和填报统计报表时，应列为本单位的财政拨款。

基建拨款：指财政部门按基本建设计划拨付的基本建设款项。

上级补助收入：文化事业单位从行政主管部门和上级单位取得的非财政补贴收入。

事业收入：文化事业单位开展专业业务活动及辅助活动取得的收入。

经营收入：文化事业单位在专业业务活动及辅助活动之外开展非独立核算经营活动取得的收入。

其他收入：文化事业单位取得的除上述规定以外的各项收入，包括投资收益、利息收入、捐赠收入等。

本年支出合计：文化事业单位在业务活动中发生的各项资产耗费和损失等支出情况，包括基本支出、项目支出、经营支出等内容。按经济功能分类，还可分为工资福利支出、商品和服务支出、对个人和家庭补助支出、其他资本性支出等内容。

基本支出：文化事业单位为保障其机构正常运转、完成日常工作任务而发生的人员支出和公用支出。

项目支出：文化事业单位为完成本机构特定的工作任务或事业发展目标，在基本支出之外发生的各项支出。

经营支出：文化事业单位开展专业业务活动及辅助活动之外开展非独立核算经营活动发生的支出。在经营活动中应正确归集实际发生的各项费用数，无法归集的应按规定的比例合理分摊。

工资福利支出：文化事业单位支付给在职职工和编制外长期聘用人员的各类劳动报酬以及为上述人员缴纳的各项社会保险费等，主要包括基本工资、津贴补贴、奖金、社会保障缴费、伙食费、伙食补助费、绩效工资、其他工资福利支出等。

（二）企业经费指标解释

资产总计：企业拥有或控制的能以货币计量的经济资源，包括各种财产、债权和其他权利。资产按其流动性（即资产的变现能力和支付能力）划分，有流动资产、长期投资、固定资产、无形资产、递延资产和其他资产等分类。

固定资产净值：企业在建造、购置、安装、改建、扩建、技术改造某项固定资产时所支出的全部货币总额。

营业收入：企业经营主要业务和其他业务所取得的收入总额。

营业成本：企业在报告期内从事销售商品、提供劳务及转让资产使用权等日常经营活动中所发生的各种耗费，包括营业成本（主营业务成本、其他业务成本）、营业税金及附加、销售费用、管理费用、财务费用等。

养老、医疗、失业等各种社会保险费：企业为职工缴纳的基本养老保险、基本医疗保险、失业保险费、工伤保险、生育保险费。

营业利润：企业进行生产经营活动所实现的利润。

营业外收入：企业发生的与经营业务无直接关系的各项营业外收入，包括非流动资产处置利得、非货币性资产交换利得、债务重组利得、政府补助、盘盈利得、捐赠利得等。

政府补助（补贴收入）：企业从政府无偿取得的货币性资产或非货币性资产，但不包括政府作为企业所有者投入的资本。

营业外支出：企业发生的与经营业务无直接关系的各项营业外支出，包括非流动资产处置损失、非货币性资产交换损失、债务重组损失、公益性捐赠支出、非常损失、盘亏损失等。

利润总额：企业在生产经营过程中各种收入减去各种耗费后的盈余，反映填表企业在报告期内实现的亏盈总额，包括营业利润和营业外收支净额。

本年应发工资总额：企业在报告期内应发放支付给本单位全部职工的劳动报酬（含临时工和聘用人员），包括工资、奖金、津贴和补贴，反映企业报告期内累计应发放的工资总额。

本年支付的职工福利费：企业在报告期内根据国家有关规定开支的各项福利支出。

四、公用房屋建筑面积指标解释

实际使用房屋建筑面积：指文化和旅游部门实际使用办公和业务用房面积，包括租借房屋面积。

实际拥有产权面积：指文化和旅游部门实际拥有产权的各种办公和业务用房面积，包括出租产权房屋面积，具体以房屋产权证上登记产权面积为准。

2 公共图书馆

按年份全国公共图书馆主要业务活动情况

年 份	机构数/个	从业人员/人	总藏量/万册(件)	总流通人次/万人次	外借人次	书刊、文献外借册次/万册次	实际持证活跃读者数/人	本年新购藏量/万册
1979年	1651		18353	7787		9625		
1980年	1732		19904	9045		11830		
1985年	2344	29350	25573	11614		18942		1343
1986年	2406	31849	26133	11722		16205	523	1359
1990年	2527	40247	29064	12435		20242	603	895
1991年	2535	42037	30614	20496	7949	13325	631	771
1992年	2558	43051	31175	18495	7653	12625	563	740
1993年	2572	44656	31410	16973	6970	11685	562	631
1994年	2589	44367	32332	14451	7232	11852	552	556
1995年	2615	45323	32850	14142	7160	11814	540	551
1996年	2620	46457	33686	14793	7731	13544	527	577
1997年	2628	47882	37549	16114	8561	15685	556	680
1998年	2662	48313	38514	17058	8910	15422	582	700
1999年	2669	48792	39539	18040	9075	16290	596	678
2000年	2675	51342	40953	18854	9600	16913	623	692
2001年	2696	48579	42130	20757	9829	17559	792	819
2002年	2697	48447	42683	21950	10428	20021	918	946
2003年	2709	49646	43776	21440	10666	18775	943	1049
2004年	2720	49069	46152	22095	10140	18536	1056	1228
2005年	2762	50423	48056	23332	10821	20269	1062	1535
2006年	2778	51311	50024	25218	11408	21039	1160	1686
2007年	2799	51650	52053	26103	11454	21319	1273	1871
2008年	2820	52021	55064	28141	12251	23129	1454	2071
2009年	2850	52688	58521	32167	13277	25857	1749	2939
2010年	2884	53564	61726	32823	13934	26392	2020	2956
2011年	2952	54475	63896	37423	15316	28452	2214	3985
2012年	3076	54997	68827	43437	17402	33191	2485	5826
2013年	3112	56320	74896	49232	20552	40868	2877	4865
2014年	3117	56071	79092	53036	22737	46734	3944	4742
2015年	3139	56422	83844	58892	23085	50896	5721	5151
2016年	3154	57219	90163	66037	24892	54725	5593	6275
2017年	3166	57567	96953	74450	25503	55091	6736	7034
2018年	3176	57617	103659	81827	25503	58010	7252	6895
2019年	3196	57796	111181	90135	26609	61373	8627	6986
2020年	3212	57980	117930	54146	17467	42087	10251	6732
2021年	3215	59301	126178	74614	23809	58730	10314	7407
2022年	3303	60740	135959	78970	24894	60719	12229	7733
2023年	3246	60961	143609	116061	33044	78299	10707	7728

按年份全国公共图书馆经费收支及设施情况

年份	收入合计/万元	财政拨款	支出合计/万元	新增藏量购置费	实际使用房屋建筑面积/万平方米	书库	阅览室	阅览室座席数/万个
1979年	5040	5040	5206	2163	86.6	38.1	21.1	
1980年	5476	5476	5486	2273	92.0	42.1	23.5	
1985年	15272	15272	13393	4164	172.0	64.1	46.1	23.1
1986年	19891	19070	17242	5300	210.2	73.0	53.4	33.7
1990年	32328	29292	30271	8474	326.0	98.4	76.1	32.1
1991年	36764	32593	34388	8927	349.1	104.3	80.0	34.0
1992年	45354	39010	41132	9916	363.6	105.3	84.3	34.4
1993年	50917	42975	48211	10698	368.0	108.0	85.0	34.3
1994年	74586	60639	63295	9252	409.1	113.6	85.7	34.8
1995年	79685	65829	74080	16788	415.5	117.8	88.3	35.2
1996年	93235	76582	88963	19626	441.4	120.8	94.0	35.6
1997年	114004	93177	113927	25527	471.5	124.9	98.0	37.4
1998年	129082	107521	127032	28067	492.5	131.7	101.8	39.9
1999年	137430	115830	135826	30473	506.0	137.4	105.7	41.6
2000年	163799	139321	157173	37141	598.2	139.0	109.7	41.6
2001年	183368	152732	187661	36489	561.8	146.4	114.4	43.7
2002年	213322	176882	208929	41853	582.8	151.6	122.6	43.9
2003年	242188	205252	235819	44407	588.6	156.0	129.7	46.1
2004年	281234	238141	275034	50780	625.1	158.4	138.6	47.2
2005年	325880	277848	312571	59781	677.0	170.0	150.0	48.0
2006年	366089	319479	344076	66095	718.9	175.5	159.0	50.0
2007年	450512	395441	431326	78262	741.4	181.6	169.2	52.7
2008年	531926	477616	519841	83832	780.0	183.5	179.3	55.4
2009年	613175	550808	606630	104404	850.3	194.7	203.5	60.2
2010年	646085	583685	643629	111093	900.4	204.5	220.6	63.1
2011年	813232	756357	794778	141477	994.9	212.9	245.3	68.1
2012年	1002068	934890	977556	147785	1058.4	230.1	281.9	73.5
2013年	1151163	1070575	1130035	165959	1158.5	240.2	318.9	81.0
2014年	1212979	1137210	1163583	170133	1231.6	252.4	331.8	85.6
2015年	1358370	1270354	1340481	197468	1301.5	268.4	358.0	91.1
2016年	1494998	1415668	1451469	216020	1424.3	281.9	398.2	98.6
2017年	1801356	1722791	1692580	236506	1515.3	302.7	433.5	106.4
2018年	1829159	1754512	1876015	204622	1596.0	318.5	458.4	111.7
2019年	1912115	1835549	1928714	234890	1699.7	335.1	497.6	119.1
2020年	1914647	1821282	1883153	225760	1785.8	345.7	537.3	126.5
2021年	1843958	1782476	1892952	221364	1914.2	366.1	598.1	134.4
2022年	1931241	1881104	1990741	235155	2098.0	395.8	676.8	155.2
2023年	2044881	1987936	2062655	231548	2259.6	406.1	741.2	168.0

按年份各地区公共图书馆机构数

单位：个

地　区	1995年	2000年	2005年	2010年	2015年	2020年	2022年	2023年
总　计	**2615**	**2675**	**2762**	**2884**	**3139**	**3212**	**3303**	**3246**
北　京	22	24	25	24	24	23	20	19
天　津	31	31	32	31	31	27	20	20
河　北	134	145	153	165	172	176	180	181
山　西	119	121	122	126	126	128	127	127
内蒙古	107	108	110	113	117	117	117	117
辽　宁	127	128	126	128	129	129	129	128
吉　林	51	60	63	65	66	66	67	67
黑龙江	96	97	96	107	107	103	104	105
上　海	31	31	28	28	25	23	20	20
江　苏	94	101	103	111	114	120	122	122
浙　江	81	83	90	97	100	104	103	102
安　徽	83	84	88	88	122	131	133	133
福　建	78	81	84	86	90	97	95	97
江　西	104	104	104	108	114	114	114	114
山　东	130	133	145	149	154	154	153	153
河　南	132	134	136	142	158	166	175	177
湖　北	100	103	102	107	112	117	118	119
湖　南	116	115	120	124	137	143	148	150
广　东	114	124	129	132	140	148	150	150
广　西	99	94	95	108	112	116	116	116
海　南	19	19	20	20	21	24	24	24
重　庆		42	43	43	43	43	43	43
四　川	166	129	141	161	203	207	209	209
贵　州	87	89	91	93	96	100	99	99
云　南	148	148	149	150	151	149	151	151
西　藏	18	1	4	4	79	81	82	82
陕　西	114	114	111	112	110	117	117	119
甘　肃	86	91	92	94	103	104	104	104
青　海	41	38	43	44	49	50	50	50
宁　夏	20	22	20	20	26	27	27	27
新　疆	66	80	96	103	107	107	185	120

按年份各地区公共图书馆从业人员

单位：人

地　区	1995年	2000年	2005年	2010年	2015年	2020年	2022年	2023年
总　计	**45323**	**51342**	**50423**	**53564**	**56422**	**57980**	**60740**	**60961**
北　京	886	1080	1219	1307	1263	1228	1306	1301
天　津	1084	1111	1057	1077	1189	1163	1041	978
河　北	1592	1711	1690	1789	1855	2020	2250	2359
山　西	1370	1527	1631	1575	1554	1765	1798	1735
内蒙古	2015	1833	1776	1804	1942	1784	1826	1860
辽　宁	2859	4916	2888	3152	2805	2295	2136	2101
吉　林	1596	1724	1783	1661	1628	1471	1494	1508
黑龙江	2014	1846	1669	1846	1693	1535	1521	1486
上　海	1686	2513	2597	2180	2113	2112	2112	2135
江　苏	1953	2092	2363	2838	3183	3684	3937	4132
浙　江	1565	1936	2122	3040	3577	3876	3993	3997
安　徽	1168	1241	1217	1239	1510	1572	1736	1732
福　建	1077	1172	1110	1190	1330	1643	1748	1702
江　西	1386	1462	1373	1406	1395	1387	1461	1462
山　东	2318	2506	2690	2680	2750	2904	3182	3256
河　南	2352	2626	2742	2762	2949	2906	3101	3189
湖　北	2054	2299	2253	2151	2212	2089	2177	2257
湖　南	1733	1925	1963	1993	2092	2066	2256	2204
广　东	2355	2837	3252	3761	4159	5163	5444	5413
广　西	1335	1540	1459	1509	1509	1680	1821	1799
海　南	252	250	250	374	325	363	367	376
重　庆		785	755	854	874	953	1045	1079
四　川	2415	1719	1869	1972	2261	2365	2578	2543
贵　州	869	876	905	937	1046	1084	1258	1239
云　南	1429	1571	1661	1760	1826	1755	1773	1753
西　藏	50	42	62	64	187	198	202	253
陕　西	1317	1572	1691	1988	2121	2056	2128	2160
甘　肃	979	1110	1179	1306	1443	1488	1489	1494
青　海	400	378	365	398	411	488	492	474
宁　夏	498	537	509	543	558	568	580	599
新　疆	770	907	951	978	1083	977	1151	1024

按年份各地区公共图书馆总藏量

单位：万册(件)

地　区	1995年	2000年	2005年	2010年	2015年	2020年	2022年	2023年
总　计	**32850**	**40953**	**48056**	**61726**	**83844**	**117930**	**135959**	**143609**
北　京	670	767	1121	1715	2425	3133	3492	3675
天　津	677	786	869	1258	1697	2175	2391	2445
河　北	845	1081	1307	1611	2200	3432	4641	4902
山　西	777	867	963	1208	1548	2153	2519	2658
内蒙古	621	683	744	940	1513	2050	2314	2528
辽　宁	1786	1970	2326	2953	3736	4533	4822	4757
吉　林	921	1030	1202	1380	1768	2258	2545	2627
黑龙江	1094	1186	1291	1644	1827	2357	2507	2622
上　海	1586	5500	6049	6809	7568	8092	8240	8307
江　苏	2420	2669	3179	4370	6847	10546	11507	11980
浙　江	1511	1715	2324	3761	6250	9867	11545	12264
安　徽	752	787	847	1236	1942	3546	4203	4498
福　建	902	985	1274	1682	2821	4606	5623	5960
江　西	1070	1122	1282	1520	2159	2857	3403	4349
山　东	1724	1989	2746	3636	4727	6975	8180	8555
河　南	1062	1239	1429	1837	2472	4065	4577	4822
湖　北	1445	1678	1923	2361	3003	4416	4993	5722
湖　南	1362	1514	1667	1961	2555	3923	5472	5769
广　东	1651	2316	3119	4615	7008	11687	14253	15129
广　西	1243	1312	1491	1881	2606	3003	3168	3262
海　南	137	154	184	285	424	665	736	760
重　庆		811	768	1031	1304	1997	2727	2916
四　川	2356	1722	2002	2599	3328	4350	5066	5343
贵　州	616	681	764	812	1221	1674	1956	2075
云　南	1104	1254	1371	1566	1944	2344	2547	2686
西　藏	51	60	42	53	162	249	264	318
陕　西	733	837	887	1127	1506	2155	2502	2599
甘　肃	670	745	860	1042	1340	1814	2023	2128
青　海	280	286	324	358	415	582	622	680
宁　夏	338	380	378	462	706	803	860	903
新　疆	489	579	817	1113	1303	1513	1934	1947

按年份各地区人均拥有公共图书馆藏量

单位：册(件)

地　区	1995年	2000年	2005年	2010年	2015年	2020年	2022年	2023年
全　国	**0.27**	**0.32**	**0.37**	**0.46**	**0.61**	**0.84**	**0.96**	**1.02**
北　京	0.54	0.55	0.73	0.87	1.12	1.43	1.60	1.68
天　津	0.72	0.79	0.83	0.97	1.10	1.57	1.75	1.79
河　北	0.13	0.16	0.19	0.22	0.30	0.46	0.63	0.66
山　西	0.25	0.26	0.29	0.34	0.42	0.62	0.72	0.77
内蒙古	0.27	0.29	0.31	0.38	0.60	0.85	0.96	1.06
辽　宁	0.44	0.46	0.55	0.68	0.85	1.06	1.15	1.14
吉　林	0.36	0.38	0.44	0.50	0.64	0.94	1.08	1.12
黑龙江	0.30	0.32	0.34	0.43	0.48	0.74	0.81	0.86
上　海	1.12	3.29	3.40	2.96	3.13	3.25	3.33	3.34
江　苏	0.34	0.36	0.43	0.56	0.86	1.24	1.35	1.41
浙　江	0.35	0.37	0.47	0.69	1.13	1.53	1.76	1.85
安　徽	0.13	0.13	0.14	0.21	0.32	0.58	0.69	0.73
福　建	0.28	0.28	0.36	0.46	0.73	1.11	1.34	1.42
江　西	0.26	0.27	0.30	0.34	0.47	0.63	0.75	0.96
山　东	0.20	0.22	0.30	0.38	0.48	0.69	0.80	0.85
河　南	0.12	0.13	0.15	0.20	0.26	0.41	0.46	0.49
湖　北	0.25	0.28	0.34	0.41	0.51	0.76	0.85	0.98
湖　南	0.21	0.24	0.26	0.30	0.38	0.59	0.83	0.88
广　东	0.24	0.27	0.34	0.44	0.65	0.93	1.13	1.19
广　西	0.27	0.29	0.32	0.41	0.54	0.60	0.63	0.65
海　南	0.19	0.20	0.22	0.33	0.47	0.66	0.72	0.73
重　庆		0.26	0.27	0.36	0.43	0.62	0.85	0.91
四　川	0.21	0.21	0.24	0.32	0.41	0.52	0.60	0.64
贵　州	0.18	0.19	0.20	0.23	0.35	0.43	0.51	0.54
云　南	0.28	0.29	0.31	0.34	0.41	0.50	0.54	0.57
西　藏	0.21	0.23	0.15	0.18	0.50	0.68	0.73	0.87
陕　西	0.21	0.23	0.24	0.30	0.40	0.55	0.63	0.66
甘　肃	0.27	0.29	0.33	0.41	0.52	0.73	0.81	0.86
青　海	0.58	0.55	0.60	0.64	0.70	0.98	1.05	1.14
宁　夏	0.66	0.68	0.63	0.73	1.06	1.11	1.18	1.24
新　疆	0.29	0.30	0.41	0.51	0.55	0.59	0.75	0.75

按年份各地区公共图书馆总流通人次

单位：万人次

地 区	1995年	2000年	2005年	2010年	2015年	2020年	2022年	2023年
总 计	**14142**	**18854**	**23332**	**32823**	**58892**	**54146**	**78970**	**116061**
北 京	272	320	715	775	1264	413	678	1473
天 津	265	461	483	606	789	759	661	1695
河 北	473	736	635	736	1428	857	2937	4822
山 西	227	261	256	374	830	989	1348	2064
内蒙古	282	270	380	312	649	744	895	1565
辽 宁	829	1184	1133	1457	2068	1562	1522	2777
吉 林	385	409	505	503	732	415	490	812
黑龙江	631	608	505	622	968	396	375	624
上 海	687	1225	1249	1853	3931	668	586	1956
江 苏	883	1227	1735	3006	6001	9047	10797	15247
浙 江	555	1140	1398	3454	7942	8461	11632	16236
安 徽	372	561	461	760	1739	2392	5197	6245
福 建	466	647	734	1193	2396	1660	2374	3523
江 西	413	485	534	639	1258	1396	2903	4368
山 东	509	795	1422	1717	2729	3574	4816	7248
河 南	650	713	828	1026	2233	2526	3233	4745
湖 北	559	714	1145	1516	1955	1293	2253	4125
湖 南	618	808	787	1028	1617	3118	5194	5010
广 东	1447	2235	3543	4540	7855	5494	9239	14817
广 西	809	927	896	1343	2065	1163	1975	2364
海 南	94	121	115	172	445	309	407	594
重 庆		266	595	621	1235	1190	1552	2535
四 川	776	554	766	1168	2010	1744	2369	3348
贵 州	462	228	187	369	594	705	1219	1348
云 南	559	654	735	907	1223	1073	1053	1395
西 藏		2	2	3	20	26	39	38
陕 西	242	275	365	519	982	825	1348	2073
甘 肃	225	185	317	468	678	588	638	1128
青 海	39	58	68	89	112	106	99	174
宁 夏	140	142	167	163	282	339	424	544
新 疆	140	263	212	350	474	246	540	756

按年份各地区公共图书馆图书外借册次

单位：万册次

地　区	1995年	2000年	2005年	2010年	2015年	2020年	2022年	2023年
总　计	**11814**	**16913**	**20269**	**26392**	**50896**	**42087**	**60719**	**78299**
北　京	283	442	678	804	940	309	579	1015
天　津	237	274	380	572	859	459	571	1250
河　北	379	673	469	493	972	892	2411	3859
山　西	204	207	272	282	547	728	924	1260
内蒙古	239	233	243	312	574	541	532	831
辽　宁	856	1119	1173	1456	1708	1387	1849	2743
吉　林	332	387	794	412	748	363	426	610
黑龙江	500	527	789	479	688	288	314	439
上　海	507	970	1028	1461	8681	786	856	1888
江　苏	967	1269	1494	2542	4980	6240	8507	10775
浙　江	550	1054	1233	2924	5727	5546	8099	8786
安　徽	343	455	341	683	1481	1714	2501	3112
福　建	517	779	729	1097	2465	2268	3562	4022
江　西	383	543	723	562	1119	1271	1769	2055
山　东	573	718	1379	1514	2331	2412	3296	4450
河　南	517	695	647	915	1676	1602	2303	2908
湖　北	543	769	927	1846	1816	1211	1859	3089
湖　南	562	735	801	1059	1540	2151	3782	3790
广　东	687	1192	2037	2267	4377	5991	8822	11422
广　西	528	688	761	733	1155	596	952	1089
海　南	49	64	28	86	222	158	197	287
重　庆		435	472	706	949	1064	1150	1581
四　川	691	564	651	924	1617	1317	1803	2381
贵　州	133	189	118	222	476	534	706	810
云　南	529	680	701	702	1072	793	1002	1194
西　藏		11	4	4	7	7	9	5
陕　西	238	305	264	305	681	569	806	1079
甘　肃	173	153	261	345	588	373	452	694
青　海	51	52	58	42	91	65	34	61
宁　夏	125	265	212	182	302	240	233	258
新　疆	91	251	175	317	440	200	384	506

按年份各地区公共图书馆财政拨款

单位：万元

地　区	1995年	2000年	2005年	2010年	2015年	2020年	2022年	2023年
总　计	**65829**	**139321**	**277848**	**583685**	**1270354**	**1821282**	**1881104**	**1987936**
北　京	1683	8734	15554	32746	58565	73607	75113	102675
天　津	1295	2751	10980	18500	37294	48730	43160	44077
河　北	1827	2980	6717	10034	28569	42593	48135	50541
山　西	1184	2150	4862	9838	22710	36189	41268	43348
内蒙古	1432	2452	5086	17898	38852	37436	41536	45030
辽　宁	3737	6822	15446	31121	48542	44701	44958	43466
吉　林	1707	3364	5861	12385	28732	31270	31218	33200
黑龙江	2088	3104	7752	13616	28784	27606	34503	33100
上　海	5558	22870	30636	56345	85027	188139	126810	149761
江　苏	3620	6729	16075	34240	82558	128116	137621	145795
浙　江	2356	6509	20316	43536	94626	132525	156946	175599
安　徽	1165	2054	5436	10008	24786	40791	54078	50681
福　建	1778	3681	6579	14975	35015	62688	65411	64028
江　西	1184	2022	3780	9726	24660	34008	42576	46281
山　东	2814	6129	12039	22996	54919	75597	87327	85890
河　南	1766	3591	5987	12252	33275	52687	52829	50285
湖　北	1649	2896	6498	29240	47629	57305	67726	93132
湖　南	1816	2550	5376	12154	29914	45329	49216	53531
广　东	6110	11868	28592	58296	127501	235388	233450	249246
广　西	1563	2851	5469	12191	32734	39641	34577	37922
海　南	378	322	631	3373	9758	24580	19345	15329
重　庆		1491	2957	7650	23778	32578	33792	33896
四　川	2591	2877	7229	16955	64020	62218	60885	64310
贵　州	746	1259	3401	5939	15290	39127	29747	31163
云　南	2178	5134	6096	11763	24864	49667	39888	40311
西　藏	72	111	336	1145	6932	8994	7393	7234
陕　西	934	2038	3973	11547	25922	32977	77594	48870
甘　肃	985	1752	4438	9648	22858	27046	29311	32179
青　海	724	678	1237	3096	9340	11784	13360	13025
宁　夏	408	786	1504	5067	12731	11266	16998	15189
新　疆	1062	1476	3360	8089	21635	19024	32063	27642

按年份各地区公共图书馆总支出

单位：万元

地区	1995年	2000年	2005年	2010年	2015年	2020年	2022年	2023年
总计	**74080**	**157173**	**312571**	**643629**	**1340481**	**1883153**	**1990741**	**2062655**
北京	1851	5326	16840	26706	59616	71609	76693	87957
天津	2128	3074	7548	20119	35517	51152	43115	44963
河北	2044	3458	7208	11062	28024	42382	50185	50379
山西	1170	2270	5085	10787	23050	43440	39629	42140
内蒙古	1458	2536	4959	15124	39865	38309	42631	45341
辽宁	4392	7783	16225	32183	49577	47535	45117	44080
吉林	1835	3520	6295	12613	29390	32279	32246	33880
黑龙江	2139	3409	8602	13500	31318	27753	32875	33219
上海	7021	24425	36757	63728	93556	194038	156825	176876
江苏	4046	8400	20630	37964	86604	129244	148469	145154
浙江	3082	8500	22905	47316	100338	136592	155941	172377
安徽	1384	2641	5767	11788	26927	42662	56135	51523
福建	1710	3916	7446	15517	34971	65034	67930	66820
江西	1323	2343	4343	10432	25599	35446	44739	47050
山东	2968	6881	13242	23206	56509	77636	89297	87290
河南	2140	3902	6377	13452	32060	54013	53426	50453
湖北	2372	3952	8120	31444	50295	58583	69732	94886
湖南	2329	3399	6431	13378	30504	47725	70857	54329
广东	6807	14597	33777	61294	134518	232773	236382	248291
广西	1769	3077	6288	13369	35915	40367	34907	37947
海南	369	355	658	4320	9808	24021	19297	15307
重庆		2026	3856	9335	24115	35355	35015	35467
四川	3245	3462	8218	17841	59960	63570	62033	99338
贵州	810	1428	3497	6736	17210	41620	31273	31995
云南	2234	3928	6786	12632	27661	46813	46158	41395
西藏	61	110	336	689	5146	8041	6387	7391
陕西	951	2263	4405	11820	27944	40501	74900	52161
甘肃	1011	1799	4399	9592	25254	29648	31308	32888
青海	424	780	1315	3155	9074	12294	13923	13696
宁夏	430	783	1574	5786	12828	12182	17330	15644
新疆	1119	1677	3999	8890	26944	20076	32547	28065

按年份各地区公共图书馆新增藏量购置费

单位：万元

地　区	1995年	2000年	2005年	2010年	2015年	2020年	2022年	2023年
总　计	**16788**	**37141**	**59781**	**111093**	**197468**	**225760**	**235155**	**231548**
北　京	251	914	3413	4483	8392	7446	6834	9375
天　津	318	563	1527	3267	4870	6986	5229	6147
河　北	302	428	677	1524	4063	4555	4684	5866
山　西	131	292	385	1482	2466	5749	4438	3355
内蒙古	86	166	169	939	3209	3690	3307	3864
辽　宁	768	948	2027	5165	6801	4749	4411	3354
吉　林	250	459	777	1312	3877	3315	4015	3760
黑龙江	235	395	410	1584	2436	2231	2912	2581
上　海	2204	11210	10342	14950	19127	15410	11199	19725
江　苏	732	1780	3739	8279	15421	15090	15175	14444
浙　江	578	1577	3994	10908	17781	25214	28010	26908
安　徽	262	297	619	1454	4634	7664	8486	7183
福　建	311	716	1599	2801	6229	9299	8447	8879
江　西	99	302	646	1299	2624	4701	6262	7430
山　东	506	978	1868	4000	7665	10275	9484	10108
河　南	255	413	655	1449	4166	6996	6491	5529
湖　北	299	699	1296	1847	8752	7469	8690	9248
湖　南	207	415	900	1672	3933	5243	23446	5673
广　东	1186	2832	7394	12506	23670	31289	33271	30836
广　西	291	520	674	1863	5043	4735	3195	3726
海　南	59	41	92	874	873	1554	1892	1623
重　庆		330	569	1626	3230	3981	3937	4272
四　川	431	485	1095	2129	4912	6176	7102	6394
贵　州	100	166	301	682	1446	2309	3301	2733
云　南	441	538	720	1700	2699	2462	3640	4452
西　藏	14	16	43	119	1176	502	527	1268
陕　西	104	117	701	1527	3270	7468	3494	6102
甘　肃	170	289	594	1177	2382	3242	2547	3643
青　海	33	54	72	153	785	1310	1216	1240
宁　夏	41	68	136	501	1355	959	1502	1715
新　疆	91	136	347	925	1480	1007	1516	2570

按年份各地区公共图书馆人均购书费

单位：元

地　区	1995年	2000年	2005年	2010年	2015年	2020年	2022年	2023年
全　国	**0.14**	**0.29**	**0.46**	**0.83**	**1.43**	**1.60**	**1.67**	**1.64**
北　京	0.20	0.66	2.22	2.29	3.87	3.40	3.13	4.29
天　津	0.34	0.56	1.46	2.53	3.15	5.04	3.84	4.51
河　北	0.05	0.06	0.10	0.21	0.55	0.61	0.63	0.79
山　西	0.04	0.09	0.12	0.42	0.67	1.65	1.27	0.97
内蒙古	0.04	0.07	0.07	0.38	1.28	1.53	1.38	1.61
辽　宁	0.19	0.22	0.48	1.18	1.55	1.12	1.05	0.80
吉　林	0.10	0.17	0.29	0.48	1.41	1.38	1.71	1.61
黑龙江	0.06	0.11	0.11	0.41	0.64	0.70	0.94	0.84
上　海	1.56	6.70	5.82	6.49	7.92	6.20	4.52	7.93
江　苏	0.10	0.24	0.50	1.05	1.93	1.78	1.78	1.69
浙　江	0.13	0.34	0.82	2.00	3.21	3.91	4.26	4.06
安　徽	0.04	0.05	0.10	0.24	0.75	1.26	1.38	1.17
福　建	0.10	0.21	0.45	0.76	1.62	2.24	2.02	2.12
江　西	0.02	0.07	0.15	0.29	0.58	1.04	1.38	1.65
山　东	0.06	0.11	0.20	0.42	0.78	1.01	0.93	1.00
河　南	0.03	0.05	0.07	0.15	0.44	0.70	0.66	0.56
湖　北	0.05	0.12	0.23	0.32	1.50	1.29	1.49	1.58
湖　南	0.03	0.06	0.14	0.25	0.58	0.79	3.55	0.86
广　东	0.17	0.33	0.80	1.20	2.18	2.48	2.63	2.43
广　西	0.06	0.12	0.15	0.41	1.05	0.94	0.63	0.74
海　南	0.08	0.05	0.11	1.01	0.54	1.54	1.84	1.56
重　庆		0.11	0.20	0.56	1.07	1.24	1.23	1.34
四　川	0.04	0.06	0.13	0.27	0.60	0.74	0.85	0.76
贵　州	0.03	0.05	0.08	0.20	0.41	0.60	0.86	0.71
云　南	0.11	0.13	0.16	0.37	0.57	0.52	0.78	0.95
西　藏	0.06	0.06	0.16	0.40	3.63	1.38	1.45	3.47
陕　西	0.03	0.03	0.19	0.41	0.86	1.89	0.88	1.54
甘　肃	0.07	0.11	0.23	0.46	0.92	1.30	1.02	1.48
青　海	0.07	0.10	0.13	0.27	1.33	2.21	2.04	2.09
宁　夏	0.08	0.12	0.23	0.80	2.03	1.33	2.06	2.35
新　疆	0.06	0.07	0.17	0.42	0.63	0.39	0.59	0.99

按年份各地区公共图书馆购书费支出占总支出的比重

单位：%

地　区	1995年	2000年	2005年	2010年	2015年	2020年	2022年	2023年
全　国	**22.7**	**23.6**	**19.1**	**17.3**	**14.7**	**12.0**	**11.8**	**11.2**
北　京	13.6	17.2	20.3	16.8	14.1	10.4	8.9	10.7
天　津	14.9	18.3	20.2	16.2	13.7	13.7	12.1	13.7
河　北	14.8	12.4	9.4	13.8	14.5	10.7	9.3	11.6
山　西	11.2	12.9	7.6	13.7	10.7	13.2	11.2	8.0
内蒙古	5.9	6.5	3.4	6.2	8.0	9.6	7.8	8.5
辽　宁	17.5	12.2	12.5	16.0	13.7	10.0	9.8	7.6
吉　林	13.6	13.0	12.3	10.4	13.2	10.3	12.5	11.1
黑龙江	11.0	11.6	4.8	11.7	7.8	8.0	8.9	7.8
上　海	31.4	45.9	28.1	23.5	20.4	7.9	7.1	11.2
江　苏	18.1	21.2	18.1	21.8	17.8	11.7	10.2	10.0
浙　江	18.8	18.6	17.4	23.1	17.7	18.5	18.0	15.6
安　徽	18.9	11.2	10.7	12.3	17.2	18.0	15.1	13.9
福　建	18.2	18.3	21.5	18.0	17.8	14.3	12.4	13.3
江　西	7.5	12.9	14.9	12.4	10.3	13.3	14.0	15.8
山　东	17.0	14.2	14.1	17.2	13.6	13.2	10.6	11.6
河　南	11.9	10.6	10.3	10.8	13.0	13.0	12.2	11.0
湖　北	12.6	17.7	16.0	5.9	17.4	12.7	12.5	9.7
湖　南	8.9	12.2	14.0	12.5	12.9	11.0	33.1	10.4
广　东	17.4	19.4	21.9	20.4	17.6	13.4	14.1	12.4
广　西	16.4	16.9	10.7	13.9	14.0	11.7	9.2	9.8
海　南	16.0	11.5	14.0	20.2	8.9	6.5	9.8	10.6
重　庆		16.3	14.8	17.4	13.4	11.3	11.2	12.0
四　川	13.3	14.0	13.3	11.9	8.2	9.7	11.4	6.4
贵　州	12.3	11.6	8.6	10.1	8.4	5.5	10.6	8.5
云　南	19.7	13.7	10.6	13.5	9.8	5.3	7.9	10.8
西　藏	23.0	14.5	12.8	17.2	22.8	6.2	8.3	17.2
陕　西	10.9	5.2	15.9	12.9	11.7	18.4	4.7	11.7
甘　肃	16.8	16.1	13.5	12.3	9.4	10.9	8.1	11.1
青　海	7.8	6.9	5.5	4.8	8.7	10.7	8.7	9.1
宁　夏	9.5	8.7	8.6	8.7	10.6	7.9	8.7	11.0
新　疆	8.1	8.1	8.7	10.4	5.5	5.0	4.7	9.2

按年份各地区公共图书馆新购图书册数

单位：万册

地区	1995年	2000年	2005年	2010年	2015年	2020年	2022年	2023年
总计	**551**	**692**	**1535**	**2956**	**5151**	**6732**	**7733**	**7635**
北京	11	33	114	125	196	119	186	156
天津	12	17	35	74	102	119	88	88
河北	26	15	33	68	122	307	411	292
山西	7	12	17	45	81	130	185	108
内蒙古	7	11	8	67	68	123	108	190
辽宁	41	39	72	157	179	113	149	88
吉林	14	14	32	52	96	94	145	81
黑龙江	17	17	26	71	88	70	76	118
上海	44	67	100	176	242	161	97	121
江苏	41	57	106	259	478	578	491	416
浙江	33	54	142	337	643	894	877	757
安徽	9	11	23	61	191	422	373	301
福建	18	25	71	103	211	352	304	361
江西	9	15	26	65	91	179	196	696
山东	23	32	64	133	259	407	429	330
河南	16	21	30	95	124	252	430	203
湖北	23	28	43	60	185	185	267	699
湖南	19	24	54	80	134	293	298	342
广东	69	77	316	368	557	918	1016	906
广西	16	20	26	56	149	97	90	85
海南	6	3	3	25	27	48	39	49
重庆		12	23	52	104	100	302	164
四川	25	21	47	95	211	200	379	287
贵州	5	8	7	27	61	86	141	108
云南	22	15	26	43	93	62	91	111
西藏			2	2	39	15	28	32
陕西	5	6	25	43	79	117	214	179
甘肃	7	7	12	26	55	72	68	99
青海	1	2	3	6	19	21	22	46
宁夏	2	3	5	31	33	70	47	43
新疆	6	5	15	32	93	57	90	84

按年份各地区公共图书馆阅览室座席数

单位：万个

地区	1995年	2000年	2005年	2010年	2015年	2020年	2022年	2023年
总计	**35.2**	**41.6**	**48.0**	**63.1**	**91.1**	**126.5**	**155.2**	**168.0**
北京	0.5	0.8	1.1	1.3	1.5	1.6	1.8	2.1
天津	0.5	0.7	1.0	0.9	1.5	2.1	2.2	2.2
河北	1.4	1.8	2.0	2.2	3.3	4.8	7.8	8.8
山西	0.9	1.1	1.2	1.6	2.7	4.2	4.5	4.9
内蒙古	1.2	1.3	1.4	1.7	2.6	3.6	4.0	3.9
辽宁	1.7	2.0	2.3	3.0	3.5	4.2	4.7	4.8
吉林	0.9	1.2	1.2	1.4	1.9	2.3	2.4	2.6
黑龙江	1.1	1.1	1.3	1.8	2.3	2.8	2.9	2.9
上海	1.2	1.5	1.5	1.9	2.2	2.4	2.8	2.8
江苏	1.8	2.2	2.5	3.9	5.1	7.7	8.3	8.5
浙江	1.2	1.6	2.5	3.5	6.1	8.6	10.8	11.9
安徽	0.9	0.8	1.0	1.6	3.3	4.9	6.3	7.0
福建	1.3	1.3	1.7	2.5	3.2	4.6	5.2	5.6
江西	1.6	1.6	1.7	2.2	3.1	4.8	6.0	5.6
山东	1.4	2.0	2.7	3.7	5.6	7.0	9.1	10.4
河南	1.2	1.6	1.7	2.4	4.2	6.5	8.1	8.5
湖北	2.1	2.1	2.4	2.7	3.7	5.0	6.0	6.8
湖南	2.2	2.5	2.3	3.0	3.3	4.6	6.0	6.4
广东	2.6	3.0	4.0	5.9	9.0	12.5	15.5	17.2
广西	1.8	2.0	1.8	2.5	2.8	3.7	4.1	4.5
海南	0.3	0.3	0.3	0.4	0.6	0.7	0.8	1.1
重庆		0.8	0.8	1.4	2.1	3.2	3.7	4.1
四川	2.2	2.1	2.3	2.6	4.6	6.3	8.6	9.2
贵州	0.8	1.0	1.1	1.2	2.0	2.9	3.8	3.7
云南	1.5	1.9	1.9	2.1	2.6	3.2	3.9	4.0
西藏					0.3	0.3	0.4	0.4
陕西	0.9	0.9	1.3	1.4	2.0	3.2	4.6	5.1
甘肃	0.7	0.8	1.0	1.3	1.9	3.3	3.9	5.5
青海	0.2	0.2	0.2	0.3	0.4	0.7	0.9	1.0
宁夏	0.4	0.4	0.5	0.5	0.9	1.4	1.6	1.8
新疆	0.5	0.7	1.0	1.4	2.3	3.0	3.9	4.0

按年份各地区每万人公共图书馆建筑面积

单位：平方米

地　区	1995年	2000年	2005年	2010年	2015年	2020年	2022年	2023年
全　国	**34.3**	**47.3**	**51.8**	**67.2**	**94.7**	**126.5**	**148.6**	**160.3**
北　京	56.7	75.3	99.5	86.6	113.6	136.6	157.3	192.1
天　津	81.6	99.9	162.0	103.1	167.4	313.8	335.8	342.5
河　北	26.9	33.5	38.5	34.6	59.2	81.4	127.3	164.2
山　西	27.6	34.3	45.0	67.8	114.3	162.6	172.4	176.5
内蒙古	46.0	53.0	65.8	90.4	135.5	182.5	213.6	220.5
辽　宁	53.8	61.6	81.3	100.8	126.7	144.5	151.2	158.8
吉　林	35.5	39.6	50.1	53.3	98.9	128.4	142.7	149.1
黑龙江	33.6	36.6	48.2	65.0	76.6	110.2	117.6	127.8
上　海	85.8	132.6	137.2	160.9	173.2	183.2	229.9	240.7
江　苏	30.3	35.5	57.9	83.1	129.3	190.1	191.3	188.1
浙　江	34.8	57.7	83.7	106.7	171.7	204.0	247.8	269.0
安　徽	14.6	15.9	23.9	37.0	65.0	99.2	116.5	125.9
福　建	42.2	47.5	65.9	117.1	99.1	148.3	170.4	192.3
江　西	38.6	39.9	47.6	61.1	80.1	120.1	141.8	152.3
山　东	22.6	26.9	42.3	49.7	83.8	113.0	139.4	155.2
河　南	21.6	25.9	27.2	34.5	57.9	79.5	97.1	100.0
湖　北	35.1	39.3	49.9	57.3	91.9	126.1	142.9	168.1
湖　南	33.6	38.7	39.7	54.9	61.1	92.0	126.1	141.8
广　东	43.2	132.1	57.8	80.6	115.9	134.5	151.0	159.7
广　西	38.1	46.8	45.1	55.8	72.0	98.6	101.4	112.2
海　南	36.0	41.9	53.1	98.2	88.5	95.6	103.0	131.2
重　庆		37.5	47.2	70.8	97.6	119.4	127.8	129.7
四　川	22.6	27.3	34.2	42.1	68.5	83.4	112.6	119.1
贵　州	23.9	39.7	35.7	44.5	63.7	77.9	110.4	108.1
云　南	44.6	48.5	78.4	65.5	75.1	85.9	94.6	97.0
西　藏	52.1	61.1	104.7	89.6	156.2	169.1	206.9	212.1
陕　西	32.8	33.8	52.7	53.5	64.4	104.5	143.8	150.2
甘　肃	34.5	43.7	41.6	63.2	84.3	149.0	161.3	170.5
青　海	60.5	73.4	68.1	78.9	105.9	188.9	221.7	247.5
宁　夏	78.2	78.3	68.8	133.9	158.8	194.2	220.9	227.6
新　疆	43.1	44.7	54.7	82.0	100.6	139.0	184.8	210.9

2023年公共

	机构数/个	从业人员/人	专业技术人才	正高级职称	副高级职称
总　计	**3246**	**60961**	**41897**	**1063**	**6862**
其中：少儿图书馆	146	2788	1960	72	323
按隶属关系分类：					
中央	1	1361	1181	77	508
省区市	37	7691	6884	375	1450
地市	391	16359	12157	397	2197
县市区	2817	35550	21675	214	2707
县图书馆	1558	14946	9497	67	1277

续表 1

	缩微制品	其他	在藏量中		数字资源总量(TB)
			开架书刊	少儿文献	
总　计	**1572.58**	**8159.15**	**79217.00**	**20739.66**	**11238229**
其中：少儿图书馆	7.71	100.38	3803.31	2584.85	38215
按隶属关系分类：					
中央	175.76	529.34	129.88	9.84	2756
省区市	1300.08	3034.81	5512.89	1410.21	20668
地市	8.60	1120.52	22976.56	6838.18	3100244
县市区	88.14	3474.48	50597.67	12481.43	8114561
县图书馆	44.74	1317.59	16802.23	3974.11	2686245

图书馆基本情况

中级职称	藏量/万册	图书	盲文图书	古籍	善本	报刊	视听文献
19001	**143608.99**	**117418.26**	**157.80**	**2708.54**	**288.82**	**11006.49**	**2745.62**
895	5946.47	5266.95	5.25	100.32	9.14	321.19	149.99
536	4423.50	1794.23	0.67	199.65	38.36	1673.61	50.91
3087	23834.85	15435.66	18.38	1380.51	167.57	2266.14	417.69
5609	35963.87	30640.16	45.69	654.96	45.44	2750.71	788.90
9769	79386.77	69548.21	93.06	473.42	37.45	4316.03	1488.12
4457	28526.72	24275.15	42.78	197.91	16.78	2143.87	548.71

音视频资源总量/千小时	电子图书总量/万册	本年新增藏量/万册	本年新增电子图书/万册	当年购买的报刊种类/种	实际持证活跃读者数/个	总流通人次/万人次	书刊文献外借人次
19104895	**81731.75**	**7728.23**	**12586.02**	**1006285**	**107074093**	**116061.34**	**33043.53**
195346	2597.82	303.53	336.58	38954	3421070	5198.78	1563.48
311	272.72	96.64	3.55	13771	3141201	409.52	27.80
90225	8322.75	616.23	1335.79	135544	10712969	7896.94	1429.90
1593787	28182.70	1851.83	4990.59	300916	39552164	30812.02	8217.08
17420572	44953.58	5163.53	6256.09	556054	53667759	76942.86	23368.75
8668694	17254.19	2167.50	2984.75	215964	15381107	26274.43	9189.11

续表 2

	书刊文献外借册次/万册次	为读者举办各种活动			
		组织各类讲座次数/次	参加人次/万人次	举办展览/个	参加人次/万人次
总　　计	**78299.09**	**120122**	**2258.38**	**67888**	**17954.86**
其中：少儿图书馆	5441.42	8574	121.34	2941	747.21
按隶属关系分类：					
中央	48.65	145	2.94	14	173.27
省区市	5378.84	4019	101.99	1752	1888.17
地市	22718.28	27779	945.60	12165	5336.22
县市区	50153.32	88179	1207.85	53957	10557.20
县图书馆	16480.32	36256	511.66	25676	3613.53

续表 3

	本单位受训人次/万人次	计算机台数/台		本年收入合计/千元	
			供读者使用的终端数		财政拨款收入
总　　计	**36.52**	**216262**	**131576**	**20448807**	**19879363**
其中：少儿图书馆	2.00	8421	4772	932456	919685
按隶属关系分类：					
中央	0.11	3278	510	795896	612010
省区市	4.36	20686	8579	4570952	4392098
地市	12.22	50892	28272	6209604	6149182
县市区	19.83	141406	94215	8872355	8726073
县图书馆	6.82	64607	45378	2790780	2716094

举办培训班/个	培训人次/万人次	咨询服务量/件	举办线上活动次数/次	开设新媒体服务账号数量/个	新媒体账号点击量/万次	图书馆网站访问量/万人次	开展基层培训辅导人次/万人次
105494	**1167.17**	**52324333**	**415005**	**12893**	**210190.14**	**354950.05**	**195.61**
6545	48.24	1409279	47719	203	7061.35	6991.40	8.82
1321	4.74	1057130	688	19	9043.19	117737.79	0.21
4827	22.49	10264012	12317	268	27184.84	75337.40	33.20
28375	197.87	20510044	80943	4303	128332.20	78740.82	23.78
70971	942.07	20493147	321057	8303	45629.91	83134.04	138.42
26316	621.54	5869896	158961	6206	15410.53	51965.07	75.96

免费开放资金	中央资金	购书专项经费	本年支出合计/千元	基本支出	项目支出	经营支出	在支出合计中，工资福利支出
2026343	**462005**	**1813095**	**20626552**	**11419373**	**8698584**	**25315**	**9372294**
75660	33709	84623	924517	517389	398750	1441	417590
		64200	743522	413647	329875		309125
300921	27429	612531	4546331	2157178	2387372	607	1783089
922914	127775	532225	6217276	3335622	2814943	2028	2731570
802508	306801	604139	9119423	5512926	3166394	22680	4548510
321722	173530	147500	3032870	2087856	738115	810	1828974

续表 4

	新增藏量购置费	新增数字资源购置费	资产总计/千元
总　计	**1819557**	**495926**	**78730593**
其中：少儿图书馆	80972	22601	3220671
按隶属关系分类：			
中央	63066	12388	5531186
省区市	472470	182761	24340367
地市	505460	177121	22705337
县市区	778561	123656	26153703
县图书馆	239566	33675	9208670

续表 5

	实际拥有产权面积/万平方米	阅览室座席数/个	
			少儿阅览室座席数
总　计	**1222.67**	**1680128**	**407046**
其中：少儿图书馆	37.90	60962	35769
按隶属关系分类：			
中央	27.81	5339	300
省区市	172.83	104687	16316
地市	320.14	454592	91130
县市区	701.89	1115510	299300
县图书馆	319.76	491383	140676

固定资产净值	实际使用公用房屋建筑面积/万平方米	书库面积	阅览室面积		
				书刊阅览室面积	电子阅览室面积
63471516	**2259.59**	**406.10**	**741.18**	**574.14**	**69.89**
2358378	75.34	10.65	25.89	20.26	2.25
4964536	27.36	6.93	2.25	1.99	0.26
18710553	243.79	43.90	67.02	60.35	3.30
18713395	630.90	115.11	208.36	171.44	14.48
21083032	1357.54	240.16	463.55	340.36	51.85
7396491	554.72	104.74	191.78	132.00	24.81

盲人阅览室座席数	志愿者服务队伍数/个	志愿者服务队伍人数/人	图书馆延伸服务情况		
			流动图书车数/辆	流动服务书刊借阅人次/万人次	流动图书馆车书刊借阅册次/万册次
38306	**10438**	**1166658**	**2396**	**2039.01**	**4121.99**
1178	390	58744	43	115.14	175.34
12	1	859			
1109	1007	93590	20	22.34	100.82
7311	1651	417661	359	481.08	1074.41
29874	7779	654548	2017	1535.59	2946.76
15201	3494	185895	1214	788.12	1270.20

2023年各地区公共

地　区	机构数/个	从业人员/人	专业技术人才	正高级职称	副高级职称	中级职称
全　国	**3246**	**60961**	**41897**	**1063**	**6862**	**19001**
北　京	19	1301	1073	17	106	396
天　津	20	978	790	22	132	373
河　北	181	2359	1462	52	236	647
山　西	127	1735	1043	25	165	483
内蒙古	117	1860	1568	45	399	640
辽　宁	128	2101	1548	79	246	881
吉　林	67	1508	1182	74	298	472
黑龙江	105	1486	1200	91	328	518
上　海	20	2135	1921	59	182	831
江　苏	122	4132	2528	70	417	1058
浙　江	102	3997	2181	49	245	1083
安　徽	133	1732	1052	13	115	486
福　建	97	1702	1180	15	119	546
江　西	114	1462	862	14	89	367
山　东	153	3256	2356	60	506	1171
河　南	177	3189	1846	35	239	775
湖　北	119	2257	1606	32	220	814
湖　南	150	2204	1544	16	175	790
广　东	150	5413	3575	57	369	1642
广　西	116	1799	1390	23	161	671
海　南	24	376	255	2	9	120
重　庆	43	1079	649	39	113	278
四　川	209	2543	1568	22	202	657
贵　州	99	1239	928	11	119	355
云　南	151	1753	1575	17	601	649
西　藏	82	253	168	2	10	47
陕　西	119	2160	1319	8	124	615
甘　肃	104	1494	907	14	131	471
青　海	50	474	274	5	41	123
宁　夏	27	599	374	9	65	163
新　疆	120	1024	792	9	192	343

图书馆基本情况

藏量/万册	图书	盲文图书	古籍	善本	报刊	视听文献
143608.99	**117418.26**	**157.80**	**2708.54**	**288.82**	**11006.49**	**2745.62**
3674.67	3429.01	0.64	47.11	7.08	68.46	78.59
2444.77	2233.98	1.51	65.22	10.21	83.22	32.33
4901.67	4212.36	7.98	58.49	3.24	273.63	128.32
2658.18	2223.09	5.07	73.81	10.87	276.66	26.06
2527.98	2114.47	6.99	33.52	3.10	182.11	70.49
4756.52	3860.37	3.74	137.24	16.15	342.34	101.88
2627.36	2135.40	3.30	45.43	7.12	198.88	36.74
2621.80	2170.16	3.82	43.34	2.38	288.28	50.19
8307.09	3639.23	5.18	275.48	18.50	382.40	131.53
11979.66	10536.81	8.84	353.70	27.69	670.06	188.53
12264.24	11153.99	8.16	187.94	23.85	589.40	238.77
4497.80	4029.85	8.87	62.14	5.41	202.87	72.67
5960.33	4789.92	3.54	46.24	3.63	337.51	81.94
4349.10	3518.91	6.12	81.07	8.78	328.03	56.51
8555.11	7386.64	8.21	137.92	25.45	599.40	87.86
4821.96	4115.17	11.83	107.12	8.47	412.44	111.93
5721.56	4817.64	7.52	94.92	8.39	493.89	82.96
5769.06	4751.17	7.10	117.18	8.46	385.38	289.48
15128.60	13435.55	9.83	75.67	5.23	634.27	337.06
3262.12	2551.15	1.55	39.43	2.35	516.06	40.36
759.89	674.69	0.55	1.11	0.06	37.07	38.81
2915.66	2439.99	5.02	68.55	9.35	237.30	52.44
5343.14	4465.56	9.07	143.71	10.09	473.90	64.94
2075.02	1762.09	3.19	16.51	1.25	188.83	19.41
2686.45	2060.41	3.97	49.84	5.47	363.52	111.16
318.42	272.48	1.13	4.03	0.33	17.37	1.21
2599.49	2249.37	4.96	56.58	5.82	185.66	44.46
2127.96	1692.41	3.47	52.47	9.87	253.07	16.59
679.71	580.35	1.19	16.42	1.08	42.91	3.80
902.94	693.69	1.54	4.22	0.43	74.19	58.24
1947.23	1628.12	3.24	12.48	0.35	193.77	39.45

续表 1

地　区	缩微制品	其他	在藏量中		数字资源总量(TB)	音视频资源总量/千小时
			开架书刊	少儿文献		
全　国	**1572.58**	**8159.15**	**79217.00**	**20739.66**	**11238229**	**19104895**
北　京	0.30	51.23	2187.75	526.03	3080	4925
天　津	1.28	28.75	1091.46	332.18	4986	2660
河　北	9.71	219.29	2928.16	632.97	304301	29228
山　西	2.05	56.56	1525.82	337.33	787469	1175835
内蒙古	1.25	126.15	1425.71	276.45	701188	245763
辽　宁	2.76	311.98	2711.61	556.41	1097716	20309
吉　林	18.06	192.81	994.99	289.36	13713	56264
黑龙江	36.86	33.05	1369.07	242.01	123386	521802
上　海	1235.94	2642.50	1946.82	532.98	104482	529417
江　苏	5.72	224.85	6647.19	1821.28	170171	176487
浙　江	1.04	93.22	8537.77	2803.42	127929	41535
安　徽	1.19	129.15	2778.50	722.74	6610	1275085
福　建	3.01	701.70	3166.19	1036.02	126913	98806
江　西	1.61	363.05	1879.62	515.09	998764	2003302
山　东	5.49	337.97	5895.82	1080.62	1443092	1763981
河　南	1.67	73.81	2979.81	779.94	594211	749246
湖　北	39.29	192.93	2913.96	702.42	191045	1081941
湖　南	6.03	219.88	3228.56	890.95	26130	406582
广　东	3.42	642.73	10608.60	3503.94	1723577	231781
广　西	1.47	113.81	1532.88	405.89	75116	59783
海　南	0.80	7.42	488.68	117.34	4092	269
重　庆	1.31	116.11	1768.47	481.07	6258	4397970
四　川	5.91	189.19	2967.44	661.43	509319	412496
贵　州	0.96	87.31	1425.33	227.80	29960	140606
云　南	1.23	100.25	1431.14	223.31	276620	549867
西　藏	1.08	22.22	114.64	20.81	43907	2135
陕　西	0.46	62.94	1552.26	318.34	415091	526925
甘　肃	2.17	111.26	1247.38	263.46	201376	388628
青　海	3.80	32.47	263.74	53.61	27726	92792
宁　夏	0.25	72.37	434.47	134.91	133279	1978655
新　疆	0.70	72.85	1043.28	239.71	963966	139509

电子图书总量/万册	本年新增藏量/万册	本年新增电子图书/万册	当年购买的报刊种类/种	实际持证活跃读者数/个	总流通人次/万人次	书刊文献外借人次
81731.75	**7728.23**	**12586.02**	**1006285**	**107074093**	**116061.34**	**33043.53**
1567.16	155.97	168.86	21916	2982311	1473.38	209.25
1632.63	88.32	538.44	19186	1668397	1694.81	401.62
2860.66	292.11	878.61	27226	2758031	4822.41	1801.42
2590.29	107.94	1948.58	22034	1983001	2064.47	645.91
2132.94	190.49	499.89	18732	1183773	1565.13	355.51
1444.58	88.21	39.73	39222	2223543	2777.26	853.83
1202.62	80.81	68.06	19806	1271352	812.06	202.79
1320.45	118.13	308.45	17764	1304068	624.39	188.65
1905.69	120.90	104.39	37300	2079514	1956.03	384.68
6938.32	416.39	334.41	70615	12232956	15246.66	6420.22
7430.56	756.94	738.06	70709	10321420	16235.98	2013.16
3597.40	300.71	429.06	27783	3914800	6245.36	1653.16
3538.39	360.93	192.90	33230	2923546	3523.43	1257.78
2955.91	695.99	434.87	30626	2354482	4367.59	996.13
5097.86	123.35	632.31	57311	7060225	7247.87	2751.52
2537.99	202.96	223.20	35368	2819805	4744.64	1720.66
4359.17	699.38	1781.43	34504	4613090	4125.13	1677.32
3078.08	341.83	330.00	37052	4724338	5010.29	2041.41
6236.35	905.51	537.15	113357	19962336	14817.14	2676.39
1999.94	84.58	113.41	30777	1882007	2364.24	488.87
588.51	49.06	347.34	7203	233271	594.28	99.31
1631.63	163.83	478.21	25173	3566103	2534.91	675.03
4068.10	286.70	548.32	50896	4507068	3347.83	1309.99
2317.27	107.60	131.14	20765	1408925	1347.84	400.05
2610.84	110.64	187.11	27918	993028	1394.73	465.56
22.04	31.93	22.07	3402	34740	38.39	2.28
1706.33	178.85	204.19	23587	934374	2073.23	500.93
380.03	98.76	189.31	16875	615027	1128.28	400.83
220.21	45.77	32.52	3401	97027	174.08	25.58
2561.55	42.59	85.57	7827	451271	543.84	146.46
925.53	84.41	54.88	40949	829063	756.14	249.43

续表 2

地区	书刊文献外借册次/万册次	为读者举办各种活动				
		组织各类讲座次数/次	参加人次/万人次	举办展览/个	参加人次/万人次	举办培训班/个
全国	**78299.09**	**120122**	**2258.38**	**67888**	**17954.86**	**105494**
北京	1015.34	1922	22.52	421	296.02	1527
天津	1250.15	1391	11.96	670	282.83	1385
河北	3859.08	7829	151.09	4617	997.54	4976
山西	1259.75	2697	33.72	1447	408.27	2527
内蒙古	831.25	1158	17.70	1102	196.52	840
辽宁	2742.74	2639	39.90	1820	470.72	1816
吉林	610.34	1173	11.28	991	135.49	595
黑龙江	439.35	1232	7.24	1292	79.74	1549
上海	1888.47	2163	20.02	455	807.15	1136
江苏	10775.31	6067	70.11	3343	1888.23	7084
浙江	8785.76	15551	475.50	10245	2927.33	16654
安徽	3112.27	6383	415.74	4324	602.00	5847
福建	4021.62	3228	38.55	1930	389.01	2892
江西	2054.89	4131	40.87	1176	478.58	1850
山东	4450.26	12575	186.34	5364	817.31	9826
河南	2907.85	7187	92.84	3058	568.51	4931
湖北	3089.41	4524	118.69	3940	655.00	5219
湖南	3789.59	5037	104.23	1811	538.41	6255
广东	11422.39	11814	123.12	4259	2699.39	11191
广西	1088.84	1951	33.58	1435	477.47	1753
海南	286.56	721	5.13	218	75.44	1127
重庆	1580.69	2161	40.16	1526	360.93	2320
四川	2381.42	4308	49.96	2006	494.41	2035
贵州	810.35	1638	31.18	1118	212.97	1481
云南	1193.67	2495	25.77	2086	289.85	1603
西藏	5.05	107	0.55	41	1.52	121
陕西	1079.37	2592	33.82	2429	224.36	2813
甘肃	694.45	2265	21.25	1315	106.13	607
青海	60.70	440	7.61	352	46.46	201
宁夏	257.79	418	4.69	746	87.22	226
新疆	505.73	2180	20.32	2337	166.78	1786

培训人次/万人次	咨询服务量/件	举办线上活动次数/次	开设新媒体服务账号数量/个	新媒体账号点击量/万次	图书馆网站访问量/万人次	开展基层培训辅导人次/万人次
1167.17	**52324333**	**415005**	**12893**	**210190.14**	**354950.05**	**195.61**
6.34	1732221	4317	76	1680.22	2050.72	1.61
4.53	1588377	4927	66	1239.10	2607.93	1.14
50.71	1939410	23357	544	5891.24	4590.88	16.68
12.02	4329909	9832	162	2902.11	11404.75	3.10
5.80	985508	29802	148	1211.94	3330.74	4.61
11.69	1088582	8310	147	70013.64	4093.42	3.09
3.72	644075	5842	105	5166.19	878.11	1.99
5.04	372295	22517	87	1044.89	1789.60	0.75
5.99	1790753	2671	114	4936.96	17624.51	2.87
36.19	3470310	12094	3024	7818.30	11161.38	35.77
188.57	3332428	23575	284	6446.15	18756.95	7.04
38.02	1237947	14265	208	2329.09	11939.28	12.87
17.80	1162090	5964	151	10161.10	7015.46	2.41
416.29	888181	13150	144	1573.51	1858.40	3.75
89.35	2304805	38552	366	17816.01	8220.60	14.59
34.09	1412661	17451	249	4980.22	3036.76	6.11
49.02	1814324	9971	201	4065.95	7848.27	11.73
43.62	495706	3410	632	3077.46	5887.54	15.07
50.47	10393331	19913	298	27497.44	39058.42	9.22
10.42	2588200	17893	142	1501.97	9998.41	2.57
4.93	310234	705	26	330.55	550.14	0.74
13.44	1221761	3793	132	5551.15	8143.56	4.54
12.11	2056135	11028	407	3856.16	3375.82	9.94
7.90	386789	4194	2169	963.37	5404.57	3.40
10.85	343817	14761	584	1607.52	15399.52	4.28
0.55	26423	136	13	45.03	1289.38	0.28
13.34	1817379	32285	345	2232.81	10219.06	3.84
4.21	545677	17969	176	3427.68	747.04	2.18
1.06	43734	2758	1747	580.48	132.16	0.26
2.06	265410	2643	41	265.06	433.43	1.24
12.30	678731	36232	86	933.65	18365.45	7.73

续表 3

地　区	本单位受训人次/万人次	计算机台数/台	供读者使用的终端数	本年收入合计/千元	财政拨款收入	免费开放资金
全　国	**36.52**	**216262**	**131576**	**20448807**	**19879363**	**2026343**
北　京	0.36	4506	1789	1030487	1026750	16390
天　津	0.16	4456	2733	453232	440767	10973
河　北	1.00	8813	5941	511635	505414	51500
山　西	1.24	6646	3882	435172	433483	42122
内蒙古	0.85	6022	3535	454046	450297	32227
辽　宁	2.45	8947	5498	436266	434655	55851
吉　林	0.60	4167	2521	334506	331995	13548
黑龙江	0.15	4734	2835	333311	330997	20639
上　海	0.82	6397	2652	1617977	1497612	4370
江　苏	1.53	12138	6640	1480025	1457949	85664
浙　江	3.89	11488	6683	1774607	1755994	288801
安　徽	1.68	7549	5035	514354	506806	48602
福　建	1.43	7090	4446	660744	640280	49132
江　西	0.52	6855	4658	479460	462807	78606
山　东	2.77	11442	7222	872083	858897	80403
河　南	1.13	10182	6705	509781	502854	48575
湖　北	2.84	7672	4604	947541	931320	30271
湖　南	3.02	8164	5439	548984	535310	48686
广　东	4.55	20460	11975	2517407	2492461	614049
广　西	0.70	6394	4216	381582	379220	34893
海　南	0.11	1557	935	153316	153292	7753
重　庆	0.39	3702	2157	360666	338963	43869
四　川	0.20	10198	7050	646559	643097	68007
贵　州	0.85	5117	3473	315956	311633	45818
云　南	0.81	6997	4458	406867	403110	37643
西　藏	0.36	1545	1081	73008	72340	18828
陕　西	0.73	5949	3893	500436	488697	30932
甘　肃	0.32	4816	2906	326744	321794	41900
青　海	0.09	1976	1188	132950	130251	20576
宁　夏	0.18	2066	1379	156481	151886	11530
新　疆	0.68	4939	3537	286728	276422	44185

中央资金	购书专项经费	本年支出合计/千元	基本支出	项目支出	经营支出	在支出合计中，工资福利支出
462005	**1813095**	**20626552**	**11419373**	**8698584**	**25315**	**9372294**
2183	88063	879570	512113	367457		397716
2515	45206	449625	236557	211086		179749
21041	34287	503793	276466	206105	68	212583
16233	23602	421397	199216	218535	624	168445
20752	19936	453414	303958	138919		252901
11377	28896	440802	292465	126472	132	236544
7319	31040	338803	215569	119331		175014
12233	18142	332188	241209	90126	1	179642
1899	214329	1768759	909348	859078	326	681408
5959	137014	1451538	840480	570827	17052	728984
27461	144689	1723773	826088	852713	176	674028
17114	51093	515232	278015	216327	91	206877
10431	57497	668200	292302	363787	1404	234309
12232	60779	470501	263562	184443	270	211973
17401	74410	872899	514371	309445		447508
23717	40197	504530	332006	141334	209	280898
15190	74163	948862	429658	510567	101	364249
17669	43076	543290	337445	170340	109	270418
16870	267828	2482909	1215195	1232739	4403	976873
21829	25605	379471	245815	131213		224516
3333	13652	153066	65425	84677		49046
20400	39698	354670	208804	145747		161721
22343	56432	993383	670815	322381		619418
18077	15751	319949	179961	120584	45	157076
24414	37182	413954	288931	105626	129	259574
11586	10819	73910	39957	30294	40	28992
18411	39798	521614	259704	230924	100	231803
18087	22962	328880	193782	109042	35	175349
12588	8836	136955	73800	51588		61632
4254	9727	156444	100225	51773		76715
27087	14186	280649	162484	95229		137208

续表 4

地　区	新增藏量购置费	新增数字资源购置费	资产总计/千元	固定资产净值
全　国	**1819557**	**495926**	**78730593**	**63471516**
北　京	76442	17311	2691898	1626988
天　津	45787	15678	1345146	1126383
河　北	46480	12179	1892435	1580604
山　西	27966	5588	2593477	1986642
内蒙古	30180	8456	1412687	1239035
辽　宁	24626	8915	2827045	2291342
吉　林	27903	9693	957779	767518
黑龙江	19295	6514	1075675	920319
上　海	117882	79371	8869304	7299598
江　苏	120846	23596	4742906	3802370
浙　江	235903	33173	5229093	4449466
安　徽	55283	16545	2822601	2503695
福　建	68928	19864	2942265	2342038
江　西	63517	10787	1730756	1389495
山　东	84092	16986	2507001	1850205
河　南	42387	12900	2123322	1708870
湖　北	71968	20515	2782224	2049974
湖　南	44676	12051	1170165	918203
广　东	235873	72489	7870731	6633066
广　西	28441	8816	1363295	1113273
海　南	14049	2176	632020	253835
重　庆	32186	10535	1168841	990179
四　川	51739	12205	1998842	1678102
贵　州	23179	4152	2582698	2355172
云　南	35551	8970	1450830	985650
西　藏	10035	2646	234843	188525
陕　西	51081	9943	2303396	1433439
甘　肃	25239	11193	1486413	1082640
青　海	8961	3438	516980	289203
宁　夏	13762	3385	540913	472838
新　疆	22234	3468	1333826	1178313

实际使用公用房屋建筑面积/万平方米	书库面积	阅览室面积	书刊阅览室面积	电子阅览室面积
2259.59	**406.10**	**741.18**	**574.14**	**69.89**
41.99	6.57	12.08	10.66	0.87
46.72	8.34	12.62	9.24	0.87
121.41	19.44	44.09	34.52	4.05
61.17	8.44	20.65	15.91	2.31
52.83	6.43	17.55	13.08	1.87
66.42	11.70	19.01	14.58	2.53
34.88	5.46	11.69	9.23	1.31
39.12	6.32	12.28	7.79	1.36
59.85	8.55	13.71	12.14	0.94
160.36	20.03	47.96	37.93	3.32
178.24	26.48	61.12	53.06	4.06
77.09	11.78	28.45	20.27	2.42
80.46	19.62	29.74	23.63	1.94
68.76	16.15	22.73	16.01	2.21
157.09	28.41	46.46	35.43	4.15
98.19	21.51	29.32	20.21	3.56
98.12	20.86	32.90	24.73	3.27
93.12	23.41	28.48	21.14	3.43
202.94	38.24	75.55	62.64	6.02
56.39	12.98	15.77	12.36	2.00
13.68	2.73	4.85	3.92	0.43
41.38	7.61	13.38	9.36	1.33
99.69	17.24	39.76	30.81	4.47
41.78	7.81	12.30	9.25	1.53
45.33	11.74	14.06	9.10	2.43
7.74	1.13	2.05	1.12	0.45
59.37	10.70	21.79	17.63	1.89
42.02	6.99	14.98	10.51	1.33
14.70	1.72	6.71	5.19	0.61
16.59	2.91	6.19	4.91	0.70
54.80	7.87	20.70	15.79	1.97

续表 5

地区	实际拥有产权面积/万平方米	阅览室座席数/个	少儿阅览室座席数	盲人阅览室座席数
全国	**1222.67**	**1680128**	**407046**	**38306**
北京	22.55	21035	4036	233
天津	11.40	22489	3736	279
河北	60.20	88366	20885	1973
山西	50.49	48631	10866	1278
内蒙古	21.27	39213	9190	1493
辽宁	33.44	47884	10937	1071
吉林	20.79	26280	6049	834
黑龙江	15.90	29317	7498	877
上海	40.54	28331	6110	306
江苏	69.96	84677	22039	1607
浙江	71.10	119235	31166	1551
安徽	53.24	69624	17667	2023
福建	43.93	55709	14549	1078
江西	40.53	55837	15157	1828
山东	58.61	104108	22075	2582
河南	59.44	85107	25233	2554
湖北	64.99	68305	18012	1705
湖南	52.17	64325	20054	1523
广东	116.86	172381	42713	2154
广西	28.11	45105	11170	1036
海南	12.60	10699	3003	193
重庆	31.91	41165	8951	880
四川	51.44	91894	21296	2386
贵州	21.69	36851	7980	947
云南	34.88	40410	9755	1627
西藏	5.25	4213	858	153
陕西	30.21	51020	10680	1177
甘肃	25.71	55092	10192	1189
青海	4.95	9733	1797	214
宁夏	11.08	18224	3307	444
新疆	29.62	39529	9785	1099

志愿者服务队伍数/个	志愿者服务队伍人数/人	图书馆延伸服务情况		
		流动图书车数/辆	流动服务书刊借阅人次/万人次	流动图书馆车书刊借阅册次/万册次
10438	**1166658**	**2396**	**2039.01**	**4121.99**
85	36912	11	27.73	125.46
53	23065	12	22.42	43.59
437	36454	139	173.54	263.90
273	26632	150	50.85	84.79
187	11640	58	56.60	137.22
387	31041	44	51.97	107.53
140	8466	58	24.36	41.96
206	9560	40	22.90	38.97
221	16331	10	25.92	51.33
399	74758	47	97.94	154.40
463	99729	137	154.62	484.41
478	53731	49	76.93	165.37
293	31030	117	44.01	146.97
213	14000	53	46.84	83.56
756	125757	66	130.08	235.12
867	42332	97	142.29	239.17
765	24151	119	161.94	199.99
952	80444	73	83.91	135.26
325	265276	386	191.36	586.29
275	22666	56	50.90	95.38
60	6344	9	9.48	15.12
164	15377	37	41.17	124.03
429	36477	151	85.62	156.26
148	11786	83	54.32	69.97
308	11091	104	80.08	106.80
312	5204	39	0.36	0.75
253	25763	100	47.84	88.85
289	6806	50	39.16	60.89
38	448	37	3.83	6.01
127	3607	12	17.77	37.08
534	8921	52	22.27	35.56

2023年各地区省级

地区	机构数/个	从业人员/人	专业技术人才	正高级职称	副高级职称	中级职称
全国	**37**	**7691**	**6884**	**375**	**1450**	**3087**
北京	1	372	327	10	54	133
天津	1	294	281	13	56	151
河北	1	195	141	16	43	44
山西	1	210	195	15	57	102
内蒙古	1	169	150	15	63	51
辽宁	1	222	198	16	42	91
吉林	1	209	172	16	41	54
黑龙江	1	169	152	3	22	87
上海	2	957	903	57	125	427
江苏	1	514	400	24	132	152
浙江	1	268	255	4	36	136
安徽	1	181	156	8	38	69
福建	2	205	198	3	31	107
江西	1	162	153	9	29	80
山东	1	235	229	20	51	110
河南	1	206	192	15	50	80
湖北	1	304	295	19	71	138
湖南	2	305	278	9	56	139
广东	1	306	282	8	52	128
广西	3	341	314	14	62	150
海南	1	101	94	2	5	69
重庆	2	297	246	20	59	100
四川	1	250	186	7	29	74
贵州	1	231	197	10	32	43
云南	1	187	179	10	93	47
西藏	1	54	44	2	9	22
陕西	1	200	194	6	18	93
甘肃	1	209	185	9	34	94
青海	1	117	77	3	12	28
宁夏	1	132	127	7	27	50
新疆	1	89	84	5	21	38

公共图书馆基本情况

藏量/万册	图书	盲文图书	古籍	善本	报刊	视听文献
23834.85	**15435.66**	**18.38**	**1380.51**	**167.57**	**2266.14**	**417.69**
994.42	838.26	0.08	41.92	6.75	50.95	50.73
1027.83	927.48	0.09	58.55	9.78	19.24	21.01
378.22	304.67	0.56	8.17	0.56	47.58	12.42
408.36	275.12	0.58	29.68	5.02	95.81	3.03
460.33	350.69	2.77	22.00	2.00	35.32	2.05
808.41	669.15	0.62	48.44	12.39	64.05	12.07
539.98	443.23	0.15	23.14	5.35	56.95	2.25
463.40	356.55	0.37	13.37	0.66	52.61	4.19
5997.42	1465.58	3.87	268.37	18.17	345.48	41.60
1334.48	997.91	0.30	160.00	14.00	127.07	31.01
856.60	652.16	0.72	82.24	15.01	106.49	14.49
418.47	342.78	0.21	35.22	3.31	38.61	1.18
556.77	459.32	0.51	25.35	2.08	56.81	13.60
508.42	354.06	0.63	38.24	4.21	68.00	2.21
981.09	656.96	0.28	75.36	20.00	140.71	8.89
449.85	358.78	0.09	50.66	3.00	37.13	2.92
1016.94	845.46	0.69	46.18	5.87	80.37	31.77
620.07	456.62	1.00	62.14	5.00	63.79	33.43
1001.48	779.72	0.51	44.02	3.25	141.94	30.39
874.90	663.94	0.17	26.65	1.65	117.41	15.83
226.28	213.14	0.20	0.02	0.01	6.94	5.77
547.69	397.26	1.74	45.26	6.99	72.97	5.26
602.35	440.77	0.37	53.09	6.60	107.52	0.53
412.78	344.96	0.13	11.77	0.42	50.78	2.47
414.22	310.49	0.34	17.75	2.50	81.27	4.52
59.65	49.58	0.05	1.50	0.17	8.53	0.04
623.76	505.86	0.45	32.84	4.37	68.35	8.61
523.07	417.93	0.59	31.76	6.78	67.88	4.74
197.96	160.59	0.20	12.07	1.00	22.89	0.47
219.44	116.67	0.03	3.52	0.41	13.70	50.21
310.21	279.97	0.08	11.23	0.26	18.99	

续表 1

地 区	缩微制品	其他	在藏量中 开架书刊	在藏量中 少儿文献	数字资源总量(TB)	音视频资源总量/千小时
全 国	**1300.08**	**3034.81**	**5512.89**	**1410.21**	**20668**	**90225**
北 京	0.03	12.54	191.45	154.29	627	1095
天 津	1.27	0.29	303.58	171.78	1551	611
河 北	2.80	2.59	130.71	23.81	159	4
山 西	0.40	4.31	219.63	34.10	343	372
内蒙古	0.52	49.75	173.15	27.60	709	596
辽 宁	0.64	14.06	279.70	36.18	472	2239
吉 林	2.61	11.80	68.02	11.65	50	28
黑龙江	36.69		81.91	13.32	1245	308
上 海	1235.93	2640.46	305.87	185.62	1082	328
江 苏	5.21	13.28	117.00	10.30	779	197
浙 江	0.48	0.75	226.79	21.88	351	1592
安 徽	0.53	0.15	128.35	20.13	812	455
福 建	1.70		99.50	24.66	506	116
江 西	0.72	45.20	204.75	33.99	660	34
山 东	0.86	98.30	525.05	58.99	398	133
河 南	0.26	0.09	125.63	50.13	366	165
湖 北	3.81	9.34	292.73	72.84	1142	710
湖 南	0.46	3.62	193.59	53.29	555	486
广 东	2.56	2.86	257.48	52.99	654	142
广 西	0.20	50.87	96.16	43.10	598	413
海 南		0.41	145.30	50.73	551	189
重 庆	1.05	25.88	143.06	70.52	945	891
四 川	0.44		82.04	11.79	1506	2274
贵 州	0.31	2.49	327.71	27.37	766	397
云 南	0.12	0.06	60.98	8.23	225	37
西 藏			14.12	2.37	2300	
陕 西	0.03	8.09	221.61	59.07	698	351
甘 肃	0.29	0.47	292.46	30.10	300	580
青 海	0.05	1.89	56.47	8.15	111	75411
宁 夏	0.08	35.26	81.51	16.61	198	60
新 疆	0.03		66.58	24.62	9	11

电子图书总量/万册	本年新增藏量/万册	本年新增电子图书/万册	当年购买的报刊种类/种	实际持证活跃读者数/个	总流通人次/万人次	书刊文献外借人次
8322.75	**616.23**	**1335.79**	**135544**	**10712969**	**7896.94**	**1429.90**
389.32	26.63	3.40	6791	1385528	489.17	23.69
517.56	38.77	491.66	7632	857295	219.77	80.68
75.00	9.94	75.00	4338	353460	86.43	15.63
405.16	12.97		2177	485408	142.47	39.67
0.04	12.96	30.00	2030	189154	92.02	28.72
25.77	16.44	6.79	5436	356129	443.14	26.69
100.00	10.27		3913	187540	108.53	3.82
327.32	11.46	165.00	2127	27700	42.74	9.24
207.07	41.76	8.63	12277	372675	469.84	141.95
416.00	45.86	7.34	4097	980980	314.28	62.36
492.05	28.95	40.26	3529	75134	900.54	77.32
165.21	14.40	1.50	2785	301531	196.36	31.89
363.29	16.57	13.29	5821	436997	202.96	35.02
1217.00	24.44	18.35	7369	410287	293.75	26.72
389.27	17.76	1.81	6176	206499	247.37	29.61
4.28	11.32	0.76	2268	216392	93.30	25.36
800.00	38.56	10.00	5558	902633	279.76	56.52
223.49	24.61	92.61	2276	407838	161.59	42.40
129.42	30.67	8.62	6234	275642	962.49	263.76
646.28	21.74	26.17	7256	816954	606.63	47.76
128.61	16.85		2020	43929	138.37	27.11
226.01	12.26	221.68	4507	59333	285.38	51.88
257.25	13.32	18.27	6005	647433	141.41	16.58
337.00	25.25	21.14	4985	174813	174.08	37.82
206.00	22.04	12.00	3494	143413	171.66	79.80
	2.27	0.86	925	12456	6.18	0.25
130.00	32.94	13.60	4595	82685	278.68	68.02
37.12	13.47	3.50	4010	102544	80.02	26.58
32.32	3.61	1.09	1240	33518	45.36	4.00
33.01	5.69	33.00	1614	84771	108.75	28.20
41.90	12.45	9.46	2059	82298	113.91	20.85

续表 2

地区	书刊文献外借册次/万册次	为读者举办各种活动				
		组织各类讲座次数/次	参加人次/万人次	举办展览/个	参加人次/万人次	举办培训班/个
全国	**5378.84**	**4019**	**101.99**	**1752**	**1888.17**	**4827**
北京	118.39	178	2.23	44	106.84	38
天津	431.38	61	1.11	38	43.95	66
河北	52.93	89	0.85	38	51.52	61
山西	119.89	341	3.89	38	19.72	99
内蒙古	58.71	35	0.71	22	1.69	9
辽宁	114.09	69	0.66	41	85.05	188
吉林	89.64	78	1.05	65	11.98	8
黑龙江	41.10	58	0.52	67	13.24	334
上海	712.89	381	6.17	149	540.35	524
江苏	73.72	67	0.84	119	29.50	331
浙江	200.43	89	1.99	58	44.02	139
安徽	116.26	70	37.79	42	16.82	248
福建	197.94	210	2.08	115	87.31	145
江西	115.64	68	1.21	15	40.26	4
山东	110.26	245	1.71	52	10.09	377
河南	94.18	59	0.41	48	5.79	176
湖北	275.26	158	1.58	118	60.21	241
湖南	192.18	406	13.78	38	31.80	133
广东	748.94	76	1.03	66	162.46	83
广西	211.96	104	3.53	49	255.74	67
海南	109.00	234	1.22	29	11.23	121
重庆	159.29	139	1.70	63	40.22	832
四川	66.56	78	2.36	6	33.36	23
贵州	105.77	29	0.32	45	32.51	41
云南	389.01	256	2.01	82	41.19	218
西藏	0.80	6	0.02			
陕西	276.19	130	3.78	53	30.00	117
甘肃	47.00	53	0.69	25	8.71	38
青海	13.25	110	5.30	117	1.20	12
宁夏	63.91	32	0.65	93	60.96	9
新疆	72.27	110	0.80	17	10.45	145

培训人次/万人次	咨询服务量/件	举办线上活动次数/次	开设新媒体服务账号数量/个	新媒体账号点击量/万次	图书馆网站访问量/万人次	开展基层培训辅导人次/万人次
22.49	**10264012**	**12317**	**268**	**27184.84**	**75337.40**	**33.20**
0.06	837631	487	16	86.00	810.93	0.45
0.37	115405	270	11	267.93	1499.94	0.08
0.55	69300	153	4	66.82	67.65	0.62
0.37	160940	1052	6	1394.04	81.90	0.38
0.08	85236	702	4	286.30	2262.80	0.03
0.76	161883	271	6	453.59	81.60	0.35
0.02	21680	162	5	270.34	20.62	0.02
0.77	147904	444	3	1.82	1168.82	0.01
2.57	1108215	539	63	1629.52	16995.70	1.12
1.17	918415	341	2	2792.98	4281.66	24.30
0.39	99957	380	19	1521.63	11071.50	0.29
0.84	162445	125	5	351.45	116.73	0.06
0.60	121078	239	6	1066.81	4041.16	0.46
0.01	49000	266	5	747.69	110.19	0.07
0.68	88119	329	8	2793.52	96.69	0.23
0.17	309	1278	1	37.60	47.23	0.04
1.03	451757	94	6	2009.70	3032.00	0.42
4.79	5111	121	7	1346.00	1246.15	0.92
0.52	2963575	1086	7	2056.17	2556.88	0.04
0.54	1091985	765	18	706.69	8086.17	0.26
0.78	3518	9	3	123.44	249.79	0.05
1.30	694142	393	18	3414.77	1661.18	1.68
0.55	187074	27	8	1160.63	273.72	0.10
0.17	147213	68	7	354.62	4185.13	0.43
0.69	117183	259	3	614.03	942.85	0.22
		3	2	14.88	1019.31	
0.69	201206	62	8	9.65	9164.31	0.16
0.11	73000	205	4	620.81	56.80	0.08
0.08	6156	1792	4	518.70	7.47	0.08
0.08	126925	305	5	38.21	11.82	0.03
1.75	47650	90	4	428.50	88.70	0.22

续表 3

地区	本单位受训人次/万人次	计算机台数/台	供读者使用的终端数	本年收入合计/千元	财政拨款收入	免费开放资金
全国	**4.36**	**20686**	**8579**	**4570952**	**4392098**	**300921**
北京		1077	435	526490	522996	3839
天津	0.05	1297	831	185633	179359	2390
河北		344	54	64544	64516	16289
山西	0.20	670	65	135360	135360	13706
内蒙古	0.05	576	424	55609	55569	8125
辽宁	0.02	897	500	122996	122072	33220
吉林	0.15	792	405	75583	74343	1580
黑龙江		131	67	53027	51210	3692
上海	0.19	3240	1328	881968	762991	
江苏	0.05	1241	225	248544	244808	11100
浙江		727	311	232425	229820	3700
安徽	0.25	320	107	73637	72397	3665
福建	0.15	568	299	144088	143698	15412
江西	0.13	705	545	112490	109884	40500
山东		560	250	110491	108047	3826
河南	0.02	265	126	77677	77365	6560
湖北	0.43	1100	360	165422	163455	
湖南	1.69	407	115	116191	114404	12984
广东	0.23	1251	221	219489	217552	3870
广西	0.13	857	561	106432	106110	7273
海南	0.01	302	93	61331	61331	
重庆	0.01	522	228	120544	104937	13445
四川	0.15	250	50	111081	109520	26604
贵州	0.05	367	233	86484	83530	24937
云南	0.08	447	98	78020	77140	3726
西藏	0.16	73	54	27585	27585	2781
陕西	0.05	567	206	148561	147164	4570
甘肃	0.02	425	177	85835	83848	17000
青海	0.04	248	50	43777	42582	7990
宁夏	0.02	310	100	47976	47926	1937
新疆	0.03	150	61	51662	50579	6200

中央资金	购书专项经费	本年支出合计/千元	基本支出	项目支出	经营支出	在支出合计中，工资福利支出
27429	**612531**	**4546331**	**2157178**	**2387372**	**607**	**1783089**
	44244	371206	185402	185804		136943
	40482	186032	88754	97278		74648
	8494	65071	35440	29631		28858
	6715	128368	45677	82690		37447
2791	8000	55690	33886	21804		30108
2400	20000	128431	58538	69893		46434
	9500	75612	36654	38958		27509
	5497	53027	31641	21386		24251
	138987	1033593	399018	634249	326	319241
	36000	242885	142763	100122		142708
2950		188449	95344	93105		72698
	10000	72673	44831	27842		26149
1800	20000	151212	54930	96262		46769
	23000	107083	46195	60888		43384
	14979	109502	64780	44722		55682
	10690	75965	44310	31503	152	36568
	40679	165455	75123	90332		66308
659	17001	109967	67541	42426		55857
2550	22762	222747	135067	87680		107973
	15650	108016	56686	51329		60216
	8817	61331	29257	32074		18278
4400	15722	114606	76689	37917		60621
	12994	119066	51533	67532		48144
1889	10000	89147	41691	47455		37076
	24891	78020	39389	37404	129	36243
	1594	32108	20535	11573		17366
	20000	169261	35524	133737		30492
	12000	86758	37518	49240		33314
7990	4150	47257	24452	22804		21255
	2712	47113	32652	14411		24789
	6971	50680	25358	25321		15760

续表 4

地　区	新增藏量购置费	新增数字资源购置费	资产总计/千元	固定资产净值
全　国	**472470**	**182761**	**24340367**	**18710553**
北　京	35966	8594	1670237	752510
天　津	33071	7411	724980	677297
河　北	5600	2894	343575	308556
山　西	6365	350	666007	443712
内蒙古	8000	2300	289755	258380
辽　宁	13503	6497	1344545	1023690
吉　林	7000	2500	203230	174538
黑龙江	3497	2000	262082	219491
上　海	73214	65773	6674499	5446007
江　苏	25544	5648	990443	896504
浙　江	24785	6502	793511	612607
安　徽	9192	330	272129	167642
福　建	15062	9808	725577	576195
江　西	17500	5500	298385	254399
山　东	10609	4079	485940	410397
河　南	7000	3690	197009	167180
湖　北	26057	11797	1226129	979726
湖　南	9299	2799	250055	192499
广　东	18103	4081	1296205	1195249
广　西	12080	4170	549431	451960
海　南	8817	1391	406374	79882
重　庆	9543	6169	606157	543191
四　川	9500	3494	690681	597155
贵　州	10000		653618	633950
云　南	20000	5000	261604	219672
西　藏	2144		42125	38504
陕　西	25532	1970	1013869	311767
甘　肃	8485	3673	615109	418146
青　海	3359	2574	160244	69980
宁　夏	3517	967	270068	244482
新　疆	10126	800	356794	345285

实际使用公用房屋建筑面积/万平方米	书库面积	阅览室面积	书刊阅览室面积	电子阅览室面积
243.79	**43.90**	**67.02**	**60.35**	**3.30**
17.04	1.73	5.47	5.18	0.29
13.23	2.03	5.08	2.67	0.25
5.06	1.12	0.93	0.86	0.07
7.88	0.83	1.67	1.66	0.01
3.50	0.58	1.56	1.28	0.28
10.32	1.74	3.81	3.32	0.49
6.30	1.02	2.11	2.05	0.06
3.39	0.34	1.28	1.20	
27.44	5.43	3.50	3.38	0.11
10.30	1.03	1.80	1.69	0.10
14.02	2.88	5.35	5.31	0.04
3.61	0.87	0.97	0.89	0.04
5.95	0.81	1.53	1.47	0.04
9.62	3.27	1.26	1.16	0.11
7.07	1.36	1.14	0.96	0.10
3.89	1.04	1.46	1.38	0.08
10.23	1.80	4.20	3.90	0.30
4.40	1.36	1.42	1.38	0.04
9.15	1.84	1.46	1.43	0.03
10.59	3.29	1.86	1.70	0.15
5.65	0.79	2.74	2.69	0.05
5.84	1.07	1.47	1.04	0.08
5.19	0.52	1.45	1.38	0.07
8.10	0.83	1.20	1.00	0.10
3.04	0.75	0.82	0.75	0.07
1.90	0.42	0.34	0.26	0.07
13.20	1.80	3.78	3.68	0.10
6.52	1.13	1.90	1.84	0.06
2.40	0.26	1.23	0.76	0.04
3.32	0.90	1.33	1.24	0.01
5.64	1.06	2.90	2.84	0.06

续表 5

地　区	实际拥有产权面积/万平方米	阅览室座席数/个	少儿阅览室座席数	盲人阅览室座席数
全　国	**172.83**	**104687**	**16316**	**1109**
北　京	8.85	5721	928	49
天　津	0.14	4734	307	12
河　北	5.06	3670	120	20
山　西	7.88	4097	500	24
内蒙古	3.50	2793	759	103
辽　宁	9.93	9030	996	80
吉　林	1.38	3308	120	8
黑龙江	3.05	2387	261	52
上　海	26.33	8268	1489	45
江　苏	3.40	1804	394	18
浙　江	13.49	4347	317	152
安　徽	3.61	1545	320	36
福　建	4.15	2683	829	38
江　西	9.62	456	421	35
山　东	4.54	2466	298	20
河　南	2.95	2078	952	4
湖　北	10.23	5703	1160	24
湖　南	4.29	3194	1359	28
广　东	7.77	8583	398	39
广　西	7.33	3861	806	36
海　南	5.65	2773	1100	29
重　庆	5.01	2615	901	32
四　川	5.19	2958	150	8
贵　州		1500	150	24
云　南	3.04	1604	165	50
西　藏	2.19	300	85	13
陕　西		3085	369	14
甘　肃	3.92	3005	170	30
青　海	1.37	1152	132	26
宁　夏	3.32	1967	200	40
新　疆	5.64	3000	160	20

志愿者服务队伍数/个	志愿者服务队伍人数/人	图书馆延伸服务情况		
		流动图书车数/辆	流动服务书刊借阅人次/万人次	流动图书馆车书刊借阅册次/万册次
1007	**93590**	**20**	**22.34**	**100.82**
48	9267		0.03	5.22
4	2221	1	0.49	0.58
1	3158	1	0.05	0.04
7	5676			
3	480			
87	7065	3	1.82	14.88
14	620			
7	101			
101	4049	2	3.61	4.95
1	368		2.50	3.41
5	1840			
8	833			
2	1297	2	0.10	45.13
3	1273			
35	3573			
16	238	1		
1	2437	1	0.40	1.30
530	29670			
2	1579			
8	1969	2	2.70	6.28
20	3500			
6	1978	1	8.29	14.22
45	2958			
5	875			
6	1335			
1	25	1	0.21	0.53
31	2318	1	0.19	0.48
2	690	1	0.96	2.00
2	48	1	0.02	0.04
1	256	1	0.97	1.76
5	1893	1		

2023年各地区地市级

地区	机构数/个	从业人员/人	专业技术人才	正高级职称	副高级职称	中级职称
全国	**391**	**16359**	**12157**	**397**	**2197**	**5609**
北京						
天津						
河北	12	665	454	28	95	189
山西	10	598	276	8	48	94
内蒙古	12	524	486	18	114	202
辽宁	22	902	714	55	127	396
吉林	10	527	408	37	118	152
黑龙江	13	554	421	42	103	182
上海						
江苏	17	1272	842	31	144	408
浙江	11	1106	771	25	97	371
安徽	23	503	366	1	31	177
福建	13	638	469	10	46	206
江西	11	356	260	3	40	110
山东	16	948	741	37	210	346
河南	20	989	760	18	105	250
湖北	16	649	541	13	101	259
湖南	18	590	432	3	70	213
广东	26	1933	1563	38	224	821
广西	15	662	479	8	65	225
海南	4	73	55		3	24
重庆						
四川	22	687	459	10	92	204
贵州	10	345	283	1	50	123
云南	19	449	404	7	129	196
西藏	7	67	40		1	12
陕西	10	319	200	1	32	103
甘肃	18	368	251	1	38	137
青海	8	131	94	1	16	47
宁夏	5	119	97	1	15	39
新疆	23	385	291		83	123

公共图书馆基本情况

藏量/万册	图书	盲文图书	古籍	善本	报刊	视听文献
35963.87	**30640.16**	**45.69**	**654.96**	**45.44**	**2750.71**	**788.90**
1181.25	922.50	2.43	44.04	2.21	117.32	20.51
776.45	697.88	2.28	15.93	1.41	45.71	11.26
624.32	554.85	1.96	8.46	0.70	48.68	8.18
2225.27	1721.64	1.30	85.47	2.91	228.80	46.41
1004.52	857.23	0.93	21.03	1.73	75.43	16.75
1037.60	814.55	1.41	29.56	1.71	148.06	39.73
3322.60	2858.42	2.43	128.23	9.91	264.55	71.11
3089.00	2742.58	2.63	53.74	5.55	155.14	134.82
1357.59	1242.02	2.36	15.79	1.71	65.49	19.13
1760.89	1299.32	1.53	9.66	0.70	121.06	23.84
770.84	660.85	1.14	16.31	1.88	75.55	9.13
2289.78	2014.54	1.69	39.15	2.94	162.40	10.06
1695.66	1399.00	2.13	41.63	4.21	160.07	72.37
1677.50	1379.45	2.80	35.73	1.43	180.63	15.35
1341.60	1149.83	2.29	14.00	0.57	75.34	17.71
5671.49	5129.16	4.66	19.68	0.79	240.35	177.42
902.57	748.78	0.60	6.32	0.54	126.05	10.75
166.01	151.21	0.14	0.58	0.01	11.65	2.22
1588.28	1298.73	2.49	46.68	2.07	146.51	32.70
430.56	382.78	1.09	2.00	0.16	39.35	4.66
632.84	526.86	1.23	7.20	0.36	87.48	5.07
112.66	102.54	0.70	0.03	0.03	3.17	0.09
526.60	490.43	1.28	3.73	0.76	26.99	5.44
536.27	421.87	1.24	8.66	1.03	48.08	4.08
243.55	223.78	0.40	0.46	0.05	9.14	0.47
222.92	192.08	0.24	0.13		22.34	0.65
775.25	657.28	2.31	0.76	0.07	65.37	28.99

续表 1

地区	缩微制品	其他	在藏量中 开架书刊	在藏量中 少儿文献	数字资源总量(TB)	音视频资源总量/千小时
全国	**8.60**	**1120.52**	**22976.56**	**6838.18**	**3100244**	**1593787**
北京						
天津						
河北	4.57	72.31	863.08	202.85	12487	5276
山西		5.72	528.68	152.64	1884	1390
内蒙古		4.14	386.43	85.84	736	1116
辽宁	1.37	141.58	1342.95	245.43	568673	7685
吉林	0.14	33.92	341.68	155.49	529	15763
黑龙江	0.06	5.64	539.49	91.75	2143	1070
上海						
江苏	0.02	0.25	1918.93	666.10	2999	3734
浙江	0.12	2.60	1873.18	794.92	3625	2271
安徽	0.13	14.99	931.47	238.01	2819	6823
福建	0.02	306.98	989.99	401.35	1683	627
江西	0.04	8.99	341.84	99.25	971	29794
山东	0.18	63.42	1664.31	363.30	942823	47033
河南	0.69	21.89	1178.15	332.34	2233	160846
湖北	0.94	65.38	987.98	189.58	1697	562626
湖南	0.18	84.56	950.58	235.79	1619	20422
广东	0.03	104.86	4286.37	1723.94	4446	4637
广西	0.01	10.68	644.17	202.84	769	325
海南		0.34	111.83	21.58	142	48
重庆						
四川	0.03	63.66	835.74	208.25	485849	4564
贵州		1.75	330.48	81.50	841	443
云南		6.22	437.19	51.76	835	214078
西藏		6.80	83.32	10.31	682	599
陕西			392.49	49.94	1217	506
甘肃	0.01	53.57	347.42	75.98	156226	211
青海	0.02	9.69	114.69	22.07	58	5201
宁夏		7.72	93.38	33.39	1251	457496
新疆	0.04	22.86	460.74	101.98	901007	39203

电子图书总量/万册	本年新增藏量/万册	本年新增电子图书/万册	当年购买的报刊种类/种	实际持证活跃读者数/个	总流通人次/万人次	书刊文献外借人次
28182.70	**1851.83**	**4990.59**	**300916**	**39552164**	**30812.02**	**8217.08**
486.52	34.49	170.87	8820	1073563	1141.37	301.12
1190.51	31.46	1820.27	5988	1043664	838.00	339.34
563.17	39.73	343.59	5398	473808	561.88	87.09
1044.28	32.75	14.12	16599	1044591	1252.17	520.13
450.29	32.53	16.05	9585	848327	320.56	71.81
783.22	27.94	122.51	7815	970641	302.25	75.78
3266.60	118.99	40.81	27620	2621470	3957.36	1303.13
1283.04	159.92	79.16	16092	2758021	2976.22	392.10
1259.49	93.71	147.43	10180	2017762	2608.81	409.33
1728.04	119.57	108.20	10319	1070948	1299.15	491.65
667.81	28.71	48.77	5900	823623	889.38	138.09
2178.88	87.44	255.21	16758	2567824	2272.27	679.32
1287.67	52.36	99.27	13773	1189377	1964.17	489.00
1349.86	123.32	1013.90	11088	2688131	1142.46	440.55
1568.00	179.93	81.52	7175	1369064	906.01	396.68
2127.33	362.23	156.24	62640	12929480	4169.07	985.26
711.50	31.87	24.58	6812	658305	1024.32	165.25
76.36	10.00	4.93	1811	65135	122.94	18.91
1353.87	62.51	256.98	18723	1697779	916.87	342.15
702.31	32.58	29.33	4423	293318	290.24	97.44
1257.90	46.35	52.59	6012	233422	364.91	113.75
11.83	19.16	11.79	1189	16406	21.51	0.54
502.98	27.75	14.34	6162	241597	499.62	53.17
73.93	27.94	38.98	5572	222009	464.70	170.50
20.38	21.36	0.63	705	41017	73.79	10.02
1607.13	10.55	13.17	2169	139512	140.12	31.66
629.80	36.68	25.35	11588	453370	291.87	93.31

续表 2

地　区	书刊文献外借册次/万册次	为读者举办各种活动				
		组织各类讲座次数/次	参加人次/万人次	举办展览/个	参加人次/万人次	举办培训班/个
全　国	**22718.28**	**27779**	**945.60**	**12165**	**5336.22**	**28375**
北　京						
天　津						
河　北	1111.85	793	10.51	435	293.33	579
山　西	576.75	442	6.28	259	237.03	1406
内 蒙 古	286.22	270	3.53	169	100.69	187
辽　宁	1966.61	938	18.83	629	177.32	799
吉　林	242.44	317	3.51	325	83.94	327
黑 龙 江	168.29	319	1.73	413	14.92	527
上　海						
江　苏	2452.19	1760	10.01	887	533.57	2657
浙　江	1893.86	3097	293.26	1144	513.17	3965
安　徽	1029.75	2053	300.19	915	251.21	1244
福　建	1487.39	680	10.89	337	159.11	944
江　西	375.06	501	3.97	126	61.31	207
山　东	1272.37	2393	60.94	986	290.49	2210
河　南	847.17	2234	26.64	708	358.12	1743
湖　北	969.51	1074	48.89	670	199.29	2209
湖　南	850.82	1254	27.30	284	179.01	2488
广　东	4958.59	4669	47.19	937	1162.03	3684
广　西	377.31	623	17.97	403	124.94	939
海　南	62.35	51	0.23	49	31.13	104
重　庆						
四　川	621.32	1019	12.47	289	234.25	270
贵　州	183.93	160	13.77	188	42.76	340
云　南	258.88	549	3.16	529	93.70	338
西　藏	1.76	52	0.27	11	1.09	33
陕　西	152.27	249	5.65	208	35.01	273
甘　肃	285.44	957	6.04	250	23.84	166
青　海	31.59	56	0.65	94	39.86	36
宁　夏	67.27	120	2.38	191	13.41	28
新　疆	187.29	1149	9.34	729	81.69	672

培训人次/万人次	咨询服务量/件	举办线上活动次数/次	开设新媒体服务账号数量/个	新媒体账号点击量/万次	图书馆网站访问量/万人次	开展基层培训辅导人次/万人次
197.87	**20510044**	**80943**	**4303**	**128332.20**	**78740.82**	**23.78**
2.74	673926	2479	60	3246.94	1130.29	2.06
5.22	4105893	3871	31	1156.91	10999.81	0.74
1.22	195976	3219	36	360.85	250.04	0.95
5.33	625578	3887	50	68786.73	3539.11	0.77
1.69	465869	2581	34	4498.80	366.64	0.27
1.60	204213	6449	19	446.57	515.19	0.11
9.08	1191774	1865	2813	3187.25	2838.06	0.98
36.95	1111697	4276	76	2853.75	5736.40	1.15
7.05	642597	5525	51	1290.00	3859.11	1.60
8.33	804363	1676	39	1417.17	1128.58	0.65
1.19	156835	2493	27	317.07	1043.21	0.35
36.65	1267089	9005	70	11616.43	3198.43	1.20
8.47	406680	3817	56	3603.10	2269.28	1.47
18.85	377360	3306	41	521.26	2555.12	1.01
15.59	181326	912	483	983.91	1989.32	0.83
18.43	3883271	5193	79	19724.91	32074.81	4.25
5.09	1339112	2914	48	552.04	1278.95	1.02
0.74	52978	300	7	108.84	211.03	0.02
1.95	970966	2856	70	1345.45	1343.43	0.92
1.25	147827	1640	23	216.14	575.66	0.58
2.20	94905	2529	40	380.10	677.63	0.33
0.12	20384	90	5	25.83	270.00	0.03
1.40	1064367	4339	49	610.90	124.19	0.38
1.26	106876	3429	45	682.97	117.00	0.50
0.20	29807	120	13	44.16	110.68	0.03
0.32	29643	800	10	72.61	11.00	0.27
4.95	358732	1372	28	281.51	527.85	1.31

续表 3

地　区	本单位受训人次/万人次	计算机台数/台	供读者使用的终端数	本年收入合计/千元	财政拨款收入	免费开放资金
全　国	**12.22**	**50892**	**28272**	**6209604**	**6149182**	**922914**
北　京						
天　津						
河　北	0.34	2077	1156	189460	189337	7497
山　西	0.48	1688	748	151676	150715	4700
内蒙古	0.43	1215	438	163532	163418	5950
辽　宁	0.84	2851	1555	170703	170703	9817
吉　林	0.35	947	464	127747	127445	4401
黑龙江	0.05	1252	525	138475	138465	4813
上　海						
江　苏	0.34	3330	1622	544166	540215	31304
浙　江	0.63	2899	1521	475650	468614	184099
安　徽	0.41	2272	1418	216600	216162	22657
福　建	1.04	2767	1692	274014	267956	14587
江　西	0.20	1133	701	143558	143072	18088
山　东	1.82	3181	1778	331499	329103	25060
河　南	0.53	2566	1410	212955	209260	14843
湖　北	1.13	1900	1036	490716	490062	10265
湖　南	0.44	2104	1290	174203	167836	8908
广　东	1.33	6874	3692	1309534	1299798	471426
广　西	0.39	1801	1098	151450	151065	8111
海　南	0.06	349	188	45339	45339	2049
重　庆						
四　川	0.03	1956	1118	247638	246864	15001
贵　州	0.43	1077	604	122781	122693	5000
云　南	0.43	1407	778	125949	124241	10471
西　藏		449	323	26242	25602	2910
陕　西	0.02	705	407	74296	70901	4961
甘　肃	0.12	1097	639	81727	81727	8667
青　海	0.02	655	458	44700	43637	5771
宁　夏	0.04	550	400	39166	37300	2528
新　疆	0.32	1790	1213	135828	127652	19030

中央资金	购书专项经费	本年支出合计/千元	基本支出	项目支出	经营支出	在支出合计中，工资福利支出
127775	**532225**	**6217276**	**3335622**	**2814943**	**2028**	**2731570**
3547	9200	196137	114461	81675		81257
3000	12289	146532	55399	90507	624	48526
4800	5740	163047	103196	59850		81401
4330	6429	170013	121066	41757		102945
2979	17979	129446	79458	49987		64519
3708	8331	137528	99929	37597		65083
3871	48556	545001	314069	212920		266062
3445	44793	475237	260336	214901		219727
6750	22599	217018	101520	112488		79035
3763	19802	276135	111218	163512	1404	87786
3250	9300	140766	77766	63000		62174
5990	36387	331307	214472	116833		178173
6300	14868	212009	138331	67642		118862
5212	12802	491868	162990	328877		138535
4354	15201	175752	110872	59700		91334
6204	175236	1309716	655433	653286		524872
6137	5784	151996	93559	58434		85918
1344	2378	45423	12566	30355		11585
8830	24800	247530	118106	129420		100384
4010	2448	124462	69377	55079		58301
7056	8635	132059	91769	37050		78024
2450	8144	25680	9194	15921		7214
3640	6360	74136	47348	25377		39598
6621	5800	83845	57693	26069		45221
2820	1900	44670	25078	17627		21672
1578	2732	38823	25729	12913		20414
11786	3732	131140	64687	52166		52948

续表 4

地　区	新增藏量购置费	新增数字资源购置费	资产总计/千元	固定资产净值
全　国	**505460**	**177121**	**22705337**	**18713395**
北　京				
天　津				
河　北	11860	3117	790460	655298
山　西	11608	3767	1482497	1183580
内蒙古	8842	4998	663328	607042
辽　宁	7324	1562	1006326	896376
吉　林	12436	6489	421609	333474
黑龙江	6333	2155	512308	473028
上　海				
江　苏	38317	8717	1556351	1393498
浙　江	64298	14602	1611486	1348514
安　徽	20750	12834	1656956	1601085
福　建	25203	6754	1416768	1124422
江　西	10627	2107	268373	201238
山　东	36804	8827	1040207	719817
河　南	14193	5735	1130848	870824
湖　北	14215	3665	851645	489942
湖　南	17940	5569	352172	315604
广　东	126767	59045	4162615	3554104
广　西	9768	2442	519319	439187
海　南	2298	197	98801	66227
重　庆				
四　川	21181	5994	556448	461770
贵　州	6873	2645	377805	345002
云　南	8051	2821	610471	294340
西　藏	5690	2474	114291	87501
陕　西	5886	2650	244640	196986
甘　肃	5526	5292	388018	308112
青　海	2485	825	147096	125309
宁　夏	2775	283	74620	57983
新　疆	7410	1555	649879	563132

实际使用公用房屋建筑面积/万平方米	书库面积	阅览室面积	书刊阅览室面积	电子阅览室面积
630.90	**115.11**	**208.36**	**171.44**	**14.48**
26.52	3.64	7.65	6.63	0.80
20.92	2.17	7.68	6.04	0.55
18.42	1.57	5.19	4.53	0.25
26.39	4.83	6.81	4.88	0.72
12.24	1.87	3.70	3.00	0.31
16.56	3.00	4.57	2.94	0.29
48.09	6.62	14.74	13.72	0.60
35.71	6.47	11.06	9.45	0.65
27.95	3.56	11.66	8.64	0.57
33.74	8.27	14.95	12.61	0.76
15.47	3.86	5.02	3.79	0.40
50.77	9.96	14.32	12.88	0.87
40.82	8.88	9.56	6.96	0.86
28.11	8.38	10.34	7.64	0.67
22.65	6.21	7.17	5.71	0.56
74.80	12.74	26.25	24.09	2.03
23.50	3.76	7.24	6.17	0.62
1.71	0.54	0.29	0.20	0.08
24.36	4.38	8.69	7.46	0.51
9.99	1.58	2.94	2.78	0.13
13.40	3.19	4.55	2.86	0.50
3.47	0.37	0.78	0.51	0.17
12.87	2.94	5.72	5.41	0.29
12.25	2.02	5.53	2.95	0.32
6.94	0.65	3.28	2.96	0.24
4.05	0.66	1.16	1.01	0.13
19.20	2.99	7.51	5.62	0.60

续表 5

地区	实际拥有产权面积/万平方米	阅览室座席数/个	少儿阅览室座席数	盲人阅览室座席数
全国	**320.14**	**454592**	**91130**	**7311**
北京				
天津				
河北	10.51	18087	3974	192
山西	17.03	15352	2494	217
内蒙古	6.71	10697	1557	322
辽宁	10.60	17792	4453	312
吉林	8.05	8220	1378	184
黑龙江	4.65	9103	1765	116
上海				
江苏	24.96	26008	5062	376
浙江	14.47	19869	5044	208
安徽	19.47	28833	5826	444
福建	16.71	20078	3960	218
江西	5.07	11898	2833	301
山东	20.24	31551	5089	376
河南	27.21	31962	9105	521
湖北	14.97	18981	3999	364
湖南	11.13	15878	3401	221
广东	40.95	46489	10345	593
广西	5.92	16753	3489	256
海南	2.06	2624	308	27
重庆				
四川	12.30	21460	4023	370
贵州	4.97	8813	1909	126
云南	8.56	10329	1829	596
西藏	1.96	1903	283	86
陕西	7.67	10561	1580	160
甘肃	6.77	26322	2535	245
青海	1.96	4738	732	88
宁夏	2.80	4761	1047	42
新疆	12.44	15530	3110	350

志愿者服务队伍数/个	志愿者服务队伍人数/人	图书馆延伸服务情况		
		流动图书车数/辆	流动服务书刊借阅人次/万人次	流动图书馆车书刊借阅册次/万册次
1651	**417661**	**359**	**481.08**	**1074.41**
63	10072	5	15.08	34.27
53	11452	13	14.09	32.27
21	1931	3	17.44	68.80
125	16267	3	29.55	57.43
34	4705	3	5.75	13.29
17	4584	3	18.04	31.09
122	30136	16	14.89	21.39
153	36017	16	19.29	68.35
77	19473	6	16.16	60.26
117	10366	7	13.34	30.50
21	1775	5	1.67	3.46
61	94186	17	33.58	65.99
54	5386	10	42.45	77.25
31	7878	15	41.99	52.67
103	14771	6	23.18	38.49
52	96518	191	66.06	219.29
32	15454	5	19.44	33.65
3	303			3.00
42	15411	10	18.87	31.61
16	3446	2	17.39	23.20
29	1585	2	22.53	32.10
5	105			0.01
28	9335	4	1.70	3.91
28	1292	1	12.15	36.27
9	136	8	0.78	1.40
6	1209	2	7.60	22.52
349	3868	6	8.06	11.94

2023年各地区县市级

地区	机构数/个	从业人员/人				
			专业技术人才	正高级职称	副高级职称	中级职称
全国	**2817**	**35550**	**21675**	**214**	**2707**	**9769**
北京	18	929	746	7	52	263
天津	19	684	509	9	76	222
河北	168	1499	867	8	98	414
山西	116	927	572	2	60	287
内蒙古	104	1167	932	12	222	387
辽宁	105	977	636	8	77	394
吉林	56	772	602	21	139	266
黑龙江	91	763	627	46	203	249
上海	18	1178	1018	2	57	404
江苏	104	2346	1286	15	141	498
浙江	90	2623	1155	20	112	576
安徽	109	1048	530	4	46	240
福建	82	859	513	2	42	233
江西	102	944	449	2	20	177
山东	136	2073	1386	3	245	715
河南	156	1994	894	2	84	445
湖北	102	1304	770		48	417
湖南	130	1309	834	4	49	438
广东	123	3174	1730	11	93	693
广西	98	796	597	1	34	296
海南	19	202	106		1	27
重庆	41	782	403	19	54	178
四川	186	1606	923	5	81	379
贵州	88	663	448		37	189
云南	131	1117	992		379	406
西藏	74	132	84			13
陕西	108	1641	925	1	74	419
甘肃	85	917	471	4	59	240
青海	41	226	103	1	13	48
宁夏	21	348	150	1	23	74
新疆	96	550	417	4	88	182

公共图书馆基本情况

藏量/万册	图书	盲文图书	古籍	善本	报刊	视听文献
79386.77	**69548.21**	**93.06**	**473.42**	**37.45**	**4316.03**	**1488.12**
2680.25	2590.75	0.56	5.19	0.33	17.51	27.86
1416.94	1306.50	1.42	6.67	0.43	63.98	11.32
3342.20	2985.19	4.99	6.28	0.47	108.73	95.39
1473.37	1250.09	2.21	28.20	4.44	135.14	11.77
1443.33	1208.93	2.26	3.06	0.40	98.11	60.26
1722.84	1469.58	1.82	3.33	0.85	49.49	43.40
1082.86	834.94	2.22	1.26	0.04	66.50	17.74
1120.80	999.06	2.04	0.41	0.01	87.61	6.27
2309.67	2173.65	1.31	7.11	0.33	36.92	89.93
7322.58	6680.48	6.11	65.47	3.78	278.44	86.41
8318.64	7759.25	4.81	51.96	3.29	327.77	89.46
2721.74	2445.05	6.30	11.13	0.39	98.77	52.36
3642.67	3031.28	1.50	11.23	0.85	159.64	44.50
3069.84	2504.00	4.35	26.52	2.69	184.48	45.17
5284.24	4715.14	6.24	23.41	2.51	296.29	68.91
2676.45	2357.39	9.61	14.83	1.26	215.24	36.64
3027.12	2592.73	4.03	13.01	1.09	232.89	35.84
3807.39	3144.72	3.81	41.04	2.89	246.25	238.34
8455.63	7526.67	4.66	11.97	1.19	251.98	129.25
1484.65	1138.43	0.78	6.46	0.16	272.60	13.78
367.60	310.34	0.21	0.51	0.04	18.48	30.82
2367.97	2042.73	3.28	23.29	2.36	164.33	47.18
3152.51	2726.06	6.21	43.94	1.42	219.87	31.71
1231.68	1034.35	1.97	2.74	0.67	98.70	12.28
1639.39	1223.06	2.40	24.89	2.61	194.77	101.57
146.11	120.36	0.38	2.50	0.13	5.67	1.08
1449.13	1253.08	3.23	20.01	0.69	90.32	30.41
1068.62	852.61	1.64	12.05	2.06	137.11	7.77
238.20	195.98	0.59	3.89	0.03	10.88	2.86
460.58	384.94	1.27	0.57	0.02	38.15	7.38
861.77	690.87	0.85	0.49	0.02	109.41	10.46

续表 1

地　区	缩微制品	其他	在藏量中		数字资源总量(TB)	音视频资源总量/千小时
			开架书刊	少儿文献		
全　国	**88.14**	**3474.48**	**50597.67**	**12481.43**	**8114561**	**17420572**
北　京	0.27	38.69	1996.30	371.74	2453	3830
天　津	0.01	28.46	787.88	160.40	3435	2049
河　北	2.34	144.39	1934.37	406.31	291655	23948
山　西	1.65	46.53	777.51	150.59	785242	1174073
内蒙古	0.73	72.26	866.13	163.01	699743	244051
辽　宁	0.75	156.34	1088.96	274.80	528571	10385
吉　林	15.31	147.09	585.29	122.22	13134	40473
黑龙江	0.11	27.41	747.67	136.94	119998	520424
上　海	0.01	2.04	1640.95	347.36	103400	529089
江　苏	0.49	211.32	4611.26	1144.88	166393	172556
浙　江	0.44	89.87	6437.80	1986.62	123953	37672
安　徽	0.53	114.01	1718.68	464.60	2979	1267807
福　建	1.29	394.72	2076.70	610.01	124724	98063
江　西	0.85	308.86	1333.03	381.85	997133	1973474
山　东	4.45	176.25	3706.46	658.33	499871	1716815
河　南	0.72	51.83	1676.03	397.47	591612	588235
湖　北	34.54	118.21	1633.25	440.00	188206	518605
湖　南	5.39	131.70	2084.39	601.87	23956	385674
广　东	0.83	535.01	6064.75	1727.01	1718477	227002
广　西	1.26	52.26	792.55	159.95	73749	59045
海　南	0.80	6.67	231.55	45.03	3399	32
重　庆	0.26	90.23	1625.41	410.55	5313	4397079
四　川	5.44	125.53	2049.66	441.39	21964	405658
贵　州	0.65	83.07	767.14	118.93	28353	139766
云　南	1.11	93.97	932.97	163.32	275560	335752
西　藏	1.08	15.42	17.20	8.13	40925	1536
陕　西	0.43	54.85	938.16	209.33	413176	526068
甘　肃	1.87	57.22	607.50	157.38	44850	387837
青　海	3.73	20.89	92.58	23.39	27557	12180
宁　夏	0.17	29.39	259.58	84.91	131830	1521099
新　疆	0.63	49.99	515.96	113.11	62950	100295

电子图书总量/万册	本年新增藏量/万册	本年新增电子图书/万册	当年购买的报刊种类/种	实际持证活跃读者数/个	总流通人次/万人次	书刊文献外借人次
44953.58	**5163.53**	**6256.09**	**556054**	**53667759**	**76942.86**	**23368.75**
1177.84	129.34	165.46	15125	1596783	984.21	185.56
1115.07	49.55	46.78	11554	811102	1475.04	320.94
2299.14	247.68	632.74	14068	1331008	3594.61	1484.67
994.62	63.51	128.31	13869	453929	1084.00	266.90
1569.73	137.80	126.30	11304	520811	911.23	239.70
374.53	39.02	18.82	17187	822823	1081.95	307.01
652.33	38.01	52.01	6308	235485	382.97	127.16
209.91	78.73	20.94	7822	305727	279.40	103.63
1698.62	79.14	95.76	25023	1706839	1486.19	242.73
3255.72	251.54	286.26	38898	8630506	10975.02	5054.73
5655.47	568.07	618.64	51088	7488265	12359.22	1543.74
2172.70	192.60	280.13	14818	1595507	3440.19	1211.94
1447.06	224.79	71.41	17090	1415601	2021.32	731.11
1071.10	642.84	367.75	17357	1120572	3184.46	831.32
2529.71	318.15	375.29	34377	4285902	4728.23	2042.59
1246.04	139.28	123.17	19327	1414036	2687.17	1206.30
2209.31	537.50	757.53	17858	1022326	2702.91	1180.25
1286.59	137.29	155.87	27601	2947436	3942.69	1602.33
3979.60	512.61	372.29	44483	6757214	9685.58	1427.37
642.16	30.97	62.66	16709	406748	733.29	275.86
383.54	22.21	342.41	3372	124207	332.97	53.29
1405.62	151.57	256.53	20666	3506770	2249.53	623.15
2456.98	210.87	273.07	26168	2161856	2289.55	951.26
1277.96	49.77	80.67	11357	940794	883.52	264.79
1146.94	42.25	122.52	18412	616193	858.16	272.01
10.21	10.50	9.42	1288	5878	10.70	1.49
1073.35	118.16	176.25	12830	610092	1294.93	379.74
268.98	57.35	146.83	7293	290474	583.56	203.75
167.51	20.80	30.80	1456	22492	54.93	11.56
921.41	26.35	39.40	4044	226988	294.97	86.60
253.83	35.28	20.07	27302	293395	350.36	135.27

续表 2

地　区	书刊文献外借册次/万册次	为读者举办各种活动				
		组织各类讲座次数/次	参加人次/万人次	举办展览/个	参加人次/万人次	举办培训班/个
全　国	**50153.32**	**88179**	**1207.85**	**53957**	**10557.20**	**70971**
北　京	896.95	1744	20.29	377	189.18	1489
天　津	818.77	1330	10.85	632	238.88	1319
河　北	2694.30	6947	139.73	4144	652.69	4336
山　西	563.11	1914	23.55	1150	151.52	1022
内蒙古	486.32	853	13.46	911	94.14	644
辽　宁	662.04	1632	20.41	1150	208.35	829
吉　林	278.26	778	6.72	601	39.57	260
黑龙江	229.96	855	4.99	812	51.58	688
上　海	1175.58	1782	13.85	306	266.80	612
江　苏	8249.40	4240	59.26	2337	1325.16	4096
浙　江	6691.47	12365	180.25	9043	2370.14	12550
安　徽	1966.26	4260	77.76	3367	333.97	4355
福　建	2336.29	2338	25.58	1478	142.59	1803
江　西	1564.19	3562	35.69	1035	377.01	1639
山　东	3067.63	9937	123.69	4326	516.73	7239
河　南	1966.50	4894	65.79	2302	204.60	3012
湖　北	1844.64	3292	68.22	3152	395.50	2769
湖　南	2746.59	3377	63.15	1489	327.60	3634
广　东	5714.86	7069	74.90	3256	1374.90	7424
广　西	499.57	1224	12.08	983	96.79	747
海　南	115.21	436	3.68	140	33.08	902
重　庆	1421.40	2022	38.46	1463	320.71	1488
四　川	1693.54	3211	35.13	1711	226.80	1742
贵　州	520.65	1449	17.09	885	137.70	1100
云　南	545.78	1690	20.60	1475	154.96	1047
西　藏	2.49	49	0.26	30	0.43	88
陕　西	650.91	2213	24.39	2168	159.35	2423
甘　肃	362.01	1255	14.52	1040	73.58	403
青　海	15.86	274	1.66	141	5.40	153
宁　夏	126.61	266	1.66	462	12.85	189
新　疆	246.17	921	10.18	1591	74.64	969

培训人次/万人次	咨询服务量/件	举办线上活动次数/次	开设新媒体服务账号数量/个	新媒体账号点击量/万次	图书馆网站访问量/万人次	开展基层培训辅导人次/万人次
942.07	**20493147**	**321057**	**8303**	**45629.91**	**83134.04**	**138.42**
6.28	894590	3830	60	1594.22	1239.79	1.16
4.16	1472972	4657	55	971.17	1107.99	1.06
47.42	1196184	20725	480	2577.48	3392.94	14.00
6.43	63076	4909	125	351.16	323.04	1.98
4.50	704296	25881	108	564.79	817.90	3.63
5.60	301121	4152	91	773.32	472.71	1.97
2.01	156526	3099	66	397.05	490.85	1.70
2.67	20178	15624	65	596.50	105.59	0.63
3.42	682538	2132	51	3307.44	628.81	1.75
25.94	1360121	9888	209	1838.07	4041.66	10.49
151.23	2120774	18919	189	2070.77	1949.05	5.60
30.13	432905	8615	152	687.64	7963.44	11.21
8.87	236649	4049	106	7677.12	1845.72	1.30
415.09	682346	10391	112	508.75	705.00	3.33
52.02	949597	29218	288	3406.06	4925.48	13.16
25.45	1005672	12356	192	1339.52	720.25	4.60
29.14	985207	6571	154	1534.99	2261.15	10.30
23.24	309269	2377	142	747.55	2652.07	13.32
31.52	3546485	13634	212	5716.36	4426.73	4.93
4.79	157103	14214	76	243.24	633.29	1.29
3.41	253738	396	16	98.27	89.32	0.67
12.14	527619	3400	114	2136.38	6482.38	2.86
9.61	898095	8145	329	1350.08	1758.67	8.92
6.48	91749	2486	2139	392.61	643.78	2.39
7.96	131729	11973	541	613.39	13779.04	3.73
0.43	6039	43	6	4.32	0.07	0.25
11.25	551806	27884	288	1612.26	930.56	3.30
2.84	365801	14335	127	2123.90	573.24	1.60
0.78	7771	846	1730	17.62	14.01	0.15
1.66	108842	1538	26	154.24	410.61	0.94
5.60	272349	34770	54	223.64	17748.90	6.20

续表 3

地　区	本单位受训人次/万人次	计算机台数/台		本年收入合计/千元		
			供读者使用的终端数		财政拨款收入	
						免费开放资金
全　国	**19.83**	**141406**	**94215**	**8872355**	**8726073**	**802508**
北　京	0.36	3429	1354	503997	503754	12551
天　津	0.11	3159	1902	267599	261408	8583
河　北	0.66	6392	4731	257631	251561	27714
山　西	0.56	4288	3069	148136	147408	23716
内 蒙 古	0.37	4231	2673	234905	231310	18152
辽　宁	1.59	5199	3443	142567	141880	12814
吉　林	0.10	2428	1652	131176	130207	7567
黑 龙 江	0.10	3351	2243	141809	141322	12134
上　海	0.63	3157	1324	736009	734621	4370
江　苏	1.14	7567	4793	687315	672926	43260
浙　江	3.26	7862	4851	1066532	1057560	101002
安　徽	1.02	4957	3510	224117	218247	22280
福　建	0.24	3755	2455	242642	228626	19133
江　西	0.19	5017	3412	223412	209851	20018
山　东	0.95	7701	5194	430093	421747	51517
河　南	0.58	7351	5169	219149	216229	27172
湖　北	1.28	4672	3208	291403	277803	20006
湖　南	0.89	5653	4034	258590	253070	26794
广　东	2.99	12335	8062	988384	975111	138753
广　西	0.18	3736	2557	123700	122045	19509
海　南	0.04	906	654	46646	46622	5704
重　庆	0.38	3180	1929	240122	234026	30424
四　川	0.02	7992	5882	287840	286713	26402
贵　州	0.37	3673	2636	106691	105410	15881
云　南	0.30	5143	3582	202898	201729	23446
西　藏	0.20	1023	704	19181	19153	13137
陕　西	0.66	4677	3280	277579	270632	21401
甘　肃	0.18	3294	2090	159182	156219	16233
青　海	0.03	1073	680	44473	44032	6815
宁　夏	0.12	1206	879	69339	66660	7065
新　疆	0.33	2999	2263	99238	98191	18955

中央资金	购书专项经费	本年支出合计/千元	基本支出	项目支出	经营支出	在支出合计中，工资福利支出
306801	**604139**	**9119423**	**5512926**	**3166394**	**22680**	**4548510**
2183	43819	508364	326711	181653		260773
2515	4724	263593	147803	113808		105101
17494	16593	242585	126565	94799	68	102468
13233	4598	146497	98140	45338		82472
13161	6196	234677	166876	57265		141392
4647	2467	142358	112861	14822	132	87165
4340	3561	133745	99457	30386		82986
8525	4314	141633	109639	31143	1	90308
1899	75342	735166	510330	224829		362167
2088	52458	663652	383648	257785	17052	320214
21066	99896	1060087	470408	544707	176	381603
10364	18494	225541	131664	75997	91	101693
4868	17695	240853	126154	104013		99754
8982	28479	222652	139601	60555	270	106415
11411	23044	432090	235119	147890		213653
17417	14639	216556	149365	42189	57	125468
9978	20682	291539	191545	91358	101	159406
12656	10874	257571	159032	68214	109	123227
8116	69830	950446	424695	491773	4403	344028
15692	4171	119459	95570	21450		78382
1989	2457	46312	23602	22248		19183
16000	23976	240064	132115	107830		101100
13513	18638	626787	501176	125429		470890
12178	3303	106340	68893	18050	45	61699
17358	3656	203875	157773	31172		145307
9136	1081	16122	10228	2800	40	4412
14771	13438	278217	176832	71810	100	161713
11466	5162	158277	98571	33733	35	96814
1778	2786	45028	24270	11157		18705
2676	4283	70508	41844	24449		31512
15301	3483	98829	72439	17742		68500

续表 4

地　区			资产总计/千元	
	新增藏量购置费	新增数字资源购置费		固定资产净值
全　国	**778561**	**123656**	**26153703**	**21083032**
北　京	40476	8717	1021661	874478
天　津	12716	8267	620166	449086
河　北	29020	6168	758400	616750
山　西	9993	1471	444973	359350
内蒙古	13338	1158	459604	373613
辽　宁	3799	856	476174	371276
吉　林	8467	704	332940	259506
黑龙江	9465	2359	301285	227800
上　海	44668	13598	2194805	1853591
江　苏	56985	9231	2196112	1512368
浙　江	146820	12069	2824096	2488345
安　徽	25341	3381	893516	734968
福　建	28663	3302	799920	641421
江　西	35390	3180	1163998	933858
山　东	36679	4080	980854	719991
河　南	21194	3475	795465	670866
湖　北	31696	5053	704450	580306
湖　南	17437	3683	567938	410100
广　东	91003	9363	2411911	1883713
广　西	6593	2204	294545	222126
海　南	2934	588	126845	107726
重　庆	22643	4366	562684	446988
四　川	21058	2717	751713	619177
贵　州	6306	1507	1551275	1376220
云　南	7500	1149	578755	471638
西　藏	2201	172	78427	62520
陕　西	19663	5323	1044887	924686
甘　肃	11228	2228	483286	356382
青　海	3117	39	209640	93914
宁　夏	7470	2135	196225	170373
新　疆	4698	1113	327153	269896

实际使用公用房屋建筑面积/万平方米	书库面积	阅览室面积	书刊阅览室面积	电子阅览室面积
1357.54	**240.16**	**463.55**	**340.36**	**51.85**
24.95	4.84	6.61	5.48	0.58
33.49	6.31	7.54	6.57	0.62
89.83	14.68	35.51	27.03	3.18
32.37	5.44	11.30	8.21	1.75
30.91	4.28	10.80	7.27	1.34
29.71	5.13	8.39	6.38	1.32
16.34	2.57	5.88	4.18	0.94
19.17	2.98	6.43	3.65	1.07
32.41	3.12	10.21	8.76	0.83
101.97	12.38	31.42	22.52	2.62
128.51	17.13	44.71	38.30	3.37
45.53	7.35	15.82	10.74	1.81
40.77	10.54	13.26	9.55	1.14
43.67	9.02	16.45	11.06	1.70
99.25	17.09	31.00	21.59	3.18
53.48	11.59	18.30	11.87	2.62
59.78	10.68	18.36	13.19	2.30
66.07	15.84	19.89	14.05	2.83
118.99	23.66	47.84	37.12	3.96
22.30	5.93	6.67	4.49	1.23
6.32	1.40	1.82	1.03	0.30
35.54	6.54	11.91	8.32	1.25
70.14	12.34	29.62	21.97	3.89
23.69	5.40	8.16	5.47	1.30
28.89	7.80	8.69	5.49	1.86
2.37	0.34	0.93	0.35	0.21
33.30	5.96	12.29	8.54	1.50
23.25	3.84	7.55	5.72	0.95
5.36	0.81	2.20	1.47	0.33
9.22	1.35	3.70	2.66	0.56
29.96	3.82	10.29	7.33	1.31

续表 5

地　区	实际拥有产权面积/万平方米	阅览室座席数/个	少儿阅览室座席数	盲人阅览室座席数
全　国	**701.89**	**1115510**	**299300**	**29874**
北　京	13.70	15314	3108	184
天　津	11.26	17755	3429	267
河　北	44.63	66609	16791	1761
山　西	25.58	29182	7872	1037
内蒙古	11.06	25723	6874	1068
辽　宁	12.91	21062	5488	679
吉　林	11.36	14752	4551	642
黑龙江	8.20	17827	5472	709
上　海	14.21	20063	4621	261
江　苏	41.60	56865	16583	1213
浙　江	43.14	95019	25805	1191
安　徽	30.16	39246	11521	1543
福　建	23.07	32948	9760	822
江　西	25.84	43483	11903	1492
山　东	33.83	70091	16688	2186
河　南	29.28	51067	15176	2029
湖　北	39.79	43621	12853	1317
湖　南	36.75	45253	15294	1274
广　东	68.14	117309	31970	1522
广　西	14.86	24491	6875	744
海　南	4.89	5302	1595	137
重　庆	26.90	38550	8050	848
四　川	33.95	67476	17123	2008
贵　州	16.72	26538	5921	797
云　南	23.28	28477	7761	981
西　藏	1.10	2010	490	54
陕　西	22.54	37374	8731	1003
甘　肃	15.02	25765	7487	914
青　海	1.62	3843	933	100
宁　夏	4.96	11496	2060	362
新　疆	11.54	20999	6515	729

志愿者服务队伍数/个	志愿者服务队伍人数/人	图书馆延伸服务情况		
		流动图书车数/辆	流动服务书刊借阅人次/万人次	流动图书馆车书刊借阅册次/万册次
7779	**654548**	**2017**	**1535.59**	**2946.76**
37	27645	11	27.70	120.24
49	20844	11	21.93	43.01
373	23224	133	158.41	229.59
213	9504	137	36.76	52.52
163	9229	55	39.16	68.42
175	7709	38	20.60	35.22
92	3141	55	18.61	28.67
182	4875	37	4.86	7.88
120	12282	8	22.31	46.38
276	44254	31	80.55	129.60
305	61872	121	135.33	416.06
393	33425	43	60.77	105.11
174	19367	108	30.57	71.34
189	10952	48	45.17	80.10
660	27998	49	96.50	169.13
797	36708	86	99.84	161.92
733	13836	103	119.55	146.02
319	36003	67	60.73	96.77
271	167179	195	125.30	367.00
235	5243	49	28.76	55.45
37	2541	9	9.48	12.12
158	13399	36	32.88	109.81
342	18108	141	66.75	124.65
127	7465	81	36.93	46.77
273	8171	102	57.55	74.70
306	5074	38	0.15	0.21
194	14110	95	45.95	84.46
259	4824	48	26.05	22.62
27	264	28	3.03	4.57
120	2142	9	9.20	12.80
180	3160	45	14.21	23.62

主要统计指标解释

1．**藏量**：指本馆已编目的古籍、图书、期刊和报纸的合订本、小册子、手稿以及缩微制品、录像带、录音带、光盘等视听文献资料数量之和。

对同一书名，但分若干册（卷）的图书，按每一册（卷）作为一册统计。期刊和报纸均以每一合订本为一册统计。至本年鉴统计数据时，尚未装订成册编目的期刊和报纸不统计在内。

2．**图书**：指装订成册，不少于49页，并在“古籍”范围以外的纸介质图书。装订成册但不足49页的，按小册子统计到“其他”类中。

3．**盲文图书**：指供盲人读者阅读的图书。

4．**报刊**：指刊登当前事件的专题或综合新闻，每周至少出版一张并按年、月、日顺序或按编号排列的连续出版物，或者是同一刊名下，按顺序号或按年、月、日出版的定期或不定期的连续出版物。包括报纸和期刊。

5．**古籍、善本**：实际成书和出版年代在1911年（含1911年）以前的线装、卷轴装、经折装、蝴蝶装、包背装等书籍为古籍。其中清乾隆六十年即1795年以前（含1795年）的古籍为善本，1795年至1911年间的具有历史文献性、学术资料性和印刷装帧艺术代表性的也归为善本。

6．**视听文献**：包括各类型声频文献（唱片、录音带、盒式磁带等）、视频文献（例如幻灯片、透明正片等）和声频与视频混合文献（例如有声电影、录像片等）。

7．**缩微文献**：指所有经过缩微处理制成缩微胶卷和缩微平片，使用时需要放大的文献资料。

8．**其他**：指馆藏文献资源中，不在以上任何一类文献中的内容。

9．**开架书刊**：指图书馆总藏量中已上架并可用于外借或馆内阅读的图书、报刊等。

10．**少儿文献**：是指供少儿阅读的文献，包括图书、绘本、画册、连环画等，不论其是否装订成册，或页数是否达到49页，均按1个“册（件）”计算在内。“少儿文献”不纳入“总藏量”加总计算，在图书、报刊、视听文献、缩微制品中，涉及少儿文献的，仍然分别统计在原类别中。

11．**电子图书**：指本馆通过购买方式取得当前使用权的电子图书，以及本馆自建或与其他机构合作建设的电子图书。

本馆自建电子图书：指本馆通过数字化加工、网络采集、依法保存等方式获得，并在本地存储和保管的电子图书。

本馆外购电子图书：指本馆付费获得使用权不少于12个月的电子图书。

从其他机构免费共享的电子图书：指其他机构通过VPN共享、本地镜像或硬存储等方式免费授权给本馆使用的电子图书。

12．**本年新增电子图书**：指图书馆本年度自建、购买（获得使用权不少于12个月）的电子图书总量。

13．**当年购买的报刊种类**：指图书馆当年购买的期刊和报纸种类之和。

14．**总流通人次**：指本年度内到图书馆场馆接受图书馆服务的总人次，包括借阅书刊、咨询问题以及参加各类读者活动等。

15. 书刊文献外借人次：指通过本馆或本馆所辖分馆以及本馆派出的各类馆外服务设施将本馆各类型文献资源借出阅读的读者人次。

16. 书刊文献外借册次：指读者通过由本馆或本馆所辖分馆以及本馆派出的各类馆外服务设施借出阅读的本馆各类型文献册次。

17. 组织各类讲座次数、参加人次：指由本馆举办或与其他机构联合举办的各类讲座次数及参加这些讲座的人次。

18. 举办展览个数、参观人次：指本馆举办或与外机构联合举办的在馆内或馆外展览的展览个数及参观人次。个数按展览的内容计算。同一内容的展览不论在哪些地点展出和展出时间多久，只计算一个。

19. 举办训练班班次、培训人次：指本馆举办或与其他机构联合举办的各种科普、文化、艺术等训练班，按截止到年底办完的班数及培训人数分别计算班次及培训人次。截止到年底未办完的班数和人数均在下一年度统计。

20. 为少儿举办的专场活动：是指专门以少年儿童为受众组织的展览、讲座、读书、培训等活动，含亲子阅读类活动。

21. 图书馆网站访问量：指本年度中图书馆网站中所有网页（含文件及动态网页）被访客浏览的总次数。图书馆网站指有独立域名的Web站点，其中包括cn和通用顶级域名下的Web站点。

22. 计算机台数：指图书馆内列入固定资产管理并正在使用的计算机终端台数。

23. 供读者使用的终端数：指图书馆内放置可供读者使用的计算机台数。

24. 新增藏量购置费：指本馆本年购进图书、报刊、缩微制品、视听文献等藏品所用经费之和。

25. 新增电子图书购置费：指图书馆本年度专门用于自建、购买电子图书的经费。

26. 少儿阅览室座席数：指图书馆中专门提供给少年儿童使用的座位数。

27. 盲人阅览室座席数：指图书馆中专门提供给盲人使用，并配置有专门的辅助阅读、视听设备的坐席数。

28. 流动服务书刊借阅人次/册次：指图书馆利用流动服务方式开展书刊借阅服务的读者人次和册次。

群众文化

3

按年份全国文化馆(站)基本情况

年 份	机构数/个	从业人员/人	举办展览个数/个	组织文艺活动次数/次	举办训练班次/次	收入合计/万元	财政拨款	支出合计/万元	实际使用房屋建筑面积/万平方米
1979年	3965		13001	114307		10114	10114	10114	
1980年	7723		23553	202828	20359	11270	11270	11376	
1985年	8746	59599	30998	118888	31842	20835	20835	17686	308.5
1986年	8906	67501	32803	106726	30576	29573	25505	23751	354.8
1990年	9087	67817	34292	99068	37017	49763	36985	37475	457.8
1991年	10507	70319	35498	116618	39568	45874	31066	43559	484.5
1992年	9564	66938	32095	96481	40707	53735	35577	49798	496.1
1993年	10155	68097	29636	86680	34279	62098	37840	57877	538.6
1994年	11276	70489	30224	92167	39296	79167	48906	73174	560.3
1995年	13487	75263	31070	110509	46023	89411	56826	83628	614.1
1996年	45253	127742	76397	247357	130592	139090	74434	137775	1110.0
1997年	43738	129194	87795	278782	119873	160117	92275	158861	1176.0
1998年	45834	129842	86960	267351	125872	178165	96416	173207	1195.3
1999年	45837	128216	94270	280373	138195	111089	108656	177528	1195.2
2000年	45321	128420	91670	276574	143370	186896	118430	188437	1229.9
2001年	43397	120156	89392	284316	156089	210181	141754	210860	1213.8
2002年	42516	119072	92917	301792	137350	241050	165163	235593	1203.6
2003年	41816	123458	93514	327306	154502	271704	190424	265751	1431.3
2004年	41402	121441	116639	401818	165823	313104	227641	310850	1408.4
2005年	41588	122500	111300	391439	190194	365887	279033	358641	1507.0
2006年	40088	123465	141150	497779	218696	428962	322773	412430	1622.8
2007年	40601	128096	90900	546477	242055	548301	432311	575722	1667.4
2008年	41156	131142	100877	473613	299791	660111	528838	653613	1931.0
2009年	41959	137484	110251	555052	304955	807244	681147	794190	2193.6
2010年	43382	141002	117353	576799	358719	944397	803918	931951	2526.7
2011年	43675	147732	107785	620586	339883	1285601	1122872	1267505	2982.6
2012年	43876	156228	114774	688482	387201	1453601	1300692	1467803	3171.7
2013年	44260	164355	138225	740611	390758	1667594	1478439	1635395	3389.4
2014年	44423	170299	131728	845421	469300	1901726	1623756	1828632	3686.4
2015年	44291	173499	139792	959901	536328	2077606	1856374	2014894	3848.3
2016年	44497	182030	150128	1065287	590516	2272289	2086646	2183721	3991.0
2017年	44521	180911	154106	1114261	675852	2533892	2384631	2562411	4106.8
2018年	44464	185636	158742	1231269	768995	2955019	2806290	3057577	4283.1
2019年	44073	190068	163968	1359460	889247	2998761	2816884	3094571	4518.2
2020年	43687	185076	137945	1088949	668940	2828093	2716535	2871598	4677.9
2021年	43531	190007	167497	1391490	920740	3067449	2958998	3186376	4974.1
2022年	45623	195826	177506	1607329	879961	3416190	3218109	3444820	5297.6
2023年	43752	199188	250408	2460251	1348632	3606395	3329564	3630821	5631.6

注：1996年以前数据未包括其他部门所属乡镇综合文化站，1996—1998年包括其他部门所属乡镇文化站，1999年以后，其他部门所属乡镇文化站划归文化部门管理。以下各表同。

按年份各地区文化馆(站)机构数

单位：个

地　区	1995年	2000年	2005年	2010年	2015年	2020年	2022年	2023年
总　计	**13487**	**45321**	**41588**	**43382**	**44291**	**43687**	**43619**	**43752**
北　京	35	268	328	337	349	356	357	357
天　津	19	306	217	256	260	262	274	274
河　北	183	2257	2149	2319	2402	2458	2467	2465
山　西	130	1851	1355	1533	1540	1541	1431	1428
内蒙古	547	1712	1329	1017	1179	1205	1201	1201
辽　宁	1522	1520	1522	1550	1543	1477	1477	1478
吉　林	410	894	821	965	979	989	990	996
黑龙江	266	1201	1015	1654	1641	1387	1398	1417
上　海	45	340	249	240	237	242	237	237
江　苏	1180	1771	1534	1442	1396	1371	1366	1371
浙　江	1986	1932	1592	1612	1417	1446	1463	1469
安　徽	351	1898	1677	1509	1559	1628	1635	1634
福　建	249	1085	1116	1190	1222	1220	1207	1206
江　西	113	2000	1546	1924	1881	1859	1854	1848
山　东	158	2581	1926	2013	1971	1979	1981	1981
河　南	224	2479	2395	2466	2533	2683	2705	2702
湖　北	1280	1695	1258	1376	1399	1424	1427	1428
湖　南	137	2667	2617	2561	2677	2379	2316	2283
广　东	1100	2042	1725	1738	1742	1763	1761	1762
广　西	115	1408	1254	1284	1291	1300	1300	1302
海　南	21	327	243	230	228	242	242	242
重　庆		1248	1086	1041	1045	1071	1072	1072
四　川	246	3865	4716	4652	4785	4438	4289	4269
贵　州	693	1030	1401	1524	1665	1701	1702	1704
云　南	1687	1734	1684	1517	1564	1603	1611	1607
西　藏	60	94	208	321	774	779	779	783
陕　西	133	2065	1732	1827	1591	1483	1467	1475
甘　肃	98	1432	1190	1417	1455	1450	1458	1460
青　海	139	250	244	409	414	442	444	453
宁　夏	199	309	252	250	266	272	272	274
新　疆	161	1060	1207	1208	1286	1237	1436	1574

按年份各地区文化馆机构数

单位：个

地区	1995年	2000年	2005年	2010年	2015年	2020年	2022年	2023年
总计	**3259**	**3297**	**3226**	**3264**	**3315**	**3321**	**3503**	**3516**
北京	23	23	22	20	20	20	18	18
天津	19	19	19	19	19	17	17	17
河北	181	178	175	177	180	180	181	182
山西	130	130	131	131	131	130	129	129
内蒙古	115	117	115	116	119	120	118	118
辽宁	128	125	132	122	124	123	123	123
吉林	58	102	81	77	78	79	80	80
黑龙江	137	133	144	146	148	142	141	141
上海	43	48	33	27	25	24	19	19
江苏	122	121	117	118	115	116	116	116
浙江	95	96	99	101	102	102	102	102
安徽	113	117	118	120	122	123	123	124
福建	90	90	90	95	97	98	95	95
江西	113	113	113	115	118	120	117	116
山东	158	159	158	158	157	158	158	158
河南	224	214	204	202	205	205	208	202
湖北	192	147	124	113	122	125	126	127
湖南	137	140	140	140	143	146	149	150
广东	136	140	139	144	146	144	144	144
广西	112	114	115	122	123	125	124	124
海南	20	21	21	21	21	23	23	23
重庆		47	42	41	41	41	41	41
四川	236	198	201	204	207	207	206	206
贵州	93	93	95	95	98	99	99	99
云南	147	147	149	148	148	149	149	150
西藏	33	59	41	82	82	82	82	82
陕西	122	122	121	120	122	122	122	121
甘肃	98	98	100	102	103	104	106	106
青海	51	52	52	51	55	54	54	54
宁夏	26	26	25	26	26	27	27	27
新疆	107	108	110	111	118	116	306	322

按年份各地区文化站机构数

单位：个

地　区	1995年	2000年	2005年	2010年	2015年	2020年	2022年	2023年
总　计	**10228**	**42024**	**38362**	**40118**	**40976**	**40366**	**40116**	**40236**
北　京	12	255	306	317	329	336	339	339
天　津	343	287	198	237	241	245	257	257
河　北	2	2079	1974	2142	2222	2278	2286	2283
山　西		1721	1224	1402	1409	1411	1302	1299
内蒙古	432	1595	1214	901	1060	1085	1083	1083
辽　宁	1394	1395	1390	1428	1419	1354	1354	1355
吉　林	352	792	740	888	901	910	910	916
黑龙江	129	1068	871	1508	1493	1245	1257	1276
上　海	2	292	216	213	212	218	218	218
江　苏	1058	1650	1417	1324	1281	1255	1250	1255
浙　江	1741	1836	1493	1511	1315	1344	1361	1367
安　徽	238	1781	1559	1389	1437	1505	1512	1510
福　建	159	995	1026	1095	1125	1122	1112	1111
江　西		1887	1433	1809	1763	1739	1737	1732
山　东		2422	1768	1855	1814	1821	1823	1823
河　南		2265	2191	2264	2328	2478	2497	2500
湖　北	1088	1548	1134	1263	1277	1299	1301	1301
湖　南		2527	2477	2421	2534	2233	2167	2133
广　东	964	1902	1586	1594	1596	1619	1617	1618
广　西	3	1294	1139	1162	1168	1175	1176	1178
海　南	1	306	222	209	207	219	219	219
重　庆		1201	1044	1000	1004	1030	1031	1031
四　川	10	3667	4515	4448	4578	4231	4083	4063
贵　州	600	937	1306	1429	1567	1602	1603	1605
云　南	1347	1587	1535	1369	1416	1454	1462	1457
西　藏	27	35	167	239	692	697	697	701
陕　西	11	1933	1611	1707	1469	1361	1345	1354
甘　肃		1334	1090	1315	1352	1346	1352	1354
青　海	88	198	192	358	359	388	390	399
宁　夏	173	283	227	224	240	245	245	247
新　疆	54	952	1097	1097	1168	1121	1130	1252

按年份各地区文化馆(站)从业人员数

单位：人

地　区	1995年	2000年	2005年	2010年	2015年	2020年	2022年	2023年
总　计	**75263**	**128420**	**122500**	**141002**	**173499**	**185076**	**194832**	**199188**
北　京	914	1558	1998	2359	2602	3692	4273	3857
天　津	847	1367	1085	1027	1208	1598	1732	1581
河　北	3305	5950	5592	6336	7138	7326	8284	8289
山　西	2218	4236	3730	4229	4442	4491	4335	4752
内蒙古	2966	4460	3900	3872	5274	4869	5003	4678
辽　宁	4924	4310	4424	4898	5966	4513	4244	3992
吉　林	2429	3404	3318	3437	4534	4313	4190	4342
黑龙江	2311	3167	2947	4324	5193	5175	5256	5396
上　海	1617	3874	3832	4702	4835	4862	4804	4674
江　苏	4723	6695	5542	6457	6980	7763	7498	7315
浙　江	6366	6082	5147	5881	6998	8186	9951	12092
安　徽	2237	4945	4684	5295	5892	6260	6246	6151
福　建	1442	2255	2219	2655	3761	4019	4010	3973
江　西	1933	4432	4191	4360	5987	6215	6521	6314
山　东	3265	6359	6148	7598	8568	8515	9122	9629
河　南	3798	6840	7565	10500	10967	11399	13104	16014
湖　北	5429	5928	5269	4921	4869	5355	5495	5582
湖　南	2207	6198	5857	6937	8062	8964	10946	10522
广　东	4012	8863	8953	9696	11445	13481	15352	15678
广　西	1605	3387	3803	4075	5285	5288	5602	5814
海　南	281	661	615	660	720	804	767	754
重　庆		3071	2808	3726	5021	5030	4988	5000
四　川	3631	8522	7682	8181	10650	11190	11462	11779
贵　州	1751	2142	3577	4790	5957	7493	6851	6857
云　南	4012	4350	4693	5181	7198	7505	7620	7717
西　藏	317	340	254	311	2824	5930	5501	5241
陕　西	2246	5184	5040	5802	7384	6883	6846	6916
甘　肃	1315	5058	2910	3416	6400	6084	5806	5733
青　海	607	705	616	772	1197	1651	1664	1657
宁　夏	867	1093	979	1012	1341	1327	1270	1211
新　疆	1688	2984	3122	3592	4801	4895	6089	5678

按年份各地区文化馆(站)组织文艺活动次数

单位：次

地　区	1995年	2000年	2005年	2010年	2015年	2020年	2022年	2023年
总　计	**110509**	**276574**	**391439**	**576799**	**959901**	**1088949**	**1597455**	**2460251**
北　京	1186	5382	11378	24237	27175	27418	30971	35697
天　津	3883	3069	3234	5067	9391	13718	17984	23427
河　北	3668	17997	23880	27408	41732	40653	72957	116793
山　西	1462	4527	9107	13905	22560	39817	30563	32975
内蒙古	4282	11294	9977	11127	17072	16284	21954	29664
辽　宁	7539	10365	27868	26261	31635	15570	13289	15241
吉　林	3138	3745	4939	7482	14977	10142	9104	14826
黑龙江	3463	8149	7720	17351	21569	13785	14207	22594
上　海	1021	7629	35027	35600	64393	40235	29596	61093
江　苏	13698	17058	20548	32586	55298	83206	145767	235768
浙　江	19063	20121	23580	36619	67323	122326	314596	716390
安　徽	2416	5181	5661	11937	36210	44633	49716	66558
福　建	3545	7689	7464	9691	15940	16144	16329	20256
江　西	1142	5816	6853	11781	20079	28047	50724	50841
山　东	2722	16033	21673	41194	73897	117743	166539	237905
河　南	1792	9203	13405	35713	48646	63711	96037	130475
湖　北	7190	11588	11031	18100	22979	27991	40320	70620
湖　南	1218	9352	15898	25945	29555	31846	99347	93329
广　东	5377	22969	23132	32352	50270	54739	72639	109159
广　西	1429	8349	10592	19775	28663	31729	27681	30800
海　南	167	1454	1422	2351	2438	3111	3157	4653
重　庆		10491	7958	15840	25658	27026	26595	26026
四　川	2628	17536	23760	30194	66118	56093	47990	62855
贵　州	2581	4202	5759	8544	18490	19394	21805	23361
云　南	11257	12437	17983	21665	30717	24937	27838	33688
西　藏	455	346	439	1458	5575	20561	23053	25212
陕　西	1205	8612	8282	13306	21539	24667	29159	37795
甘　肃	694	5101	11095	9792	14721	17593	15876	20349
青　海	433	1043	1429	2600	5067	6913	6007	10211
宁　夏	454	4247	2490	6351	12126	10172	10000	12678
新　疆	1401	5589	17855	20567	58088	38745	65655	89012

按年份各地区文化馆(站)举办训练班次

单位：次

地区	1995年	2000年	2005年	2010年	2015年	2020年	2022年	2023年
总计	**46023**	**143370**	**190194**	**358719**	**536328**	**668940**	**867002**	**1348632**
北京	505	2546	8708	22836	37433	26421	34411	59059
天津	656	3062	1516	4753	9201	13674	9756	15594
河北	1282	15233	11798	13852	16189	17908	38144	59139
山西	518	1405	2248	6886	12076	14223	12558	21104
内蒙古	1091	5552	4099	4082	8734	7852	8726	22407
辽宁	4767	4712	8200	47452	20402	13859	14828	24957
吉林	3393	1586	2649	4029	8096	5899	5771	9061
黑龙江	1091	3109	3546	6129	7620	9070	9009	15172
上海	659	3007	23313	21078	51408	38415	18784	87309
江苏	3698	6488	7048	18950	22725	61386	108227	180046
浙江	8058	9960	11354	18539	43279	95271	139633	239023
安徽	2235	2132	2526	9481	19436	25947	34966	42136
福建	1159	4885	9956	11096	14366	13417	16103	19083
江西	480	3376	2757	8217	12311	13985	17743	20661
山东	1793	17666	8280	21787	29447	47471	54129	73197
河南	898	5552	7609	11837	24281	26276	30763	46583
湖北	1548	3080	15320	10654	12870	15414	26332	51311
湖南	736	2810	4953	10505	15833	22308	63949	62296
广东	3949	11932	14288	29041	45679	73294	79610	115741
广西	1314	4557	4798	8747	12507	10480	13585	17623
海南	159	779	832	1123	1801	3204	6140	9212
重庆		2236	2467	7285	14827	22083	21360	16652
四川	1785	8693	12053	19052	32833	28291	24803	31692
贵州	654	991	1089	4285	8840	9207	14080	16020
云南	1765	3220	4585	10183	15536	13091	17136	21294
西藏	7	25	50	313	1858	3759	2912	3862
陕西	595	6320	5305	9665	11801	12946	16526	22403
甘肃	238	4533	2900	4960	7644	9719	7883	10325
青海	175	290	970	1180	1643	3272	1341	2252
宁夏	327	994	1124	3138	2478	3895	3355	5603
新疆	488	2639	3853	7584	13174	6903	14439	27815

按年份各地区文化馆(站)培训人次

单位：人

地　区	1995年	2000年	2005年	2010年	2015年	2020年	2022年	2023年
总　计	**6.6**	**493.9**	**666.5**	**1805.6**	**3868.0**	**3931.3**	**6776.0**	**10462.5**
北　京	0.2	15.4	48.5	130.7	170.1	129.2	139.1	192.2
天　津	0.3	7.6	5.1	25.7	46.6	67.9	76.9	84.5
河　北	0.4	51.7	49.6	70.1	103.7	104.9	379.8	668.2
山　西	0.2	6.8	11.0	38.7	79.9	69.9	62.7	87.8
内蒙古	0.1	19.2	14.8	21.8	46.6	51.3	65.4	164.1
辽　宁	0.5	14.7	43.7	97.1	144.3	78.9	63.7	88.6
吉　林	0.3	7.2	6.8	24.9	63.7	39.5	59.2	45.8
黑龙江	0.2	15.3	8.2	32.5	55.9	61.9	39.6	60.0
上　海	0.1	6.8	63.1	116.4	341.7	184.4	84.8	377.6
江　苏	0.4	29.9	25.3	132.0	176.8	412.2	1170.5	2614.1
浙　江	0.6	30.5	46.4	103.4	294.0	502.5	1094.6	1940.2
安　徽	0.1	7.0	12.0	49.9	140.2	164.5	215.2	264.4
福　建	0.2	11.3	15.9	39.8	78.0	57.5	61.5	76.9
江　西	0.2	8.9	6.8	25.9	77.6	84.5	155.9	218.6
山　东	0.3	16.1	43.3	142.3	261.1	353.7	444.3	635.5
河　南	0.3	24.9	32.4	83.1	171.4	167.8	236.8	350.8
湖　北	0.2	9.4	12.7	54.3	97.6	115.6	246.3	492.8
湖　南	0.2	9.3	16.2	48.1	122.8	160.0	997.7	624.6
广　东	0.5	55.8	52.6	126.1	451.9	361.1	376.1	548.2
广　西	0.3	15.0	17.3	37.6	77.9	74.8	88.2	80.0
海　南		1.8	2.1	11.8	19.7	14.2	22.1	38.7
重　庆		5.1	7.9	50.6	131.0	144.7	123.2	103.3
四　川	0.6	28.4	50.0	111.1	224.3	126.7	85.0	119.1
贵　州		5.0	3.2	22.6	59.7	56.5	108.5	90.0
云　南	0.1	17.8	22.6	63.8	135.2	102.1	109.1	129.7
西　藏				2.2	12.3	11.5	9.8	10.0
陕　西	0.1	23.6	12.7	53.0	99.4	96.8	101.0	125.7
甘　肃	0.1	11.1	12.3	35.6	61.5	75.0	57.7	58.7
青　海		10.8	0.7	4.2	10.6	11.3	8.1	9.7
宁　夏		14.0	7.5	20.6	19.1	17.4	27.8	37.7
新　疆	0.1	13.5	15.4	29.8	93.3	33.0	65.8	125.0

按年份各地区文化馆(站)财政拨款

单位：万元

地区	1995年	2000年	2005年	2010年	2015年	2020年	2022年	2023年
总计	**56826**	**118430**	**279033**	**803918**	**1856374**	**2716535**	**3206734**	**3329564**
北京	1375	2594	8145	22326	63262	90416	94670	97826
天津	1249	1422	3076	10026	22909	22687	26515	25417
河北	1894	5161	9767	21144	49400	60558	67273	66191
山西	1370	2674	5571	16870	31222	38566	42644	41545
内蒙古	1282	3388	7068	23539	45663	49160	53134	75089
辽宁	2349	5054	9121	26868	45596	37244	35476	31447
吉林	1533	3384	5989	26601	49116	48171	44676	46491
黑龙江	1458	3541	6193	17656	40424	45056	53508	58292
上海	6950	5020	22327	55999	127035	188673	223862	210001
江苏	4238	8521	19063	50067	128663	191884	198570	208861
浙江	3233	9446	29490	78833	168027	272241	388439	464811
安徽	1418	3609	7803	21148	44324	60272	63707	70313
福建	1731	2895	5168	21289	34617	58938	61977	65524
江西	1150	2504	4714	14710	36506	53031	54096	67754
山东	3621	7295	12633	40821	86921	105075	117737	120242
河南	2151	4630	8194	26726	57791	82680	82679	83506
湖北	2105	3832	6284	19951	48843	82753	90663	93741
湖南	1869	3571	7570	22824	53579	85641	104721	122523
广东	4227	12113	40125	85211	181570	373343	417795	405556
广西	1248	2639	6056	15349	43343	62194	61423	65026
海南	222	645	1260	3924	8971	17706	32572	35097
重庆		2202	4069	21531	60580	84487	80015	85074
四川	3771	4730	12246	45296	122902	133428	121976	117449
贵州	540	1657	4797	14770	45418	97670	54403	58150
云南	1812	5950	10958	23797	72391	106444	274535	111556
西藏	92	556	1098	5340	21921	48774	52523	236284
陕西	1183	3027	5296	20919	52313	60588	98519	75108
甘肃	776	1980	4620	12488	38453	56877	45095	49177
青海	306	829	1531	13508	12322	28137	28332	29242
宁夏	367	879	1901	5380	17644	20477	36722	25175
新疆	1306	2683	6902	19004	44647	53364	98479	87099

按年份各地区文化馆(站)总支出

单位：万元

地区	1995年	2000年	2005年	2010年	2015年	2020年	2022年	2023年
总计	**83628**	**188437**	**358641**	**931951**	**2014894**	**2871598**	**3433737**	**3630821**
北京	1566	4681	10119	25593	87751	122250	95196	101968
天津	1376	2633	4133	10948	22775	22665	26495	30110
河北	2713	5711	10549	25437	49542	59967	68390	67659
山西	1824	3151	6016	18865	30779	38424	42337	41402
内蒙古	1932	3799	7478	23762	46239	49651	53946	76819
辽宁	4552	6172	10126	28175	49010	38434	38361	33153
吉林	2101	3748	6394	23338	46690	53870	45597	49184
黑龙江	2219	3804	6485	17356	41041	44723	54118	58598
上海	6752	14985	38967	70650	141808	198405	231616	222449
江苏	8509	16394	25920	60193	136572	197045	202265	257563
浙江	7101	17194	39851	101392	193532	285887	415061	485713
安徽	1934	4302	8976	23550	50686	64118	66995	73014
福建	2199	4135	6763	27568	39942	60585	63180	66548
江西	1493	3167	6265	17285	36937	50776	57608	65034
山东	3317	8909	14358	46221	91746	109263	132603	133061
河南	2737	5647	8810	28402	58814	84091	91966	94387
湖北	3885	7841	10072	26264	51708	86697	94347	96761
湖南	2575	5696	9603	27914	62330	96622	103623	122130
广东	5937	27213	57669	101362	193291	402269	417373	408141
广西	1877	3425	6842	16646	49440	63830	64732	65668
海南	364	887	1329	4084	9510	18083	32835	34891
重庆		4889	6627	32342	67563	87527	83196	86485
四川	5327	8927	14375	49182	128087	137046	124378	123341
贵州	989	1976	5123	15666	51031	109592	57748	59595
云南	4191	7312	11933	25343	76901	111007	380876	131909
西藏	429	607	1169	5937	24044	47403	48929	349348
陕西	1569	3648	5775	26052	57491	63454	100681	77419
甘肃	1189	2251	4995	12960	41794	57023	46335	49545
青海	537	870	1629	13203	13204	31759	31921	30506
宁夏	651	1202	2096	5925	17926	24657	32155	26215
新疆	1785	3261	8194	20338	46711	54476	128974	112207

按年份各地区每万人拥有文化馆(站)设施建筑面积

单位：平方米

地区	1995年	2000年	2005年	2010年	2015年	2020年	2022年	2023年
全国	**50.7**	**97.2**	**115.3**	**188.6**	**280.0**	**331.3**	**375.2**	**399.5**
北京	44.2	80.3	224.3	217.8	329.2	447.8	454.5	499.5
天津	61.6	138.9	130.4	174.1	205.0	357.6	467.4	480.2
河北	23.6	62.6	67.7	105.4	163.7	192.2	250.9	326.3
山西	45.4	53.4	58.1	210.6	267.3	284.2	279.6	288.7
内蒙古	98.0	144.4	132.4	182.6	300.8	404.1	451.6	502.3
辽宁	84.1	79.0	102.6	201.2	283.6	267.9	271.5	274.8
吉林	38.2	42.2	38.3	81.5	185.3	275.7	275.6	294.6
黑龙江	26.2	38.5	43.2	140.2	214.0	299.7	306.3	335.7
上海	71.9	216.2	379.1	485.0	567.7	596.8	600.7	616.9
江苏	97.8	168.6	181.3	302.8	475.2	726.8	694.7	682.3
浙江	135.2	190.7	276.0	432.5	677.4	795.4	894.2	909.7
安徽	17.1	23.6	44.4	93.2	166.0	217.6	251.5	265.1
福建	61.3	98.8	117.4	240.9	325.7	309.8	326.7	347.2
江西	38.0	79.5	98.4	131.2	235.3	267.4	290.4	303.3
山东	22.1	41.7	71.8	218.3	255.8	285.3	300.8	383.2
河南	21.9	39.0	52.2	94.7	142.4	169.2	184.7	198.0
湖北	80.5	149.5	140.6	180.6	206.2	272.7	284.1	313.0
湖南	29.8	63.7	80.6	125.2	223.4	263.3	386.9	570.7
广东	52.1	222.4	258.2	258.5	359.0	355.0	377.3	384.7
广西	33.5	76.4	100.9	122.9	157.7	159.8	172.6	178.4
海南	13.8	86.4	71.3	121.3	117.8	142.4	152.0	163.0
重庆		99.4	96.5	201.4	305.9	308.5	324.8	335.2
四川	32.1	107.9	83.9	166.3	262.6	273.4	283.6	294.0
贵州	26.1	28.7	40.5	81.2	217.8	240.9	249.9	246.0
云南	126.7	126.2	137.1	163.2	222.6	241.1	247.8	256.7
西藏	145.4	164.1	238.3	437.9	1164.2	1149.4	1154.4	1124.4
陕西	52.4	79.1	110.5	150.2	231.8	255.2	257.9	267.7
甘肃	62.8	103.0	148.8	175.7	279.1	327.6	341.1	349.4
青海	118.1	96.5	90.2	153.4	261.3	375.4	451.9	520.2
宁夏	156.5	170.8	179.5	188.9	391.7	443.6	467.4	488.5
新疆	60.7	116.4	149.3	288.4	434.9	421.9	1485.3	1245.0

2023年全国文化馆

	机构数/个	从业人员/人	专业技术人才	正高级职称	副高级职称	中级职称
总　计	**43752**	**199188**	**76601**	**1163**	**6951**	**18162**
文化馆	3516	55848	41643	1163	6951	18162
省区市	32	1825	1561	161	421	633
地市	372	10723	8800	493	1975	3903
县市区	3112	43300	31282	509	4555	13626
其中：县文化馆	1590	21667	16026	213	2217	6913
文化站	40236	143340	34958			
其中：乡镇文化站	32243	110812	29659			

续表 1

	举办训练班班次/次	培训人次/万人次	对业余文化队伍开展培训人次	举办展览个数/个	参观人次/万人次	组织公益性讲座次数/次
总　计	**1348632**	**10462.46**	**4388.22**	**250408**	**32673.05**	**60263**
文化馆	580029	3084.30	1157.41	52895	13868.34	60263
省区市	12677	55.42	9.21	529	267.90	861
地市	141199	650.24	241.88	4758	2132.33	7804
县市区	426153	2378.65	906.32	47608	11468.11	51598
其中：县文化馆	120286	789.29	308.84	19240	3792.02	16349
文化站	768603	7378.16	3230.81	197513	18804.71	
其中：乡镇文化站	439977	4413.51	1986.55	143991	12090.94	

(站)基本情况

组织品牌节庆活动/个	提供文化服务次数/次	文化服务惠及人次/万人次	组织文艺活动次数/次	为老年人组织专场	为未成年人组织专场	为残障人士组织专场	为外来务工人员组织专场	组织文艺活动参加人次/万人次
9804	**4119554**	**183537.17**	**2460251**	**76501**	**42308**	**8724**	**22621**	**139297.95**
9804	1233165	84066.72	539978	76501	42308	8724	22621	66010.37
155	16626	849.54	2559	117	98	37	21	514.48
1698	193496	9154.97	39735	4566	4135	659	910	6270.73
7951	1023043	74062.22	497684	71818	38075	8028	21690	59225.16
3581	346514	29400.37	190639	23654	15337	3566	7074	24492.48
	2886389	99470.45	1920273					73287.58
	1840783	64861.33	1256815					48356.88

参加人次/万人次	计算机/台	本单位受训人次/万人次	线上群众文化活动次数/次	线上服务人次/万人次	本年收入合计/千元
1103.71	**348456**	**464.38**	**397942**	**255127.39**	**36063949**
1103.71	62352	48.59	397942	255127.39	17373438
11.74	2523	0.44	72624	52984.84	1421436
101.67	12137	4.90	35779	83358.77	3865078
990.30	47692	43.25	289539	118783.78	12086924
326.58	20725	7.71	92363	33600.33	5406835
	286104	415.79			18690511
	221662	344.22			13433726

续表 2

	本年收入合计/千元				本年支出合计	
	财政拨款收入	免费开放资金	中央资金	业务活动专项经费		基本支出
总　计	**33295643**	**3905426**	**1489476**	**9619934**	**36308212**	**18898468**
文化馆	15908818	1483376	490922	3758878	16844762	9457528
省区市	1344445	95103	22884	559993	1408336	499624
地市	3773687	262608	112503	1032230	3966935	2361863
县市区	10790686	1125665	355535	2166655	11469491	6596041
其中：县文化馆	4667850	733479	183980	771906	4753717	2627704
文化站	17386825	2422050	998554	5861056	19463450	9440940
其中：乡镇文化站	12250896	1773909	777161	3963584	14087765	7148824

续表 3

	流动文化车和舞台车数量/辆	利用流动文化车和舞台车演出场次/场次	利用流动文化车和舞台车演出观众人次/万人次	志愿者服务队伍数/个	志愿者服务队伍人数/人
总　计	**1873**	**40050**	**1872.11**	**476024**	**17724252**
文化馆	1873	40050	1872.11	46463	2237741
省区市	4	10	0.12	1694	108856
地市	48	411	34.07	5632	425436
县市区	1821	39629	1837.92	39137	1703449
其中：县文化馆	1211	21957	1247.70	17466	663810
文化站				429561	15486511
其中：乡镇文化站				321236	9835575

项目支出	经营支出	在支出合计中：工资福利支出	资产总计/千元	固定资产净值	实际使用房屋建筑面积/万平方米	业务用房面积	实际拥有产权面积/万平方米
13642430	**10674**	**13858227**	**128992760**	**85456190**	**5631.58**	**3917.98**	**2864.47**
6624104	10674	7679212	31551413	19093581	1730.31	1081.46	641.89
906920		365257	2439883	1003126	37.17	20.03	16.51
1490781	3054	1840841	5677475	3861307	454.72	199.99	117.04
4226403	7620	5473114	23434055	14229148	1238.42	861.44	508.34
1785559	1337	2314881	9876601	4075139	510.26	357.15	255.77
7018326		6179015	97441347	66362609	3901.27	2836.52	2222.58
4486661		4814061	81860431	54013368	2672.60	1991.17	1720.13

馆办文艺团体/个	演出场次/场	观众人次/万人次	馆办老年大学/个	群众业余文艺团队/个	群众业余团队人数/人
9843	**148671**	**10651.68**	**651**	**476649**	**4311661**
9843	148671	10651.68	651	115179	4311661
127	1841	738.49	8	585	19133
1363	13614	1277.78	61	8576	517336
8353	133216	8635.41	582	106018	3775192
3543	72307	3549.07	325	43080	1677627
				361470	
				274372	

2023年各地区文化馆

地区	机构数/个	从业人员/人	专业技术人才	正高级职称	副高级职称	中级职称
总计	**43752**	**199188**	**76601**	**1163**	**6951**	**18162**
北京	357	3857	653	25	97	227
天津	274	1581	545	4	71	254
河北	2465	8289	2565	48	288	711
山西	1428	4752	1679	19	160	565
内蒙古	1201	4678	2327	43	380	693
辽宁	1478	3992	1706	49	190	647
吉林	996	4342	2461	112	389	611
黑龙江	1417	5396	2378	133	405	652
上海	237	4674	1117	10	65	318
江苏	1371	7315	3058	88	392	779
浙江	1469	12092	3947	94	326	790
安徽	1634	6151	2858	13	126	512
福建	1206	3973	1309	17	153	322
江西	1848	6314	2032	17	145	642
山东	1981	9629	4424	71	580	1287
河南	2702	16014	3577	28	197	813
湖北	1428	5582	2793	40	183	709
湖南	2283	10522	3390	24	201	718
广东	1762	15678	4494	68	281	819
广西	1302	5814	3218	32	272	901
海南	242	754	213	4	18	67
重庆	1072	5000	1599	37	100	304
四川	4269	11779	4063	31	296	914
贵州	1704	6857	2598	24	173	533
云南	1607	7717	5814	40	685	1031
西藏	783	5241	3546	1	23	130
陕西	1475	6916	2499	23	207	794
甘肃	1460	5733	1687	21	195	518
青海	453	1657	543	6	52	157
宁夏	274	1211	649	17	83	169
新疆	1574	5678	2859	24	218	575

(站)基本情况

组织品牌节庆活动/个	提供文化服务次数/次	文化服务惠及人次/万人次	组织文艺活动次数/次				
				为老年人组织专场	为未成年人组织专场	为残障人士组织专场	为外来务工人员组织专场
9804	**4119554**	**183537.17**	**2460251**	**76501**	**42308**	**8724**	**22621**
122	97187	756.76	35697	678	180	28	50
88	40891	911.71	23427	632	122	27	44
465	199042	9893.18	116793	6362	3261	866	1351
74	58151	1727.88	32975	956	458	65	187
250	55662	2380.62	29664	1506	651	118	390
220	44134	842.13	15241	846	334	58	101
167	25696	870.44	14826	705	305	43	56
279	42335	856.62	22594	1798	869	129	145
83	153365	3125.41	61093	1825	452	63	111
441	459008	23165.87	235768	3477	2152	254	478
910	1023723	54638.13	716390	21826	8994	2624	10025
476	118345	5451.69	66558	2680	1878	258	510
338	43573	1739.53	20256	604	890	69	210
368	78522	7322.80	50841	1159	887	162	306
846	331506	9331.93	237905	11299	4999	703	1313
569	194355	7478.70	130475	3712	2032	459	941
426	134166	8506.58	70620	2883	1660	562	912
364	168134	11534.88	93329	1701	1262	245	420
655	237339	10316.73	109159	1578	2839	502	808
298	50981	1776.70	30800	1092	752	50	263
33	14692	864.40	4653	94	742	6	20
189	48774	1519.39	26026	270	284	86	141
316	105225	2897.53	62855	1227	964	273	529
246	42813	3230.50	23361	720	641	71	283
286	60879	3262.94	33688	1701	1287	259	585
60	29526	386.26	25212	195	156	25	215
325	66384	2754.83	37795	1331	782	179	428
151	34902	1431.81	20349	1067	648	146	350
50	13476	656.17	10211	154	130	34	35
138	19252	921.01	12678	424	256	52	63
571	127516	2984.04	89012	1999	1441	308	1351

续表 1

地　区	组织文艺活动参加人次/万人次	举办训练班班次/次	培训人次/万人次	对业余文化队伍开展培训人次	举办展览个数/个
总　计	**139297.95**	**1348632**	**10462.46**	**4388.22**	**250408**
北　京	439.48	59059	192.21	71.42	1646
天　津	712.47	15594	84.51	47.29	1523
河　北	7323.09	59139	668.23	357.85	17936
山　西	1458.07	21104	87.76	32.43	3157
内蒙古	1971.34	22407	164.13	82.74	2679
辽　宁	664.78	24957	88.60	50.02	1856
吉　林	749.29	9061	45.80	19.24	1383
黑龙江	705.37	15172	60.02	23.46	2419
上　海	2042.85	87309	377.64	176.73	3949
江　苏	12619.95	180046	2614.08	955.22	40906
浙　江	44121.10	239023	1940.20	864.45	47999
安　徽	4495.51	42136	264.35	91.96	8227
福　建	1324.40	19083	76.91	24.18	3487
江　西	5825.53	20661	218.58	74.64	6259
山　东	7392.92	73197	635.51	254.91	17527
河　南	6038.70	46583	350.82	178.61	14551
湖　北	6657.32	51311	492.79	291.53	9998
湖　南	8176.67	62296	624.56	294.79	9976
广　东	7604.47	115741	548.20	164.71	9933
广　西	1548.35	17623	80.01	26.48	2034
海　南	694.80	9212	38.66	7.67	557
重　庆	1132.46	16652	103.26	37.56	5471
四　川	2292.66	31692	119.09	57.21	9423
贵　州	2885.99	16020	89.97	45.49	2811
云　南	2749.93	21294	129.73	47.18	5310
西　藏	366.49	3862	9.95	2.44	380
陕　西	2314.76	22403	125.74	38.89	5342
甘　肃	1120.96	10325	58.73	21.80	3480
青　海	597.05	2252	9.68	2.28	857
宁　夏	794.94	5603	37.68	8.00	637
新　疆	2476.25	27815	125.04	37.04	8695

参观人次/万人次	组织公益性讲座次数/次	参加人次/万人次	计算机/台	本单位受训人次/万人次	线上群众文化活动次数/次	线上服务人次/万人次
32673.05	**60263**	**1103.71**	**348456**	**464.38**	**397942**	**255127.39**
115.34	785	9.73	5787	3.42	1870	5342.40
112.35	347	2.38	3629	1.27	3177	4502.19
1808.32	5174	93.54	12966	2.66	12701	5387.47
171.48	915	10.57	10047	8.31	3832	9517.94
233.54	912	11.61	6626	4.11	2638	988.78
77.90	2080	10.85	8880	3.93	1541	794.81
72.02	426	3.33	6061	3.07	4844	338.91
80.12	2150	11.11	7582	1.88	10769	376.81
698.01	1014	6.91	5688	4.96	2969	5777.34
7873.36	2288	58.48	15749	26.24	125364	10042.78
8154.99	20311	421.84	18209	72.72	11884	29460.75
641.56	1424	50.27	18473	21.33	3467	6879.65
328.98	747	9.24	9064	5.96	2527	8657.92
1264.68	761	14.01	10557	12.30	7135	5466.21
1228.45	2877	75.05	21910	151.36	18609	7568.22
1049.95	2746	39.23	20444	6.38	10005	5946.40
1289.98	2237	66.49	10523	26.24	5392	35724.15
2691.18	2533	42.47	16420	42.78	33284	12517.70
2133.81	2506	30.25	24468	18.25	8927	34793.56
135.88	524	12.46	10215	2.60	2133	1455.09
128.02	270	2.92	1803	0.55	308	3406.26
273.28	625	10.39	12362	2.34	18054	18443.86
474.48	1255	11.30	30265	2.42	8803	6475.02
244.56	621	9.98	10703	5.35	2097	9066.27
373.21	587	10.07	15365	5.12	61037	4005.06
9.19	72	0.63	4704	1.31	12041	193.08
301.69	844	12.64	10107	5.24	7197	6184.08
228.84	748	23.28	8516	3.50	5450	1194.26
48.45	156	0.99	2061	0.46	810	11457.12
83.27	334	5.12	3038	1.36	1417	703.84
346.18	1994	36.57	6234	16.96	7660	2459.46

续表 2

地区	本年收入合计/千元	财政拨款收入	免费开放资金	中央资金	业务活动专项经费	本年支出合计
总计	**36063949**	**33295643**	**3905426**	**1489476**	**9619934**	**36308212**
北京	1006721	978264	75550	5262	325827	1019678
天津	259842	254165	17315	5649	51220	301101
河北	669272	661907	131840	82964	156061	676592
山西	417731	415447	84496	55108	99801	414022
内蒙古	762203	750887	71140	51119	134337	768194
辽宁	319710	314466	48489	18993	58415	331534
吉林	469067	464907	44820	25538	80486	491841
黑龙江	586232	582920	88947	49793	114767	585975
上海	2200308	2100007	173937	10952	856816	2224490
江苏	2564254	2088614	118676	14006	628473	2575634
浙江	4763762	4648114	329568	47048	1944441	4857133
安徽	730154	703126	138508	74693	192872	730143
福建	678429	655244	120311	17321	213310	665476
江西	704056	677535	141343	44254	164178	650341
山东	1232231	1202417	102239	23750	395889	1330608
河南	848184	835060	161931	101243	158545	943867
湖北	965675	937412	82108	44442	219964	967606
湖南	1878153	1225232	171466	80363	298471	1221299
广东	4402127	4055562	312299	35963	1450710	4081410
广西	662753	650259	97408	69188	114070	656684
海南	351791	350966	16977	8436	64399	348909
重庆	868565	850739	96419	64319	223683	864846
四川	1218126	1174494	183209	132033	460360	1233409
贵州	604595	581495	87133	48724	112510	595947
云南	1667807	1115562	127585	89785	292340	1319085
西藏	2369312	2362839	508165	32474	103166	3493478
陕西	790960	751079	93992	64343	195833	774185
甘肃	499540	491766	90966	56555	93147	495452
青海	301099	292415	35729	24004	109056	305060
宁夏	268640	251754	15824	6195	111787	262148
新疆	1002650	870989	137036	104959	195000	1122065

基本支出	项目支出	在支出合计中：工资福利支出	资产总计/千元	固定资产净值	实际使用房屋建筑面积/万平方米	业务用房面积	实际拥有产权面积/万平方米
18898468	**13642430**	**13858227**	**128992760**	**85456190**	**5631.58**	**3917.98**	**2864.47**
501331	450820	355064	1143778	845225	109.19	80.89	41.77
221572	65690	151880	952168	818259	65.50	51.93	12.56
469292	168223	370507	1582609	1344592	241.22	183.16	126.14
255416	145652	217843	1627657	1206922	100.05	72.72	73.96
491897	169426	356781	1297806	1001179	120.34	76.74	43.02
235857	53821	192184	973166	808732	114.93	67.68	43.93
366064	109526	332560	876316	709701	68.91	42.43	37.59
428175	139280	334118	934547	745352	102.79	65.47	34.70
1049694	1089990	707805	29476026	9073513	153.42	119.45	95.57
1162136	1339005	804780	6715756	5193833	581.77	458.56	235.10
1813113	2662068	881025	10607711	8213591	602.88	436.03	330.73
497771	162518	317072	2476321	2159917	162.26	119.93	119.27
296971	290073	238660	2393572	1655514	145.22	109.60	73.53
439766	167693	337337	2352248	1865903	136.93	94.02	75.38
813835	383335	602115	3895894	3284469	387.92	287.78	167.67
729468	147141	512254	1738489	1543631	194.31	145.25	106.13
602546	288527	470309	2444270	1829225	182.75	124.22	113.39
681343	417606	484098	4131939	2952689	374.86	191.59	174.69
1740773	2044054	1616512	10729138	7426936	488.74	379.27	235.27
507877	106384	410495	1153007	817447	89.69	61.18	53.39
51371	282945	45307	1023309	289888	17.00	11.95	9.62
586220	234992	368463	1837527	1528241	106.95	80.72	74.64
657802	557648	446525	4261200	3575032	246.00	190.35	137.93
387727	101665	335993	1459434	1119190	95.08	69.16	64.67
710306	371188	667725	2969318	2232033	119.95	90.85	98.46
1537066	877037	1072009	13819360	13323309	41.04	27.49	25.08
458016	233098	388729	1856987	1337178	105.79	74.43	74.27
320622	105468	277557	2040057	1493094	86.12	61.55	54.73
160123	112824	113296	440278	335976	30.90	19.14	19.39
131085	107670	91720	8313838	4229566	35.61	19.38	15.06
593233	257063	357504	3469034	2496053	323.46	105.06	96.83

续表 3

地　区	流动文化车和舞台车数量/辆	利用流动文化车和舞台车演出场次/场次	利用流动文化车和舞台车演出观众人次/万人次	志愿者服务队伍数/个	志愿者服务队伍人数/人
总　计	**1873**	**40050**	**1872.11**	**476024**	**17724252**
北　京	8	127	4.53	9953	373000
天　津	4	174	2.30	6115	201241
河　北	125	4130	290.27	29898	701456
山　西	160	1485	79.73	9516	259776
内蒙古	51	763	39.94	8777	181253
辽　宁	12	128	7.18	8950	232177
吉　林	73	509	35.89	6543	175403
黑龙江	49	635	22.64	7856	219891
上　海	2	38	0.47	4326	264511
江　苏	25	511	47.30	19313	1475376
浙　江	7	287	55.59	34027	2048375
安　徽	33	608	29.84	17058	1040448
福　建	11	96	11.74	12625	523054
江　西	41	961	60.22	14276	284690
山　东	89	4910	193.82	54503	1337476
河　南	97	2391	162.22	40642	978450
湖　北	55	1252	130.84	20861	673509
湖　南	71	1721	132.74	28752	1148897
广　东	18	81	14.64	21340	1929682
广　西	141	9305	13.39	11231	368644
海　南	4	9	0.50	1864	47496
重　庆	24	216	15.69	12274	753303
四　川	142	1286	47.11	22064	430619
贵　州	102	1144	111.35	12811	464376
云　南	112	1562	96.67	11013	309488
西　藏	66	749	26.19	6534	120392
陕　西	99	1135	60.08	11575	272590
甘　肃	62	571	43.73	10172	231833
青　海	44	665	29.93	2028	44090
宁　夏	12	681	13.09	2941	102276
新　疆	134	1920	92.48	16186	530480

由本馆指导的单位					
馆办文艺团体/个	演出场次/场	观众人次/万人次	馆办老年大学/个	群众业余文艺团队/个	群众业余团队人数/人
9843	**148671**	**10651.68**	**651**	**476649**	**4311661**
101	540	16.61	3	11613	40563
122	896	39.99	2	6085	58359
633	8821	1231.80	33	29524	339261
285	4639	85.83	9	12543	134719
304	25780	214.94	35	9389	135296
410	2588	100.73	22	9759	117760
203	1428	83.59	12	7066	68920
294	2221	87.87	13	8080	154800
84	372	19.36	3	10598	38586
403	6338	317.91	26	18691	168536
671	20770	1505.81	16	47008	481235
374	2805	215.18	25	15054	66671
206	1588	58.43	10	8564	51906
226	3713	325.29	26	12267	93674
671	13585	1022.05	47	31203	283175
697	7298	261.42	50	35106	257257
410	3181	328.16	29	22575	291990
329	3535	472.18	50	27650	325055
513	4024	1056.49	22	19090	139694
248	3399	463.55	20	16961	133102
42	334	52.06	4	2061	32789
144	1405	109.12	22	8621	49806
175	3684	536.27	24	24343	141754
554	3293	574.18	35	12657	103233
666	5837	430.46	41	29299	286594
15	842	42.08		4618	10681
316	3304	246.20	26	13040	103409
247	2397	259.39	12	10036	80054
126	2807	138.43	5	1988	40335
47	1323	67.66	5	2287	25323
327	5924	288.64	24	8873	57124

2023年各地区省级

地区	机构数/个	从业人员/人	专业技术人才	正高级职称	副高级职称	中级职称
总计	**32**	**1825**	**1561**	**161**	**421**	**633**
北京	1	77	57	7	11	32
天津	1	55	49	3	10	25
河北	1	84	72	7	22	28
山西	1	65	58	4	13	28
内蒙古	1	45	45	5	7	11
辽宁	1	45	38	3	9	16
吉林	1	50	44	6	9	11
黑龙江	1	34	30	2	5	9
上海	1	73	64	5	16	28
江苏	1	47	45	8	20	13
浙江	1	65	45	8	15	22
安徽	1	34	30	2	5	16
福建	1	34	34	2	10	12
江西	1	56	47	2	11	24
山东	1	67	62	6	14	31
河南	1	44	37	3	10	14
湖北	1	87	71	7	22	29
湖南	1	62	62	10	16	27
广东	1	47	45	9	15	15
广西	1	88	86	16	36	27
海南	1	40	25	3	8	9
重庆	1	69	55	8	15	22
四川	1	93	61	8	24	18
贵州	1	66	58	4	16	29
云南	1	56	48	3	12	25
西藏	1	46	39	1	8	13
陕西	1	65	54	4	14	28
甘肃	1	45	44	6	15	10
青海	1	47	42	2	10	17
宁夏	1	61	50	4	10	17
新疆	2	78	64	3	13	27

文化馆基本情况

组织品牌节庆活动/个	提供文化服务次数/次	文化服务惠及人次/万人次	组织文艺活动次数/次	为老年人组织专场	为未成年人组织专场	为残障人士组织专场	为外来务工人员组织专场
155	16626	849.54	2559	117	98	37	21
	180	44.50	71	3	3		1
17	429	21.97	76	1	3		
	548	63.96	128	10	7	4	4
8	238	8.09	55	10	5	2	8
1	82	12.01	23	1			
8	310	39.88	193	8	8	2	
2	45	12.54	28	1	1		
2	75	1.25	33				
1	2654	30.37	42				
1	519	21.94	349				
	1878	209.36	214				
17	70	6.29	14		1		
11	170	57.24	131	32	1	1	2
4	44	7.05	24				
12	513	31.09	277	12	19		
1	197	30.99	37	1	2		
1	134	7.18	53		2		
12	438	14.47	24	1			
6	1727	13.29	50	2	8	20	
10	1420	12.05	55		7		
4	87	5.32	9				
10	124	18.48	33	4			
5	115	23.83	39				
	62	1.94	20				
6	3819	37.60	172	4			
	38	2.09	19	2	2	1	
	71	5.97	32	3	3		1
	46	14.67	34	5	8		
3	156	18.66	129	6			
7	248	54.30	133	7	9	5	2
6	189	21.19	62	4	9	2	3

续表 1

地　区	组织文艺活动参加人次/万人次	举办训练班班次/次	培训人次/万人次	对业余文化队伍开展培训人次	举办展览个数/个	参观人次/万人次
总　计	**514.48**	**12677**	**55.42**	**9.21**	**529**	**267.90**
北　京	37.72	56	2.21	1.00	12	4.02
天　津	2.92	326	2.37	0.06	27	16.68
河　北	35.00	344	0.55	0.53	49	28.21
山　西	4.21	120	1.28	1.20	25	1.83
内蒙古	11.30	48	0.19	0.15	7	0.50
辽　宁	36.49	91	0.61	0.12	13	2.60
吉　林	10.90	9	0.04	0.02	8	1.60
黑龙江	0.82	37	0.07	0.07	3	0.33
上　海	2.02	2492	6.64	0.05	20	20.00
江　苏	15.47	142	3.83		16	2.55
浙　江	187.79	1563	10.06		24	10.46
安　徽	2.80	6	0.07	0.02	32	3.20
福　建	19.83	21	0.05	0.01	16	37.35
江　西	4.69	12	0.14		7	2.14
山　东	22.88	201	1.67	0.10	31	6.51
河　南	3.20	130	0.35	0.14	23	27.30
湖　北	4.19	51	0.85		9	2.07
湖　南	7.11	148	0.46	0.09	32	5.54
广　东	2.82	1641	3.75	3.75	20	6.40
广　西	6.01	1272	1.80	1.14	11	3.33
海　南	1.09	67	0.21		7	3.79
重　庆	6.30	70	0.28	0.15	21	11.90
四　川	11.71	43	0.22		31	11.89
贵　州	0.99	9	0.14		5	0.75
云　南	10.31	3620	16.46	0.01	25	10.81
西　藏	2.00	14	0.04	0.03	5	0.05
陕　西	3.01	27	0.17		9	2.76
甘　肃	9.60	5	0.07		7	5.00
青　海	16.75	11	0.04		15	1.86
宁　夏	21.60	2	0.06	0.01	11	29.31
新　疆	12.95	99	0.77	0.56	8	7.16

组织公益性讲座次数/次	参加人次/万人次	计算机/台	本单位受训人次/万人次	线上群众文化活动次数/次	线上服务人次/万人次	本年收入合计/千元	财政拨款收入
861	**11.74**	**2523**	**0.44**	**72624**	**52984.84**	**1421436**	**1344445**
41	0.55	113		726	3174.26	64440	64295
		85		419	3900.00	26045	25536
27	0.20	169		294	468.77	44102	44056
38	0.77	85		500	2853.32	24728	24658
4	0.02	90		6	0.90	23754	23754
13	0.18	92	0.04	187	337.86	17808	17808
		86				19597	19597
2	0.03	62		739	1.99	12064	12064
100	1.71			98	257.89	113920	64711
12	0.09	54	0.01	48	3263.00	47936	46114
77	1.05					42008	41284
18	0.22	34	0.02	39	1100.00	21667	21667
2	0.01	13		11	342.38	44698	44178
1	0.08	69	0.01	132	0.82	27482	27482
4	0.03	91	0.01	52	360.00	44342	42104
7	0.14	135	0.02	125	182.35	20465	19243
21	0.07	112		57	2733.34	42794	41649
234	1.36		0.01	597	2329.70	57349	56728
16	0.32	98	0.01	54	183.05	84937	84012
82	0.91	82	0.02	164	1047.50	37634	36572
4	0.23	68		28	538.67	236344	236344
		162	0.01	10148	9988.46	36727	31673
2	0.01	300		366	3000.00	42835	42711
28	0.06			13	600.00	26888	26888
2	0.02	90	0.01	57191	941.92	25368	25251
		80		95	118.95	31080	31080
3	0.03	48	0.24	37	3267.00	97489	86104
		42		31	220.00	11437	11437
1	0.01	92	0.01	67	11110.20	30179	30137
102	3.33	95		368	46.74	23391	23391
20	0.31	76	0.02	32	615.77	41928	41917

续表 2

地区	免费开放资金	中央资金	业务活动专项经费	本年支出合计	基本支出	项目支出
总计	**95103**	**22884**	**559993**	**1408336**	**499624**	**906920**
北京			19905	66883	27343	39540
天津	1199		5980	26607	15584	11023
河北	7000		21547	44256	22709	21547
山西	170		6152	24998	16017	8981
内蒙古	4000		14521	23822	9233	14521
辽宁	2950	960	400	17916	12790	5005
吉林	571		6060	19601	12973	6628
黑龙江	863		1192	12064	6618	5446
上海	18386	7724	26110	125190	38601	86589
江苏	5		28601	44986	17952	27034
浙江			40796	42475	578	40796
安徽	757		757	21667	12470	9197
福建	6369		6369	40516	9490	31026
江西	7839	1380	7839	26600	18124	8476
山东	999		22353	43153	20800	22353
河南	1920		6686	20802	13934	6867
湖北			21320	42404	20328	22076
湖南	4203		42556	50185	22928	26758
广东	1970		60960	58724	23052	35672
广西	4602		13780	37857	22779	15078
海南			8114	236345	8753	227592
重庆	9371	8080	1500	36086	20078	16008
四川	3635		42050	58740	16690	42050
贵州	3690		9528	24867	15339	9528
云南	3538		13279	25343	12063	13279
西藏	1334		27800	51020	17332	33688
陕西	1200		51462	78212	10068	68144
甘肃	1400		3260	12314	8176	4138
青海	4740	4740	15460	33087	14689	18398
宁夏	392		10443	25894	14941	10952
新疆	2000		23213	35722	17192	18530

在支出合计中：工资福利支出	资产总计/千元	固定资产净值	实际使用房屋建筑面积/万平方米	业务用房面积	实际拥有产权面积/万平方米	流动文化车和舞台车数量/辆
365257	**2439883**	**1003126**	**37.17**	**20.03**	**16.51**	**4**
24538	21316	3304	2.99			
13436	141395	139839	1.30	1.03		
17080	163374	119876	1.90	1.23		
12008	43556	16356	0.76	0.55	0.48	
7575	4511	2613	4.79	1.47		
5302	20773	4487	0.85	0.80	0.41	1
8817	33256	14859	0.88	0.58	1.20	
4725	1554	954	0.16	0.10		
26462	154051	128804	1.91	1.91	1.91	
13962	45268	23715	0.64	0.41		
12341	24839	12503	0.83		0.32	
5433	17688	1896	0.25	0.12	0.25	
7564	39281	20984	0.35	0.31	0.35	
10052	88057	77314	0.62	0.60	0.02	
17123	16051	5737	2.03	1.42	0.61	1
9484	4223	2019	0.98	0.78		1
16053	9267	4468	0.37	0.18	0.37	
1059	128485	104734	2.00	1.31	2.00	
17095	89686	47913	0.81	0.67		
18296	80694	62814	1.06	0.32	1.06	
7778	718313	27257	0.38	0.16		
12335	120728	107091	2.40	2.00	2.40	
14849	40027	6421	1.09	0.38	1.52	
8737	6419	3629	0.40	0.33	0.36	
11088	33797	14735	1.45	1.33	1.38	
15838	29014	18045	1.22	0.47		
9756	288249	8959	0.96	0.50	0.96	1
6664	5270	2124	0.15	0.10	0.15	
11974	17090	7528	1.88	0.23	0.75	
3063	8632	4598	0.88			
14770	45019	7550	0.88	0.74	0.01	

续表 3

地　区	利用流动文化车和舞台车演出场次/场次	利用流动文化车和舞台车演出观众人次/万人次	志愿者服务队伍数/个	志愿者服务队伍人数/人
总　计	**10**	**0.12**	**1694**	**108856**
北　京			22	53578
天　津			162	3632
河　北			35	800
山　西			1	30
内蒙古			1	194
辽　宁			2	70
吉　林			1	920
黑龙江				
上　海			1	85
江　苏			7	539
浙　江			1	900
安　徽			1	34
福　建			502	15035
江　西			1	55
山　东	10	0.12	2	1189
河　南			64	3057
湖　北			8	144
湖　南			23	10032
广　东			31	1483
广　西			120	5200
海　南			6	200
重　庆			476	4513
四　川			53	137
贵　州				
云　南			25	1084
西　藏			1	185
陕　西				
甘　肃				
青　海			21	1812
宁　夏			100	3050
新　疆			27	898

由本馆指导的单位					
馆办文艺团体/个	演出场次/场	观众人次/万人次	馆办老年大学/个	群众业余文艺团队/个	群众业余团队人数/人
127	**1841**	**738.49**	**8**	**585**	**19133**
3	22	2.36		163	3668
14	60	5.00		65	1700
5	15	0.20	1	13	600
2	20	0.30	1	36	1100
4	20	1.28		9	460
4	12	0.35		17	800
4	1	0.04		35	700
1	2	0.21	1		
3	5	0.75		1	97
1	36	1.80		36	2100
2	4	0.20		2	60
8	30	0.10		8	250
2				13	70
			1		
2	2	0.09	1	12	1349
5			1	16	704
5	98	232.70			
				8	400
4	22	1.00		28	1120
1	600	400.00		27	635
25	134	80.30	1		
3	27	1.50		3	120
5	10	0.15		10	500
8	35	0.62			
6	664	6.00	1	35	700
10	22	3.54		48	2000

2023年各地区地市级

地　区	机构数/个	从业人员/人				
			专业技术人才			
				正高级职称	副高级职称	中级职称
总　计	**372**	**10723**	**8800**	**493**	**1975**	**3903**
北　京						
天　津						
河　北	11	480	424	29	101	162
山　西	11	299	257	12	52	127
内蒙古	12	434	375	21	93	175
辽　宁	21	480	397	29	79	190
吉　林	13	413	368	36	87	116
黑龙江	16	352	314	54	70	119
上　海						
江　苏	15	562	414	39	110	173
浙　江	11	454	381	33	81	174
安　徽	17	301	242	6	44	111
福　建	9	202	149	8	31	59
江　西	13	483	415	10	63	185
山　东	16	635	572	34	177	274
河　南	18	642	456	22	79	204
湖　北	13	420	366	21	55	163
湖　南	15	431	366	13	74	153
广　东	21	611	472	31	118	228
广　西	14	473	438	15	119	220
海　南	3	73	36	1	3	14
重　庆						
四　川	21	602	489	17	102	211
贵　州	9	358	324	13	72	140
云　南	16	427	397	9	118	191
西　藏	7	168	86		13	40
陕　西	11	418	307	12	53	154
甘　肃	16	321	256	7	51	125
青　海	8	172	107	4	24	49
宁　夏	5	125	111	9	27	35
新　疆	30	387	281	8	79	111

文化馆基本情况

组织品牌节庆活动/个	提供文化服务次数/次	文化服务惠及人次/万人次	组织文艺活动次数/次	为老年人组织专场	为未成年人组织专场	为残障人士组织专场	为外来务工人员组织专场
1698	**193496**	**9154.97**	**39735**	**4566**	**4135**	**659**	**910**
41	5456	324.42	1450	166	71	16	11
12	3763	70.68	350	61	46	8	30
57	10508	201.17	846	278	148	11	48
55	9297	210.51	642	116	102	5	13
45	3777	182.57	881	216	111	4	4
46	4943	115.79	1427	135	102	15	4
67	13954	823.35	2138	330	283	25	5
118	15699	592.88	2455	132	229	9	18
145	9082	972.19	2148	367	215	26	19
50	4657	266.46	808	73	133	15	39
70	2781	212.69	1038	136	91	12	11
171	11574	576.91	3019	472	701	81	188
81	8872	712.56	2931	431	137	18	26
82	11662	384.88	1122	227	160	26	73
47	15403	373.29	1370	254	215	67	50
133	19969	1189.68	7230	128	495	199	144
101	6323	316.29	1290	114	179	8	8
8	1193	59.07	189	21	56		
29	3573	228.70	815	55	74	14	12
31	3534	125.27	722	105	68	6	14
39	4577	202.98	1127	213	105	20	97
2	356	33.28	254	8	8		3
57	8260	206.74	748	48	34	12	16
40	3851	214.65	656	131	94	13	27
9	1401	96.27	774	18	5	3	1
51	2573	167.81	1093	102	41	7	1
111	6458	293.89	2212	229	232	39	48

续表 1

地　　区	组织文艺活动参加人次/万人次	举办训练班班次/次	培训人次/万人次	对业余文化队伍开展培训人次	举办展览个数/个	参观人次/万人次
总　　计	**6270.73**	**141199**	**650.24**	**241.88**	**4758**	**2132.33**
北　　京						
天　　津						
河　　北	247.59	3280	15.27	26.25	103	59.23
山　　西	53.37	3210	3.75	0.44	64	11.71
内 蒙 古	131.64	9476	51.07	21.57	121	17.28
辽　　宁	157.54	7645	26.28	18.48	163	22.12
吉　　林	156.42	2753	11.89	7.80	57	13.23
黑 龙 江	80.13	2985	15.52	5.51	149	18.08
上　　海						
江　　苏	429.61	11171	50.06	11.20	423	331.48
浙　　江	403.34	10918	32.93	8.23	337	145.49
安　　徽	852.12	6540	18.12	3.83	216	96.11
福　　建	191.79	3554	16.70	3.33	200	55.69
江　　西	145.91	1519	10.19	4.13	110	55.01
山　　东	405.77	7701	49.81	8.26	384	115.21
河　　南	555.54	5282	28.97	16.29	298	122.57
湖　　北	265.46	10236	54.02	30.84	133	63.21
湖　　南	237.26	13684	53.44	18.59	151	79.05
广　　东	611.85	11927	67.74	9.10	342	500.86
广　　西	241.79	4717	25.66	5.02	194	41.82
海　　南	47.65	946	6.86	0.23	37	4.22
重　　庆						
四　　川	108.60	2379	9.56	6.82	227	108.72
贵　　州	99.98	2646	12.91	8.81	103	11.91
云　　南	108.13	3200	17.79	8.11	172	73.27
西　　藏	30.85	88	0.26	0.25	12	2.17
陕　　西	110.06	7230	16.80	0.85	150	76.19
甘　　肃	153.71	2849	13.66	6.04	158	41.89
青　　海	89.85	518	1.07	0.43	41	5.10
宁　　夏	132.93	1346	19.84	3.43	93	14.71
新　　疆	221.84	3399	20.08	8.04	320	46.00

组织公益性讲座次数/次	参加人次/万人次	计算机/台	本单位受训人次/万人次	线上群众文化活动次数/次	线上服务人次/万人次	本年收入合计/千元	财政拨款收入
7804	**101.67**	**12137**	**4.90**	**35779**	**83358.77**	**3865078**	**3773687**
623	2.33	400	0.04	1514	789.02	128496	128063
139	1.85	423	0.06	1060	2050.38	110933	109801
65	1.18	297	0.07	517	389.67	125358	125327
847	4.57	330	0.01	411	337.93	77577	76688
86	1.03	590	1.55	3409	231.09	89874	88802
382	2.06	328		2090	108.35	91088	90943
222	12.20	664	0.01	1948	1923.06	281331	265867
1989	11.12	676	0.08	659	4445.70	253139	252293
178	5.84	398	0.02	671	2713.18	104558	102713
95	2.28	210	0.01	864	5773.17	136480	134548
114	1.58	475	0.59	1340	2004.16	152847	151774
470	6.12	734	0.29	8077	4543.97	242765	240070
361	5.48	715	0.06	2487	3229.37	136509	134405
171	2.19	475	0.34	1665	28885.20	156314	154410
198	3.54	544	0.59	380	1095.25	142755	135505
470	9.23	901	0.31	2355	16983.29	493291	477149
122	7.02	444	0.26	377	182.24	123844	123067
21	0.34	95	0.01	163	1905.43	29745	29699
152	1.82	678	0.02	1043	1584.39	228515	223922
63	0.47	371	0.11	170	52.27	105376	101493
78	3.79	579	0.16	777	1536.86	145369	145218
2		53		70	24.05	51690	51690
132	3.69	411	0.19	609	1437.14	98627	91149
188	5.39	330	0.02	1350	347.53	82479	82466
68	0.25	121	0.01	377	123.08	71632	64374
41	0.33	323	0.05	514	36.19	49044	47625
527	5.97	572	0.04	882	626.80	155442	144626

续表 2

地区	免费开放资金	中央资金	业务活动专项经费	本年支出合计	基本支出	项目支出
总计	**262608**	**112503**	**1032230**	**3966935**	**2361863**	**1490781**
北京						
天津						
河北	6228	3350	5293	128978	109368	19608
山西	5721	3333	17470	112027	57947	53841
内蒙古	5623	4609	24562	125334	90377	34933
辽宁	6843	2243	14642	77383	56077	15975
吉林	5083	3095	13787	95479	62952	32526
黑龙江	6250	4668	12502	90286	68809	21441
上海						
江苏	9733	1827	59602	282448	178443	101151
浙江	9935	3207	114984	252755	131004	121751
安徽	8991	3965	25823	104869	74226	29254
福建	4330	1795	85393	138087	39716	98235
江西	9985	3950	37287	153292	110936	42326
山东	15795	6315	64301	242785	164030	78728
河南	8690	5389	27415	136326	93479	42547
湖北	6970	3650	44420	156204	103102	53102
湖南	6674	3550	21984	142258	101745	36228
广东	63586	3962	187127	496403	217973	275768
广西	12706	5634	20810	123865	87040	36397
海南	1580	860	22292	29740	7916	21823
重庆						
四川	14551	10040	63069	228522	136927	91592
贵州	4187	3159	9277	106003	72737	27188
云南	8318	6409	45652	145843	96841	45206
西藏	3871	400	8419	62423	42506	19917
陕西	4770	3715	15910	100345	68068	28882
甘肃	7557	5766	11440	83008	58609	24172
青海	3529	1985	32925	72796	36408	32411
宁夏	3050	1650	11679	53804	28264	22784
新疆	18052	13977	34165	225672	66363	82995

在支出合计中：工资福利支出	资产总计/千元	固定资产净值	实际使用房屋建筑面积/万平方米	业务用房面积	实际拥有产权面积/万平方米	流动文化车和舞台车数量/辆
1840841	**5677475**	**3861307**	**454.72**	**199.99**	**117.04**	**48**
73473	85168	67232	11.23	8.37	3.27	1
47425	273779	26293	7.52	3.91	2.06	7
55776	391563	296196	11.53	7.97	2.04	3
51292	117590	91358	8.52	4.75	1.85	1
54415	212577	189256	8.35	4.16	4.73	1
53053	73921	35158	5.97	4.31	3.23	2
133133	295404	238409	19.59	13.10	7.57	3
104998	600040	332918	15.21	5.15	12.97	
44834	129194	103247	13.85	9.35	3.44	
28815	467575	195069	10.91	8.83	2.18	
90778	55871	36287	14.34	8.13	6.18	
130910	194785	110363	21.23	16.24	2.11	5
76300	272018	249435	20.21	17.47	6.79	2
82145	96736	65514	9.27	7.28	5.76	2
74132	92405	61816	17.85	9.26	5.00	2
163072	483062	409414	14.71	11.54	2.37	
72524	57311	31526	13.43	4.99	4.55	1
7241	105882	88259	1.80	1.41		
110039	658552	506670	15.06	11.21	6.01	4
62277	34883	15580	5.12	4.04	3.43	2
79756	175436	148489	8.22	7.02	2.92	1
34228	66467	12539	2.79	1.19	1.46	
61574	191299	162445	8.55	4.23	3.62	2
48218	158923	134442	9.23	8.16	1.85	1
21900	60877	34906	5.87	4.34	6.27	
25074	35073	18734	6.18	2.43	2.86	1
53459	291084	199752	168.18	11.15	12.52	7

续表 3

地　区	利用流动文化车和舞台车演出场次/场次	利用流动文化车和舞台车演出观众人次/万人次	志愿者服务队伍数/个	志愿者服务队伍人数/人
总　计	**411**	**34.07**	**5632**	**425436**
北　京				
天　津				
河　北	4	0.08	252	8977
山　西	5	1.22	72	3472
内蒙古	78	3.78	159	4817
辽　宁			120	13279
吉　林			129	8483
黑龙江			223	8690
上　海				
江　苏	3	0.12	54	4624
浙　江			61	4653
安　徽	15	0.75	130	6334
福　建			333	5977
江　西			179	14913
山　东	36	8.49	335	15182
河　南	20	2.50	363	12060
湖　北	10	0.20	179	11807
湖　南	4	0.32	176	12356
广　东			1513	220981
广　西			64	3719
海　南			11	658
重　庆				
四　川	15	1.04	89	21106
贵　州	2	0.06	113	3608
云　南	21	1.65	154	9157
西　藏			4	78
陕　西	52	3.32	108	5218
甘　肃	10	0.16	156	8735
青　海			308	3000
宁　夏	3	0.08	14	962
新　疆	133	10.30	333	12590

由本馆指导的单位					
馆办文艺团体/个	演出场次/场	观众人次/万人次	馆办老年大学/个	群众业余文艺团队/个	群众业余团队人数/人
1363	**13614**	**1277.78**	**61**	**8576**	**517336**
54	2742	43.76		424	136012
27	103	6.83	2	232	10624
61	836	41.74	3	342	17821
62	669	17.55	2	294	21173
57	442	21.98	1	148	6621
50	466	22.30		542	26669
62	638	16.63	6	220	10042
67	712	45.08	1	409	21010
45	264	14.35	1	279	6925
21	110	5.10		133	7000
39	197	23.17	2	187	15348
117	1073	542.66	5	308	12940
91	284	10.53	6	380	13901
33	134	37.46	1	346	24468
34	102	16.45	5	1286	68646
80	500	51.97	2	402	12373
47	485	52.36	6	526	18033
6	19	12.10	1	28	750
17	81	5.79	2	467	21823
84	313	9.24	1	262	12666
111	712	95.88	8	447	19145
4	88	1.77		15	283
37	286	11.48	2	171	5890
44	246	42.93	1	238	11998
15	589	63.92	1	107	3297
25	576	4.72	2	114	2678
73	947	60.04		269	9200

2023年各地区县市级

地区	机构数/个	从业人员/人	专业技术人才	正高级职称	副高级职称	中级职称
总计	**3112**	**43300**	**31282**	**509**	**4555**	**13626**
北京	17	828	471	18	86	195
天津	16	665	433	1	61	229
河北	170	1669	1213	12	165	521
山西	117	1312	936	3	95	410
内蒙古	105	1351	1133	17	280	507
辽宁	101	1090	786	17	102	441
吉林	66	1705	1300	70	293	484
黑龙江	124	1789	1353	77	330	524
上海	18	817	698	5	49	290
江苏	100	1689	1331	41	262	593
浙江	90	1956	1423	53	230	594
安徽	106	1178	878	5	77	385
福建	85	715	588	7	112	251
江西	102	1460	1041	5	71	433
山东	141	2356	1996	31	389	982
河南	183	2807	1187	3	108	595
湖北	113	1730	1224	12	106	517
湖南	134	1606	1210	1	111	538
广东	122	1988	1343	28	148	576
广西	109	1628	1361	1	117	654
海南	19	200	116		7	44
重庆	40	863	629	29	85	282
四川	184	2539	1784	6	170	685
贵州	89	1168	897	7	85	364
云南	133	1955	1763	28	555	815
西藏	74	488	386		2	77
陕西	109	2066	1314	7	140	612
甘肃	89	1278	816	8	129	383
青海	45	551	264		18	91
宁夏	21	354	283	4	46	117
新疆	290	1499	1125	13	126	437

文化馆基本情况

组织品牌节庆活动/个	提供文化服务次数/次	文化服务惠及人次/万人次	组织文艺活动次数/次	为老年人组织专场	为未成年人组织专场	为残障人士组织专场	为外来务工人员组织专场
7951	**1023043**	**74062.22**	**497684**	**71818**	**38075**	**8028**	**21690**
122	32776	248.72	2932	675	177	28	49
71	7767	257.41	2360	631	119	27	44
424	60519	5166.30	30163	6186	3183	846	1336
54	19612	1021.94	7737	885	407	55	149
192	15673	1551.84	6315	1227	503	107	342
157	15026	355.21	2927	722	224	51	88
120	5021	375.75	2210	488	193	39	52
231	15545	531.05	6673	1663	767	114	141
82	25487	886.39	5918	1825	452	63	111
373	69995	5405.46	23820	3147	1869	229	473
792	304512	20874.20	185775	21694	8765	2615	10007
314	27921	2347.15	12488	2313	1662	232	491
277	13214	891.87	4533	499	756	53	169
294	15868	3772.53	10408	1023	796	150	295
663	83469	3979.59	52785	10815	4279	622	1125
487	34453	2458.03	16958	3280	1893	441	915
343	32821	4040.70	13621	2656	1498	536	839
305	34042	4131.07	11830	1446	1047	178	370
516	59705	3988.38	17592	1448	2336	283	664
187	14112	816.93	7454	978	566	42	255
21	9152	674.55	2139	73	686	6	20
179	8985	789.84	3035	266	284	86	141
282	18612	1036.08	11422	1172	890	259	517
215	15931	2180.00	7686	615	573	65	269
241	15818	1538.22	9742	1484	1182	239	488
58	4475	110.71	3490	185	146	24	212
268	16651	1534.48	8141	1280	745	167	411
111	8697	782.30	4846	931	546	133	323
38	4996	416.25	4207	130	125	31	34
80	7954	554.13	4672	315	206	40	60
454	24234	1345.14	13805	1766	1200	267	1300

续表 1

地 区	组织文艺活动参加人次/万人次	举办训练班班次/次	培训人次/万人次	对业余文化队伍开展培训人次	举办展览个数/个	参观人次/万人次
总 计	**59225.16**	**426153**	**2378.65**	**906.32**	**47608**	**11468.11**
北 京	108.15	28839	72.26	24.94	261	59.13
天 津	189.44	4691	13.18	4.73	369	52.41
河 北	4085.15	22638	174.87	83.39	3194	815.27
山 西	896.50	10434	44.15	12.84	703	73.34
内蒙古	1314.56	7916	77.15	40.68	599	149.72
辽 宁	285.67	10363	33.62	17.19	516	29.82
吉 林	317.89	2197	13.31	4.64	274	42.25
黑龙江	453.48	6348	24.54	7.96	758	44.01
上 海	482.01	18077	72.58	11.39	578	326.60
江 苏	3302.32	41123	265.94	113.25	2998	1791.01
浙 江	16605.68	84893	451.60	152.40	15599	3407.25
安 徽	1933.58	12858	63.21	18.66	1347	306.15
福 建	737.71	7217	25.13	7.39	814	122.08
江 西	3152.81	3815	35.19	16.94	999	572.18
山 东	3281.79	25834	232.51	85.08	2447	396.39
河 南	2083.85	12928	72.16	41.04	2189	268.41
湖 北	3384.53	15275	129.62	72.15	1880	462.32
湖 南	3242.29	18795	147.82	56.16	1316	703.39
广 东	3165.94	37975	134.30	32.07	2118	667.44
广 西	728.89	5875	29.70	9.94	463	53.81
海 南	543.83	6568	23.16	4.69	200	105.21
重 庆	618.24	4672	27.46	5.06	653	133.75
四 川	869.34	4918	17.80	8.42	1171	139.47
贵 州	1964.14	7042	43.30	25.55	673	163.11
云 南	1387.98	4686	35.04	13.21	883	108.94
西 藏	106.05	853	1.53	0.46	62	2.50
陕 西	1358.78	6726	43.16	16.07	1075	123.62
甘 肃	634.32	2530	15.44	6.07	761	114.65
青 海	384.51	474	3.08	0.74	228	27.93
宁 夏	514.79	2941	11.52	2.03	150	26.36
新 疆	1090.94	6652	44.32	11.18	2330	179.59

组织公益性讲座次数/次	参加人次/万人次	计算机/台	本单位受训人次/万人次	线上群众文化活动次数/次	线上服务人次/万人次	本年收入合计/千元	财政拨款收入
51598	**990.30**	**47692**	**43.25**	**289539**	**118783.78**	**12086924**	**10790686**
744	9.18	1059	0.18	1144	2168.14	433526	432895
347	2.38	633	0.11	2758	602.19	197291	192417
4524	91.01	1989	0.18	10893	4129.68	260471	256074
738	7.95	988	5.43	2272	4614.24	187809	186792
843	10.41	1038	1.61	2115	598.21	279456	270690
1220	6.10	1082	1.10	943	119.02	139573	137419
340	2.30	962	0.09	1435	107.82	250499	249395
1766	9.02	1199	1.38	7940	266.47	285260	282535
914	5.20	1154	0.67	2871	5519.45	560747	551433
2054	46.19	1902	0.07	123368	4856.72	1134637	690952
18245	409.67	2151	2.09	11225	25015.05	859790	838521
1228	44.21	1929	0.22	2757	3066.47	273734	255362
650	6.95	1067	0.09	1652	2542.37	215344	200149
646	12.35	1291	0.36	5663	3461.23	332748	312891
2403	68.90	2246	2.13	10480	2664.25	425130	420407
2378	33.61	2412	0.28	7393	2534.68	301710	297361
2045	64.23	1671	0.57	3670	4105.61	399678	384727
2101	37.57	4780	20.40	32307	9092.75	1011047	380349
2020	20.70	3388	1.82	6518	17627.22	849548	834094
320	4.53	1460	0.43	1592	225.35	225275	220276
245	2.35	239	0.01	117	962.16	59393	59206
625	10.39	1381	0.20	7906	8455.40	311104	305361
1101	9.47	2916	0.03	7394	1890.63	440471	436332
530	9.45	1072	0.14	1914	8414.00	179476	170482
507	6.26	1532	0.75	3069	1526.28	356809	351023
70	0.63	1210	0.37	11876	50.08	874338	873816
709	8.92	1522	0.16	6551	1479.94	378335	366008
560	17.89	1094	0.05	4069	626.73	222979	219512
87	0.73	465		366	223.84	132376	131373
191	1.46	393	0.01	535	620.91	99534	89975
1447	30.29	1467	2.32	6746	1216.89	408836	392859

续表 2

地区	免费开放资金	中央资金	基建拨款	业务活动专项经费	本年支出合计	基本支出
总计	1125665	355535	1105571	2166655	11469491	6596041
北京	8093	1439	864	101430	428535	282717
天津	9051	4329		29026	196334	148351
河北	27346	18423	969	55010	258753	171322
山西	22753	14291	717	29530	186963	130412
内蒙古	17556	13920	500	48583	287990	199901
辽宁	13825	3946	2897	17670	152568	110791
吉林	9540	5112	3779	34670	254651	209704
黑龙江	16700	12275	4000	35760	286420	222704
上海	17276	1333	37942	162535	576895	361979
江苏	25179	4235	19388	133952	1130786	460177
浙江	54868	18658	21147	300441	858706	480930
安徽	24254	8634	2880	51973	274275	189052
福建	12951	4113	1014	54536	221397	145742
江西	19226	8012	5520	56147	325330	219828
山东	39741	9988	3530	86107	427531	324459
河南	34377	21860	50	38563	299261	229272
湖北	22349	10200	7801	66330	405560	279810
湖南	26227	13347	25456	71365	363242	201363
广东	56339	8589	101316	183387	854508	405354
广西	21558	16960	296	42051	225277	183532
海南	6075	1920	270	23954	59653	23242
重庆	31005	15242		94940	310715	199089
四川	33282	19144	89	105452	442688	314114
贵州	19217	12764	6858	30906	176677	108134
云南	26913	17576	160	57638	354502	263458
西藏	419688	10436	764653	15147	872985	53144
陕西	22281	14400	25896	73376	380383	231837
甘肃	18565	13956		35345	220620	130263
青海	6972	3825	312	23632	134340	66027
宁夏	3672	2131		27470	99016	61292
新疆	58786	44477	67267	79729	402930	188041

项目支出	在支出合计中：工资福利支出	资产总计/千元	固定资产净值	实际使用房屋建筑面积/万平方米	业务用房面积	实际拥有产权面积/万平方米	流动文化车和舞台车数量/辆
4226403	**5473114**	**23434055**	**14229148**	**1238.42**	**861.44**	**508.34**	**1821**
143948	217815	371924	240580	18.64	13.93	5.98	8
40354	131634	458979	368852	20.42	15.97	0.57	4
70587	154939	384854	287643	83.82	59.15	39.28	124
51238	124441	665809	569899	30.69	21.89	24.95	153
72919	175799	229521	165825	27.46	19.87	7.83	48
20965	88407	272490	204415	22.41	13.13	7.90	10
41363	190664	224497	139363	17.33	10.92	8.59	72
49467	186002	224159	127586	26.24	16.65	7.76	47
206633	229264	671255	501246	19.20	12.26	8.88	2
630598	345251	1216629	634261	115.62	85.35	37.16	22
366103	384941	349991	229823	98.18	65.52	24.61	7
65892	139690	283224	218355	37.15	27.62	15.97	33
67563	109760	200169	148463	39.43	28.82	14.88	11
85756	186086	343335	255719	36.16	22.27	14.14	41
71627	274995	530264	392063	85.09	64.59	26.30	83
45831	188982	406015	291710	56.72	41.78	22.23	94
103076	225300	415813	220469	51.01	33.26	28.67	53
123943	164717	605962	340309	65.90	41.74	43.24	69
424441	344434	2336890	1442962	82.21	54.89	19.83	18
32035	162951	215457	144346	23.70	16.61	10.90	140
28262	22762	63744	52300	7.05	4.34	3.07	4
103084	140382	266597	167858	28.15	19.64	14.57	24
125392	259222	657655	412359	59.28	45.65	21.07	138
37241	102556	282963	210300	25.47	17.71	13.83	100
57640	250788	614695	285610	31.15	21.98	18.25	111
806762	49564	960716	938278	8.82	5.76	6.16	66
101918	226717	220481	159613	28.85	21.88	17.47	96
57638	131441	598516	326528	18.90	11.90	12.17	61
43552	66656	188805	132741	6.44	4.33	3.76	44
29352	45438	7639786	3638660	8.25	5.50	2.58	11
121223	151516	1532860	981012	58.68	36.53	25.74	127

续表 3

地　区	利用流动文化车和舞台车演出场次/场次	利用流动文化车和舞台车演出观众人次/万人次	志愿者服务队伍数/个	志愿者服务队伍人数/人
总　计	**39629**	**1837.92**	**39137**	**1703449**
北　京	127	4.53	245	22683
天　津	174	2.30	447	10493
河　北	4126	290.19	2530	113408
山　西	1480	78.51	883	45012
内蒙古	685	36.16	841	45261
辽　宁	128	7.18	1121	31459
吉　林	509	35.89	310	16683
黑龙江	635	22.64	1883	76369
上　海	38	0.47	70	7428
江　苏	508	47.18	803	41088
浙　江	287	55.59	5491	331448
安　徽	593	29.09	1406	57354
福　建	96	11.74	393	12832
江　西	961	60.22	738	30642
山　东	4864	185.21	1757	61904
河　南	2371	159.72	4520	149595
湖　北	1242	130.64	2158	87253
湖　南	1717	132.42	1293	88632
广　东	81	14.64	988	144666
广　西	9305	13.39	1055	31553
海　南	9	0.50	47	1335
重　庆	216	15.69	1832	42406
四　川	1271	46.07	1457	73221
贵　州	1142	111.29	953	27634
云　南	1541	95.02	815	20824
西　藏	749	26.19	683	5623
陕　西	1083	56.76	597	24975
甘　肃	561	43.57	402	8651
青　海	665	29.93	235	4148
宁　夏	678	13.01	218	4791
新　疆	1787	82.18	2966	84078

由本馆指导的单位					
馆办文艺团体/个	演出场次/场	观众人次/万人次	馆办老年大学/个	群众业余文艺团队/个	群众业余团队人数/人
8353	**133216**	**8635.41**	**582**	**106018**	**3775192**
101	540	16.61	3	3782	40563
119	874	37.63	2	2513	54691
565	6019	1183.05	33	5917	201549
253	4521	78.80	6	2800	123495
241	24924	172.90	31	2866	116375
344	1899	81.90	20	1916	96127
142	974	61.27	11	973	61499
240	1754	65.54	13	1957	127431
83	370	19.15	2	2019	38586
341	5700	301.28	20	3983	158494
604	20058	1460.74	15	13978	460225
326	2536	200.07	24	1898	59649
184	1442	51.53	10	942	42806
185	3512	301.92	24	2096	78266
546	12482	479.29	42	4878	269985
604	7014	250.89	44	5715	243286
377	3047	290.70	27	6227	267522
293	3431	455.64	44	5712	255060
428	3524	1004.52	19	3075	126617
196	2816	178.48	14	5087	115069
36	315	39.96	3	456	31639
140	1383	108.12	22	1072	48686
157	3003	130.48	22	3399	119296
470	2980	564.94	34	3125	90567
530	4991	254.28	32	11571	267449
8	727	38.81		570	10278
274	3008	234.57	24	2680	97019
195	2116	215.84	11	1692	68056
105	1554	68.51	3	766	36338
22	747	62.94	3	734	22645
244	4955	225.06	24	1619	45924

2023年各地区

地区	机构数/个	从业人员/人			
			专职人员	在编人员	专业技术人员
总计	**40236**	**143340**	**84114**	**83224**	**34958**
北京	339	2952	1870	1310	125
天津	257	861	542	399	63
河北	2283	6056	3370	4143	856
山西	1299	3076	1813	1172	428
内蒙古	1083	2848	1536	1709	774
辽宁	1355	2377	1359	1541	485
吉林	916	2174	1374	1621	749
黑龙江	1276	3221	1694	2399	681
上海	218	3784	2769	1479	355
江苏	1255	5017	3514	2550	1268
浙江	1367	9617	5550	3325	2098
安徽	1510	4638	3308	3091	1708
福建	1111	3022	1624	1470	538
江西	1732	4315	2323	2405	529
山东	1823	6571	4418	3987	1794
河南	2500	12521	7503	6986	1897
湖北	1301	3345	2470	1510	1132
湖南	2133	8423	4672	4702	1752
广东	1618	13032	8015	5272	2634
广西	1178	3625	1954	3108	1333
海南	219	441	238	285	36
重庆	1031	4068	2833	3232	915
四川	4063	8545	3598	4592	1729
贵州	1605	5265	2554	3945	1319
云南	1457	5279	3878	4504	3606
西藏	701	4539	2355	3973	3035
陕西	1354	4367	2462	2792	824
甘肃	1354	4089	2157	2328	571
青海	399	887	204	262	130
宁夏	247	671	370	326	205
新疆	1252	3714	1787	2806	1389

文化站基本情况

提供文化服务次数/次	文化服务惠及人次/万人次	组织文艺活动次数/次	参加人次/万人次	举办训练班班次/次	培训人次/万人次	对业余文化队伍开展培训人次
2886389	**99471.51**	**1920273**	**73287.58**	**768603**	**7378.35**	**3230.81**
64231	463.54	32694	293.61	30164	117.74	45.48
32695	632.37	20991	520.11	10577	68.98	42.50
132519	4338.58	85052	2955.35	32877	477.54	247.68
34538	627.24	24833	503.99	7340	38.62	17.95
29399	615.63	22480	513.84	4967	35.71	20.34
19501	236.50	11479	185.08	6858	28.05	14.23
16853	299.60	11707	264.08	4102	20.57	6.78
21772	208.61	14461	170.94	5802	19.88	9.92
125224	2208.65	55133	1558.82	66740	298.43	165.29
374540	16915.09	209461	8872.55	127610	2294.20	830.77
701634	32961.75	527946	26924.29	141649	1445.65	703.82
81272	2126.16	51908	1707.01	22732	182.99	69.45
25532	523.94	14784	375.07	8291	35.02	13.45
59829	3330.57	39371	2522.12	15315	173.06	53.57
235950	4744.32	181824	3682.48	39461	351.49	161.47
150833	4277.29	110549	3396.11	28243	249.40	121.14
89549	4073.82	55824	3003.14	25749	308.29	188.54
118251	7016.03	80105	4690.01	29669	422.81	219.95
155938	5125.36	84287	3823.86	64198	342.41	119.79
29126	631.56	22001	571.66	5759	22.88	10.38
4260	125.47	2316	102.23	1631	8.45	2.75
39665	711.08	22958	507.92	11910	75.55	32.35
82925	1608.97	50579	1303.01	24352	91.56	41.97
23286	923.26	14933	820.88	6323	33.56	11.13
36665	1484.16	22647	1243.51	9788	60.45	25.85
24657	240.24	21449	227.59	2907	8.16	1.70
41402	1007.70	28874	842.91	8420	65.65	21.97
22308	420.29	14813	323.33	4941	29.59	9.69
6923	125.03	5101	105.94	1249	5.52	1.11
8477	144.76	6780	125.62	1314	6.24	2.53
96635	1323.94	72933	1150.52	17665	59.90	17.26

续表 1

地　区	举办展览个数/个	参观人次/万人次	接受戏曲进乡村活动服务次数/次	服务惠及人次/万人次	藏书/万册
总　计	**197513**	**18805.58**	**482436**	**15212.87**	**37654.98**
北　京	1373	52.19	3438	36.36	670.38
天　津	1127	43.28	1231	39.64	148.92
河　北	14590	905.69	23265	850.37	1339.36
山　西	2365	84.63	13053	365.00	540.28
内蒙古	1952	66.08	3710	97.36	459.37
辽　宁	1164	23.37	1544	28.50	718.70
吉　林	1044	14.95	2358	40.90	401.68
黑龙江	1509	17.79	2514	38.94	525.16
上　海	3351	351.40	4810	74.67	1359.85
江　苏	37469	5748.34	27605	1739.45	3580.14
浙　江	32039	4591.81	52299	2884.65	5920.27
安　徽	6632	236.16	23439	633.01	757.42
福　建	2457	113.85	6035	122.55	629.74
江　西	5143	635.39	11314	500.63	1383.12
山　东	14665	710.35	153666	2945.63	2397.36
河　南	12041	631.78	34397	1309.33	1565.86
湖　北	7976	762.39	15807	819.79	1126.55
湖　南	8477	1903.21	13597	579.18	2590.59
广　东	7453	959.09	13426	361.57	4350.41
广　西	1366	37.02	7901	210.16	727.06
海　南	313	14.79	995	38.76	107.68
重　庆	4797	127.61	8322	103.69	669.89
四　川	7994	214.40	15251	326.10	1719.02
贵　州	2030	68.82	3660	102.49	972.12
云　南	4230	180.20	6171	231.07	817.35
西　藏	301	4.49	2945	34.09	209.08
陕　西	4108	99.14	12639	365.92	682.24
甘　肃	2554	67.37	7130	151.67	580.98
青　海	573	13.57	1698	41.49	95.95
宁　夏	383	12.90	2162	33.80	132.42
新　疆	6037	113.52	6054	106.10	476.03

计算机/台	本单位受训人次/万人次	本年收入合计/千元	财政拨款收入	免费开放资金	中央资金	业务活动专项经费
286104	**415.79**	**18690511**	**17386825**	**2422050**	**998554**	**5861056**
4615	3.24	508755	481074	67457	3823	204492
2911	1.16	36506	36212	7065	1320	16214
10408	2.44	236203	233714	91266	61191	74211
8551	2.82	94261	94196	55852	37484	46649
5201	2.43	333635	331116	43961	32590	46671
7376	2.78	84752	82551	24871	11844	25703
4423	1.43	109097	107113	29626	17331	25969
5993	0.50	197820	197378	65134	32850	65313
4534	4.29	1525641	1483863	138275	1895	668171
13129	26.15	1100350	1085681	83759	7944	406318
15382	70.55	3608825	3516016	264765	25183	1488220
16112	21.07	330195	323384	104506	62094	114319
7774	5.86	281907	276369	96661	11413	67012
8722	11.34	190979	185388	104293	30912	62905
18839	148.93	519994	499836	45704	7447	223128
17182	6.02	389500	384051	116944	73994	85881
8265	25.33	366889	356626	52789	30592	87894
11096	21.78	667002	652650	134362	63466	162566
20081	16.11	2974351	2660307	190404	23412	1019236
8229	1.89	276000	270344	58542	46594	37429
1401	0.53	26309	25717	9322	5656	10039
10819	2.13	520734	513705	56043	40997	127243
26371	2.37	506305	471529	131741	102849	249789
9260	5.10	292855	282632	60039	32801	62799
13164	4.20	1140261	594070	88816	65800	175771
3361	0.94	1412204	1406253	83272	21638	51800
8126	4.65	216509	207818	65741	46228	55085
7050	3.43	182645	178351	63444	36833	43102
1383	0.44	66912	66531	20488	13454	37039
2227	1.30	96671	90763	8710	2414	62195
4119	14.58	396444	291587	58198	46505	57893

续表 2

地　区	本年支出合计/千元	基本支出	项目支出	在支出合计中：工资福利支出	资产总计(千元)
总　计	**19463450**	**9440940**	**7018326**	**6179015**	**97441347**
北　京	524260	191271	267332	112711	750538
天　津	78160	57637	14313	6810	351794
河　北	244605	165893	56481	125015	949213
山　西	90034	51040	31592	33969	644513
内蒙古	331048	192386	47053	117631	672211
辽　宁	83667	56199	11876	47183	562313
吉　林	122110	80435	29009	78664	405986
黑龙江	197205	130044	62926	90338	634913
上　海	1522405	649114	796768	452079	28650720
江　苏	1117414	505564	580222	312434	5158455
浙　江	3703197	1200601	2133418	378745	9632841
安　徽	329332	222023	58175	127115	2046215
福　建	265476	102023	93249	92521	1686547
江　西	145119	90878	31135	50421	1864985
山　东	617139	304546	210627	179087	3154794
河　南	487478	392783	51896	237488	1056233
湖　北	363438	199306	110273	146811	1922454
湖　南	665614	355307	230677	244190	3305087
广　东	2671775	1094394	1308173	1091911	7819500
广　西	269685	214526	22874	156724	799545
海　南	23171	11460	5268	7526	135370
重　庆	518045	367053	115900	215746	1450202
四　川	503459	190071	298614	62415	2904966
贵　州	288400	191517	27708	162423	1135169
云　南	793397	337944	255063	326093	2145390
西　藏	2507050	1424084	16670	972379	12763163
陕　西	215245	148043	34154	90682	1156958
甘　肃	179510	123574	19520	91234	1277348
青　海	64837	42999	18463	12766	173506
宁　夏	83434	26588	44582	18145	630347
新　疆	457741	321637	34315	137759	1600071

固定资产净值	实际使用房屋建筑面积/万平方米	文化活动用房面积	实际拥有产权面积/万平方米	本站指导群众业余文艺团队/支	志愿者服务队伍个数/个	志愿者服务队伍人数/人
66362609	**3901.27**	**2836.52**	**2222.58**	**361470**	**429561**	**15486511**
601341	87.56	66.96	35.79	7831	9686	296739
309568	43.78	34.93	11.99	3409	5506	187116
869841	144.27	114.41	83.59	23118	27081	578271
594374	61.08	46.37	46.47	9498	8560	211262
536545	76.56	47.43	33.15	6145	7776	130981
508472	83.15	49.00	33.77	7540	7707	187369
366223	42.35	26.77	23.07	5928	6103	149317
581654	70.42	44.41	23.71	5546	5750	134832
8443463	132.31	105.28	84.78	8579	4255	256998
4297448	445.92	359.70	190.37	14488	18449	1429125
7638347	488.66	365.36	292.83	32621	28474	1711374
1836419	111.01	82.84	99.61	12876	15521	976726
1290998	94.53	71.64	56.12	7453	11397	489210
1496583	85.81	63.02	55.04	9982	13358	239080
2776306	279.57	205.53	138.65	26009	52409	1259201
1000467	116.40	85.22	77.11	28998	35695	813738
1538774	122.10	83.50	78.59	16002	18516	574305
2445830	289.11	139.28	124.45	20640	27260	1037877
5526647	391.01	312.17	213.07	15597	18808	1562552
578761	51.50	39.26	36.88	11348	9992	328172
122072	7.77	6.04	6.55	1569	1800	45303
1253292	76.40	59.08	57.67	7521	9966	706384
2649582	170.57	133.11	109.33	20450	20465	336155
889681	64.09	47.08	47.05	9270	11745	433134
1783199	79.13	60.52	75.91	17281	10019	278423
12354447	28.21	20.07	17.46	4030	5846	114506
1006161	67.43	47.82	52.22	10179	10870	242397
1030000	57.84	41.39	40.56	8106	9614	214447
160801	16.71	10.24	8.61	1080	1464	35130
567574	20.30	11.45	9.62	1439	2609	93473
1307739	95.72	56.64	58.56	6937	12860	432914

2023年各地区乡镇

地　区	机构数/个	从业人员/人	专职人员	在编人员	专业技术人员
总　计	**32243**	**110812**	**65312**	**68442**	**29659**
北　京	177	1415	875	609	53
天　津	128	392	300	176	35
河　北	1980	5197	2936	3594	742
山　西	1085	2612	1636	901	377
内蒙古	869	2144	1207	1385	670
辽　宁	919	1527	900	1091	412
吉　林	623	1500	1074	1264	639
黑龙江	901	2314	1362	2022	630
上　海	106	2385	1633	1014	194
江　苏	827	3374	2336	1961	986
浙　江	922	5941	3354	2175	1421
安　徽	1272	3983	2934	2813	1585
福　建	932	2502	1326	1267	456
江　西	1555	3841	2040	2202	483
山　东	1192	4137	2862	2648	1222
河　南	1885	10001	6109	5760	1628
湖　北	1025	2585	1946	1125	974
湖　南	1777	7156	3952	4123	1580
广　东	1154	8868	5563	3902	1784
广　西	1125	3450	1863	3004	1297
海　南	198	412	225	275	35
重　庆	812	3031	2143	2476	723
四　川	3539	6972	2810	3856	1461
贵　州	1342	4405	2185	3398	1192
云　南	1274	4324	3203	3854	3120
西　藏	689	4502	2338	3944	3022
陕　西	1132	3659	2082	2369	722
甘　肃	1229	3813	2037	2184	550
青　海	364	568	191	209	129
宁　夏	201	582	319	298	183
新　疆	1009	3220	1571	2543	1354

文化站基本情况

提供文化服务次数/次	文化服务惠及人次/万人次	组织文艺活动次数/次	参加人次/万人次	举办训练班班次/次	培训人次/万人次	对业余文化队伍开展培训人次
1840783	**64862.55**	**1256815**	**48356.88**	**439977**	**4413.90**	**1986.55**
31912	215.11	18001	149.58	13051	52.08	19.25
14866	445.28	8902	372.86	5485	43.59	29.31
106737	3509.89	68965	2374.22	25393	386.61	212.69
26816	537.56	20003	431.81	4760	29.36	13.52
20480	448.31	15704	364.51	3248	26.19	14.37
7795	145.70	5002	117.81	2144	12.56	4.64
8279	145.24	5802	120.18	1859	14.17	4.94
13007	146.24	9090	119.18	2838	12.85	6.31
55526	1305.16	28443	999.25	25381	124.42	79.71
217776	10322.25	124353	5632.70	69713	1318.60	487.90
396907	17665.54	309117	14874.44	68920	628.18	323.41
68428	1935.90	44165	1551.16	18250	160.50	59.53
16816	405.09	10550	287.75	4214	23.54	7.40
42846	2436.12	27584	1819.37	10716	127.89	38.14
143159	2854.44	112316	2237.73	21277	179.96	83.79
115532	3535.81	84371	2808.61	21352	207.63	101.48
67172	3403.34	41301	2464.07	19050	260.12	162.33
86912	5574.50	59764	3694.64	20135	309.60	166.17
73784	2796.77	39330	2056.74	29299	141.39	41.80
27290	611.41	20569	553.37	5412	21.79	10.05
3908	123.06	2111	100.21	1505	8.15	2.65
28079	496.28	16465	363.07	7974	45.33	16.68
56089	1185.95	33751	949.69	15776	60.38	26.21
18243	811.84	11628	728.02	4865	25.83	9.14
28174	1051.29	17643	864.02	7043	45.78	20.99
24512	239.70	21315	227.10	2901	8.14	1.70
30789	774.34	20894	632.25	6457	54.91	17.66
17762	368.37	11306	278.47	4178	26.40	8.47
5161	102.62	3848	86.18	815	3.40	0.78
6022	115.39	4694	98.65	992	4.96	1.90
80004	1154.05	59828	999.24	14974	49.59	13.63

续表 1

地　区	举办展览个数/个	参观人次/万人次	接受戏曲进乡村活动服务次数/次	服务惠及人次/万人次	藏书/万册
总　计	**143991**	**12091.77**	**395464**	**11911.41**	**28718.05**
北　京	860	13.45	3052	31.52	334.21
天　津	479	28.83	844	35.35	82.97
河　北	12379	749.06	21746	791.44	1207.78
山　西	2053	76.39	12110	342.60	435.97
内蒙古	1528	57.61	3433	88.62	360.36
辽　宁	649	15.33	1261	24.56	445.84
吉　林	618	10.89	2184	37.47	314.83
黑龙江	1079	14.21	2402	37.68	404.65
上　海	1702	181.49	3642	61.33	707.78
江　苏	23710	3370.95	22283	1374.31	2369.62
浙　江	18870	2162.92	35134	1565.60	4919.06
安　徽	6013	224.24	22543	611.97	608.37
福　建	2052	93.80	5295	106.73	515.76
江　西	4546	488.86	10393	455.42	1293.35
山　东	9566	436.75	114484	2075.23	1581.76
河　南	9809	519.57	30049	1176.44	1221.76
湖　北	6821	679.15	13936	750.13	916.24
湖　南	7013	1570.26	12420	521.38	2052.79
广　东	5155	598.64	9500	240.69	2887.83
广　西	1309	36.25	7753	206.22	691.19
海　南	292	14.70	970	38.17	99.64
重　庆	3640	87.88	7598	87.85	493.28
四　川	6562	175.88	14108	295.44	1369.15
贵　州	1750	57.99	3186	90.20	807.94
云　南	3488	141.49	5475	203.15	698.67
西　藏	296	4.46	2930	33.97	205.68
陕　西	3438	87.18	10747	311.14	575.20
甘　肃	2278	63.50	6966	148.12	511.99
青　海	498	13.04	1652	40.64	85.20
宁　夏	336	11.78	1758	28.67	109.08
新　疆	5202	105.22	5610	99.37	410.10

计算机/台	本单位受训人次/万人次	本年收入合计/千元	财政拨款收入	免费开放资金	中央资金	业务活动专项经费
221662	**344.22**	**13433726**	**12250896**	**1773909**	**777161**	**3963584**
2424	1.68	283733	263195	37155	1606	119960
1489	0.72	20487	20193	3005	650	8616
8757	2.03	204181	202189	79845	53967	64941
7282	2.08	79990	79931	46965	31738	39662
3853	2.04	311139	309306	35133	25614	38889
5258	1.69	60036	58839	17001	7327	18090
3154	0.94	84923	83874	21507	12785	19582
4072	0.34	104237	103818	30291	24505	30425
2555	1.22	1134370	1108668	105134	1370	568423
8495	17.67	797031	787530	56527	6171	268713
9909	54.76	1790817	1739589	150925	15512	751617
14352	18.60	269436	262941	64179	28346	74677
6142	4.72	223122	219059	88173	9334	41619
7694	10.12	177057	171835	97144	28307	57669
11598	133.72	358210	340326	25678	4656	164081
12952	4.85	312333	309086	88232	56036	68417
6402	23.58	289113	280127	41135	23999	63690
8750	17.03	592279	579635	120090	55805	143243
14336	10.48	1844249	1546520	80172	16640	674874
7972	1.82	268627	263258	56017	44610	36206
1299	0.34	24477	23983	8561	5171	9139
8342	1.69	370142	365332	43715	32243	88231
21954	1.86	367699	337575	108259	85866	183436
7955	4.58	254320	245307	51258	27476	51992
11494	2.63	1033851	491009	55715	40221	149586
3303	0.93	1408989	1403058	82817	21323	51652
6854	3.87	174889	167990	55025	38298	40741
6443	2.77	171704	167515	57699	33184	39819
1258	0.41	41440	41127	10593	3844	31143
1825	1.13	44769	42215	7665	2244	15478
3489	13.92	336076	235866	48294	38313	48973

续表 2

地　　区	本年支出合计/千元	基本支出	项目支出	在支出合计中：工资福利支出	资产总计(千元)
总　　计	**14087765**	**7148824**	**4486661**	**4814061**	**81860431**
北　　京	295013	87486	161373	53134	486511
天　　津	28947	16566	8479	3920	260112
河　　北	213746	145842	49641	106478	837005
山　　西	77105	44710	26319	30040	609147
内 蒙 古	309887	176499	43736	106762	541294
辽　　宁	60509	41271	8715	36041	353125
吉　　林	85556	57152	18053	53592	296811
黑 龙 江	103856	73598	26642	69896	344038
上　　海	1130597	450951	649766	314773	28049865
江　　苏	809268	363582	423644	221920	3749533
浙　　江	1914864	663059	1096824	227452	5779900
安　　徽	268992	175114	48760	115956	1864083
福　　建	208525	80267	63947	82365	1459692
江　　西	131124	81509	28436	45530	1701159
山　　东	366976	201072	83470	115730	1943173
河　　南	310076	238055	40634	193780	886539
湖　　北	285307	168890	84049	123425	1216048
湖　　南	591829	314191	211983	214046	2512055
广　　东	1588082	693958	739561	638175	5215530
广　　西	262990	208984	22355	152275	776285
海　　南	22143	10894	4945	7440	121760
重　　庆	367768	263221	78000	157317	1031941
四　　川	362962	142308	209863	45239	2298706
贵　　州	249954	167934	21171	141612	982604
云　　南	711741	286705	239306	280004	1965112
西　　藏	2504103	1422015	16487	969812	12741969
陕　　西	173068	121215	25852	69322	1027003
甘　　肃	169418	116409	18622	86812	1172709
青　　海	39688	32957	3376	5985	138345
宁　　夏	44612	25198	8962	16085	340376
新　　疆	399059	277212	23690	129143	1158001

固定资产净值	实际使用房屋建筑面积/万平方米	文化活动用房面积	实际拥有产权面积/万平方米	本站指导群众业余文艺团队/支	志愿者服务队伍个数/个	志愿者服务队伍人数/人
54013368	**2672.60**	**1991.17**	**1720.13**	**274372**	**321236**	**9835575**
393645	50.30	38.97	25.27	3688	5627	71190
230491	19.43	16.28	7.80	1673	2657	96236
769057	118.79	94.94	74.88	20476	24234	479171
561534	50.73	39.63	43.45	7657	6660	152142
446956	50.50	33.97	25.75	4778	5366	91428
323770	43.46	30.40	20.73	4686	4163	86677
272061	23.03	17.81	18.98	4300	4105	82314
328701	36.59	29.49	18.44	4092	3897	82574
7986132	79.10	59.80	59.74	5271	2357	91212
3202129	294.73	244.40	139.35	9208	11695	1083214
4823540	327.97	247.92	213.89	20204	17449	808388
1670057	88.78	70.64	85.03	10900	13521	882877
1096064	75.47	57.87	49.35	5820	9191	395695
1384549	74.16	56.03	50.41	8637	11317	193031
1765371	141.72	101.70	72.70	17197	35743	673629
845956	80.81	62.90	67.09	24110	30276	621849
1054366	95.91	65.32	68.01	12607	14083	384450
1801586	210.92	101.11	96.42	17254	23179	754297
3439512	240.77	196.85	141.03	9468	9247	417876
556800	48.66	37.46	36.14	11017	9498	309888
109620	6.90	5.35	6.10	1533	1580	34379
870527	50.48	38.93	43.44	4868	6656	438470
2093347	130.88	102.21	92.30	15576	15426	205525
775411	50.68	38.82	41.89	7753	9642	290066
1626065	64.78	48.22	65.95	14623	8192	238936
12334359	27.70	19.68	17.10	3993	5803	113846
891563	54.22	38.22	44.86	8042	8372	172913
952494	46.66	36.30	37.01	7318	7844	144849
128137	11.45	8.66	6.19	942	1197	25644
293173	13.54	8.95	7.37	1055	2060	66395
986395	63.48	42.34	43.46	5626	10199	346414

主要统计指标解释

1. **组织品牌活动**：指由文化馆负责长期组织开展，当地群众广泛参与，在一定区域内具有较大影响，对当地文化生活及经济社会发展产生积极影响的群众文化活动。

2. **组织文艺活动次数**：指本馆组织或与其他机构联合组织各种文艺演出（包括调演、汇演）次数，不论地点和内容，每组织一次则计为一次。

3. **举办训练班班次**：指本馆举办或与其他机构联合举办的各种文化、艺术、科普（包括图书、讲演、创作、表演、音乐、舞蹈、美术、文学、摄影等）训练班，按截止到年底办完的班数计算班次。

4. **举办展览个数**：指本馆举办或与其他机构联合举办的在馆内或者馆外展览的个数。个数按展览的内容计算。同一内容的展览不论在哪些地点展出和展出时间多久，只计算一个。

5. **组织公益性讲座次数**：指由本馆组织的公益性讲座的次数总和。

6. **业务活动专项经费**：指本馆报告期内财政拨款中用于开展群众文化活动的专项经费。

7. **馆办文艺团体**：指由本馆人员组成的为群众提供文艺演出的演出团队。

8. **馆办文艺团体演出场次**：指由本馆人员组成的为群众提供文艺演出的演出团队演出场次。

9. **馆办老年大学**：指由本馆举办的专对老年人进行文艺培训的场所。

10. **群众业余文艺团队**：指业务上受本馆指导的城镇和农村各种业余文艺演出团队。

艺　术

4

按年份各地区艺术表演团体机构数

单位：个

地　区	1995年	2000年	2005年	2010年	2015年	2020年	2022年	2023年
总　计	**2682**	**2619**	**2805**	**6864**	**10787**	**17581**	**19739**	**17781**
北　京	22	20	20	18	395	393	456	522
天　津	19	16	16	36	86	113	111	107
河　北	138	138	126	284	596	770	921	819
山　西	162	159	156	342	456	827	766	756
内蒙古	118	116	109	123	175	204	229	273
辽　宁	89	77	66	239	263	186	150	111
吉　林	68	65	61	68	49	104	114	177
黑龙江	92	89	84	89	51	82	103	93
上　海	31	29	85	89	180	315	282	261
江　苏	136	133	129	408	369	620	634	651
浙　江	83	79	273	471	1024	1236	1247	1217
安　徽	92	92	92	1255	1617	2334	3806	2898
福　建	91	96	91	449	397	558	671	486
江　西	81	79	79	99	236	380	356	329
山　东	118	118	117	119	623	1566	1971	1870
河　南	216	205	199	371	824	2391	2323	2077
湖　北	105	100	99	204	282	441	602	614
湖　南	89	90	91	201	273	631	655	586
广　东	134	138	139	397	391	475	545	433
广　西	117	118	118	141	92	78	74	73
海　南	23	21	22	67	66	102	137	128
重　庆		38	29	381	730	1265	1190	1039
四　川	140	98	84	348	543	725	734	662
贵　州	30	28	26	52	95	200	126	107
云　南	134	129	135	142	276	270	284	239
西　藏	25	26	27	37	87	87	86	86
陕　西	117	118	113	127	177	591	533	512
甘　肃	78	76	76	82	191	347	370	376
青　海	14	14	12	32	54	122	105	124
宁　夏	15	15	23	45	40	30	30	12
新　疆	87	88	91	132	132	122	119	132

按年份全国文化和旅游部门执行事业会计制度的艺术表演团体基本情况

年份	机构数/个	演出场次/万场次		观众人次/万人	平均每团演出场次/场	总收入/万元			总支出/万元	经费自给率/%
			农村演出				财政拨款	演出收入		
1949年	1000	30			300					
1952年	2084	66		2312	317					
1957年		137		79245	474					
1958年	3181	205		120290	644					
1964年	3302	171	82	84293	518	19030	5290		19817	69.3
1978年	3143	65	22	79395	206	32086	19644	11079	30049	41.4
1980年	2183	54	20	61519	245	34687	22503	10685	29524	41.3
1985年	3295	74	49	72322	226	48568	30942	13091	47292	37.3
1990年	2788	49	32	51012	176	71535	43759	18041	67514	41.1
1991年	2760	45	29	46411	162	71756	42638	17798	76065	38.3
1992年	2744	43	28	46338	155	80959	46617	19559	87797	39.1
1993年	2698	41	26	42530	151	92770	51093	21756	100106	41.6
1994年	2691	40	26	40935	149	127628	75583	27276	134508	38.7
1995年	2676	41	26	43166	154	151388	86620	34382	160654	40.3
1996年	2656	42	27	47934	158	184240	109781	39870	183534	40.6
1997年	2651	42	26	46361	157	206794	125300	40716	202789	40.2
1998年	2640	42	26	53486	161	218546	139913	41730	223877	35.1
1999年	2622	42	26	46904	161	242645	155609	48967	242797	35.8
2000年	2619	41	26	46168	157	263664	172864	51650	268886	33.8
2001年	2590	42	24	47385	163	311852	210018	57448	312601	32.6
2002年	2577	42	24	45980	161	365331	246661	64884	363312	32.7
2003年	2601	38	22	39163	147	400867	269640	71781	397890	33.0
2004年	2512	41	24	37907	165	459183	313068	86125	459369	31.8
2005年	2472	40	23	35752	159	500262	342807	92603	488472	32.2
2006年	2456	41	24	40766	167	565018	387812	103431	558540	31.7
2007年	2455	42	25	45404	170	691050	487842	120396	670009	30.3
2008年	2465	41	25	41272	167	803030	573623	133077	777735	29.5
2009年	2481	42	25	43127	169	889046	631197	142227	860603	30.0
2010年	2421	42	24	44290	175	946742	654258	155743	917143	31.9
2011年	2249	40	24	38209	176	1058959	777590	162684	1029564	27.3
2012年	1804	32	20	29796	179	1076060	824265	132713	1043740	24.1
2013年	1588	29	18	26067	182	998200	773381	123340	969206	23.2
2014年	1581	29	18	24294	183	1074246	843859	116572	1059017	21.8
2015年	1548	28	19	24261	178	1209567	969712	127431	1183497	20.3
2016年	1520	27	18	24004	181	1285603	1016972	132320	1220720	22.0
2017年	1530	28	19	25619	183	1363606	1087389	138645	1387283	19.9
2018年	1527	29	20	23306	190	1495504	1185661	154131	1475031	21.0
2019年	1499	29	28	22353	190	1778141	1340036	164430	1586550	27.6
2020年	1418	19	13	13061	131	1378612	1169495	95404	1369728	15.3
2021年	1363	20	13	13058	145	1440709	1187522	120486	1451203	17.6
2022年	1348	17	11	12124	128	1484490	1273781	91895	1463871	14.2
2023年	1316	25	16	19687	190	1606337	1323933	161734	1734615	15.2

按年份各地区文化和旅游部门执行事业会计制度的艺术表演团体演出场次

单位：万场

地　区	1995年	2000年	2005年	2010年	2015年	2020	2022年	2023年
总　计	**41.2**	**41.0**	**39.9**	**42.4**	**27.6**	**18.5**	**17.3**	**25.0**
北　京	0.4	0.6	0.7	0.3	0.2	0.1	0.1	0.1
天　津	0.3	0.2	0.2	0.3	0.4	0.2	0.1	0.1
河　北	3.0	2.7	3.2	2.3	1.4	0.9	0.7	1.0
山　西	4.4	3.4	2.7	2.9	1.9	1.0	0.9	1.6
内蒙古	1.3	1.4	1.5	1.7	1.3	1.0	0.9	1.2
辽　宁	1.0	0.9	0.9	0.8	0.3	0.1	0.1	0.1
吉　林	1.1	0.7	0.5	0.8	0.1	0.1	0.1	0.1
黑龙江	1.4	1.2	1.1	1.1	0.3	0.2	0.2	0.2
上　海	1.0	1.3	0.9	1.1	0.7	0.1	0.0	0.1
江　苏	3.8	4.0	3.6	3.3	3.2	1.7	1.7	2.8
浙　江	1.1	1.3	1.2	1.2	0.6	0.5	0.7	0.8
安　徽	0.7	1.3	1.1	1.1	0.2	0.2	0.1	0.2
福　建	1.5	1.4	1.2	1.6	1.0	0.7	0.7	1.0
江　西	0.7	0.9	1.0	1.7	0.7	0.5	0.4	0.5
山　东	1.7	2.1	2.0	2.2	2.3	1.7	1.5	2.2
河　南	5.0	3.7	3.9	4.4	4.2	3.2	2.6	4.1
湖　北	1.3	1.5	1.6	2.2	1.6	1.1	1.1	1.5
湖　南	1.2	1.5	2.2	1.9	1.2	0.8	0.9	1.1
广　东	1.7	1.8	1.5	1.1	0.5	0.3	0.2	0.4
广　西	1.1	1.3	1.2	1.2	0.2	0.2	0.1	0.1
海　南	0.2	0.2	0.2	0.2	0.1	0.1	0.1	0.1
重　庆		0.2	0.3	0.4	0.2	0.1	0.1	0.1
四　川	0.9	1.0	0.9	1.1	0.4	0.3	0.2	0.3
贵　州	0.2	0.2	0.3	0.6	0.3	0.2	0.1	0.2
云　南	1.5	1.0	0.9	1.1	0.6	0.6	0.6	0.9
西　藏	0.2	0.2	0.2	0.2	0.6	0.7	0.6	0.7
陕　西	2.3	2.2	2.0	1.8	1.1	0.9	0.7	0.8
甘　肃	1.3	1.4	1.5	1.6	0.3	0.2	0.2	0.2
青　海	0.2	0.2	0.2	0.2	0.1	0.1	0.1	0.1
宁　夏	0.2	0.2	0.2	0.2	0.0			
新　疆	0.7	0.9	1.1	1.4	1.4	1.0	1.4	2.0

按年份各地区文化和旅游部门执行事业会计制度的艺术表演团体演出观众人次

单位：万人次

地　区	1995年	2000年	2005年	2010年	2015年	2020年	2022年	2023年
总　计	**43166**	**46168**	**35752**	**44290**	**24261**	**13061**	**12124**	**19687**
北　京	249	680	246	145	115	43	50	56
天　津	277	242	159	242	255	124	34	57
河　北	3384	3728	2275	2527	1416	710	548	1087
山　西	6362	4913	2748	3554	1423	743	547	1424
内蒙古	969	1147	1035	1419	956	505	543	878
辽　宁	982	1169	961	542	216	38	67	81
吉　林	1032	958	346	858	50	18	18	49
黑龙江	839	993	688	814	160	84	61	98
上　海	506	501	343	550	189	14	6	23
江　苏	1600	1818	1617	1708	1485	991	758	1188
浙　江	1281	1512	1524	1262	811	462	379	826
安　徽	644	841	984	912	139	99	55	91
福　建	2304	1773	997	1304	652	276	248	406
江　西	589	1058	1105	1441	489	391	238	314
山　东	2497	2438	2154	2421	2023	1320	1101	1359
河　南	5399	5073	4650	6326	5125	2703	2481	3663
湖　北	1668	2121	1656	2829	1706	866	1312	1978
湖　南	700	1096	1340	1525	868	639	751	876
广　东	1961	2427	2102	1829	663	330	137	376
广　西	987	1618	1290	1384	282	153	74	83
海　南	298	283	190	213	168	78	73	190
重　庆		347	258	247	166	46	27	51
四　川	838	782	705	974	317	146	178	255
贵　州	149	461	258	520	331	137	178	270
云　南	1295	1329	1113	1515	821	484	538	1178
西　藏	189	305	176	362	390	398	393	482
陕　西	2900	3046	1916	2839	1220	648	633	800
甘　肃	2436	2064	1821	2228	295	173	119	326
青　海	219	186	131	185	80	44	65	65
宁　夏	137	318	223	263	56			
新　疆	385	694	534	850	1136	329	414	989

按年份各地区文化和旅游部门执行事业会计制度的艺术表演团体演出收入

单位：万元

地　区	1995年	2000年	2005年	2010年	2015年	2020年	2022年	2023年
总　计	**34382**	**51650**	**92603**	**155743**	**127431**	**95404**	**91895**	**161734**
北　京	1068	2265	5195	6800	8058	5406	8000	6386
天　津	347	547	1335	2195	3858	4934	4128	3642
河　北	1754	2279	3853	5536	4170	2954	2686	4548
山　西	2528	2683	4151	9410	7519	4856	4844	12697
内蒙古	606	497	914	1458	1039	362	552	1532
辽　宁	1209	2185	3298	4220	1539	1609	1786	3119
吉　林	778	1051	2658	2762	431	673	408	566
黑龙江	866	959	887	1804	738	791	210	1036
上　海	3023	4527	9526	16127	11339	4740	3739	6702
江　苏	2332	4142	7018	11661	9445	8014	8386	12800
浙　江	1648	2768	5106	10634	7364	9050	9107	13105
安　徽	507	993	2017	2088	1140	677	774	1356
福　建	1953	2382	3158	7024	7605	4295	5341	11155
江　西	381	438	717	2342	1505	1472	1169	1985
山　东	1500	2963	4202	6130	5264	5784	4496	7197
河　南	2647	3104	4743	8464	10842	5813	5311	10467
湖　北	1075	1610	2790	4833	4236	3911	3434	5726
湖　南	630	1137	2151	3238	2231	1827	1544	1804
广　东	3861	6282	8955	9697	8206	6743	4784	8300
广　西	507	717	1468	2037	260	784	724	573
海　南	476	367	550	1854	2069	581	856	1599
重　庆		433	464	1044	745	789	464	1162
四　川	604	732	1725	5064	1167	1539	1501	3595
贵　州	119	142	313	387	694	1477	1472	2826
云　南	353	455	1515	1407	551	679	505	617
西　藏	27	12	28	3	104	1021	442	277
陕　西	1245	1804	2685	3214	3075	2651	2407	4034
甘　肃	446	579	1652	3548	881	852	850	1382
青　海	63	70	215	830	404	480	450	549
宁　夏	52	122	212	299	62			
新　疆	386	775	761	575	1504	302	547	1312

按年份各地区文化和旅游部门所属艺术表演场馆机构数

单位：个

地　区	1995年	2000年	2005年	2010年	2015年	2020年	2022年	2023年
总　计	**1958**	**1900**	**1866**	**1461**	**1264**	**1111**	**1052**	**1019**
北　京	23	24	39	7	8	6	6	5
天　津	30	32	28	27	29	25	11	6
河　北	99	96	95	75	71	68	62	54
山　西	53	49	44	87	90	73	67	39
内蒙古	35	30	27	22	18	17	11	11
辽　宁	79	71	59	42	32	30	30	30
吉　林	60	52	73	32	28	22	21	21
黑龙江	49	56	45	44	34	26	24	24
上　海	43	43	160	82	22	12	11	4
江　苏	140	142	87	86	91	98	105	108
浙　江	100	95	125	69	65	58	59	76
安　徽	110	104	90	55	44	37	33	31
福　建	78	80	76	51	54	37	30	32
江　西	69	61	58	53	44	38	35	35
山　东	116	105	94	90	87	81	71	65
河　南	169	166	156	138	140	131	123	103
湖　北	87	78	66	61	48	45	44	84
湖　南	104	94	83	62	61	55	61	66
广　东	79	75	68	63	42	40	44	44
广　西	34	31	23	22	16	11	10	8
海　南	3	18	13	6	8	7	7	7
重　庆		25	17	18	15	19	18	18
四　川	124	94	65	54	44	35	35	33
贵　州	15	14	12	7	6	5	6	6
云　南	44	40	38	32	17	12	11	10
西　藏	9	20	24	17	13	13	13	13
陕　西	109	112	107	89	81	63	57	41
甘　肃	47	46	30	26	23	18	17	17
青　海	3	2	1	18	13	11	11	10
宁　夏	17	19	12	7	3	3	3	2
新　疆	26	22	47	14	13	11	11	10

按年份全国文化和旅游部门执行事业会计制度的艺术表演场馆基本情况

年　份	机构数/个	艺术演出场次/万场次	艺术演出观众人次/万人次	收入合计/万元	财政拨款	艺术演出收入	总支出/万元
1985年	1377	12		11630	1506	1776	9519
1986年	1928	15	88670	19547	2233	2488	16786
1990年	1995	9	89157	43491	2865	3375	37402
1991年	2009	9	77613	47406	5505	3760	44260
1992年	1987	7	53188	51123	4037	4487	48185
1993年	1972	6	43278	60204	4688	4635	56846
1994年	1947	5	27552	68000	5359	5268	66234
1995年	1918	5	24252	79507	5723	6481	77136
1996年	1892	5	59057	86147	5034	7611	87204
1997年	1898	5	16572	88540	6559	8387	89732
1998年	1882	5	15368	84956	6800	8869	88735
1999年	1864	6	11581	75675	7588	10187	80731
2000年	1863	6	12982	81081	8643	10735	82040
2001年	1840	7	20544	83431	13112	11601	89815
2002年	1819	7	11421	83643	12033	13186	89374
2003年	1900	7	8087	103274	15703	21425	104384
2004年	1552	7	4293	99402	15467	21477	101157
2005年	1427	7	5964	94363	16792	29958	89301
2006年	1390	6	6528	117975	19603	37552	117871
2007年	1330	6	2577	115036	24067	38414	117321
2008年	1355	5	5476.2	123572	28116	28649	111036
2009年	1248	6	2451	113851	32074	23954	112603
2010年	1176	6	2451.2	132109	45333	25935	130900
2011年	1119	4	1898	159185	65871	22004	154849
2012年	1004	5	1404	136324	60356	11652	171124
2013年	931	3	1369	147259	71838	12812	146031
2014年	917	3	1308	167387	81671	10333	169466
2015年	928	4	1569	196280	102043	18302	195679
2016年	925	5	1609	167208	76847	19418	163172
2017年	909	5	1723	208839	104787	24259	194983
2018年	888	4	1686	211422	101084	20885	197802
2019年	858	4	1593	237089	135988	19752	273503
2020年	749	2	640	144984	97936	5453	164615
2021年	705	3	784	139971	90296	8069	145399
2022年	670	3	677	312572	95900	5281	303320
2023年	625	4	2264	165986	119821	16975	173750

按年份各地区文化和旅游部门执行事业会计制度的艺术演出场馆观众人次

单位：万人次

地　区	1995年	2000年	2005年	2010年	2015年	2020年	2022年	2023年
总　计	**24252**	**12982**	**6328**	**2451**	**1569**	**640**	**677**	**2264**
北　京	430	238	231	29	34	14	10	23
天　津	368	150	56	129	75	17	8	21
河　北	673	493	270	93	28	17	24	92
山　西	662	329	230	267	126	25	36	77
内蒙古	325	198	195	43	58	8	3	65
辽　宁	808	369	407	100	28	10	15	35
吉　林	244	227	106	61	42	4	6	25
黑龙江	210	549	128	31	26	7	7	42
上　海	823	381	503	346	159	13	6	25
江　苏	3266	1257	29	29	41	12	11	28
浙　江	1447	597	269	116	135	37	31	137
安　徽	785	328	211	37	10	10	6	19
福　建	743	547	265	48	27	6	5	16
江　西	543	180	178	111	83	55	41	30
山　东	1028	1051	166	68	68	55	90	107
河　南	2335	881	610	119	112	54	47	244
湖　北	895	2194	377	177	79	19	66	641
湖　南	846	452	232	133	96	130	153	309
广　东	1887	553	243	74	97	25	31	82
广　西	447	205	162	68	25	4	3	6
海　南	74	124	19	7	24	2	2	6
重　庆		27	120	15	2	13	7	17
四　川	520	209	328	119	50	28	20	46
贵　州	190	68	46	13			0	0
云　南	1177	231	123	36	11	6	3	10
西　藏	399	155	138	10	3	1	0	10
陕　西	2106	514	348	114	87	51	32	46
甘　肃	409	212	81	42	19	4	9	74
青　海	98	9		3	5	1	3	6
宁　夏	409	188	45	8		9		17
新　疆	77	56	185	8	18	3	3	10

按年份各地区文化和旅游部门执行事业会计制度的艺术表演场馆演出收入

单位：万元

地　区	1995年	2000年	2005年	2010年	2015年	2020年	2022年	2023年
总　计	**6481**	**10735**	**29958**	**25935**	**18302**	**5453**	**5281**	**16975**
北　京	175	746	2871	523	414	1		5
天　津	83	70	110	536	230	234	4	151
河　北	245	317	235	277	493	1025	696	2512
山　西	125	144	201	1016	1530	64	78	184
内蒙古	40	30	19	309	18		2	78
辽　宁	156	235	646	786	11	631	654	1412
吉　林	50	82	212	503	495	368	201	301
黑龙江	57	100	167	164	19	629	181	2536
上　海	472	913	19122	12035	7831			
江　苏	1093	1617	221	544	252	61	122	210
浙　江	649	1174	1111	2772	416	488	332	1183
安　徽	172	221	275	206	47	15	44	57
福　建	185	347	447	234	427	16		
江　西	61	252	138	635	177	196	238	169
山　东	478	580	270	215	70	16	70	1021
河　南	547	636	809	1199	1334	638	161	327
湖　北	255	309	631	751	612	101	18	599
湖　南	120	551	388	425	657	201	188	733
广　东	926	1393	753	1126	1597	230	2084	5173
广　西	41	123	79	343	40	4	21	
海　南	12	55	17	2	83	132	8	17
重　庆			10	13	1			
四　川	64	138	403	472	732	387	160	202
贵　州	2	46	56	50				
云　南	164	116	151	208	37			
西　藏	41	2	5	24	23			
陕　西	81	268	273	410	754	12	5	106
甘　肃	66	75	124	60		3	17	
青　海	5	1		11				
宁　夏	10	33	24	17				
新　疆	29	48	128	72	2			

2023年全国艺术

	剧团数/个	从业人员/人	专业技术人才	演出场次/万场次	国内演出场次	农村演出场次
总　计	**17781**	**385162**	**275880**	**254.22**	**250.34**	**57.90**
按剧种分类：						
话剧、儿童剧	67	5012	3714	1.22	1.21	0.19
其中：儿童剧	23	1115	738	0.36	0.36	0.01
歌舞、音乐类	548	32499	24589	8.64	8.48	3.31
京剧、昆曲类	53	4797	3944	1.10	1.08	0.51
其中：京剧	47	4259	3503	0.91	0.90	0.48
地方戏曲类	1328	47419	32226	31.57	31.34	13.51
杂技、魔术、马戏类	53	3954	2586	2.15	1.98	0.45
曲艺类	54	1971	1304	2.33	2.30	1.44
乌兰牧骑	164	7325	5481	3.14	3.11	0.90
综合性艺术表演	15514	282185	202036	204.37	201.11	37.87
按隶属关系分类：						
中央	11	4039	3248	0.30	0.29	0.01
省区市	179	24201	19604	4.60	4.50	1.47
地市	469	36675	29229	9.83	9.47	4.09
县市区	17122	320247	223799	239.48	236.09	52.29
按管理部门分类：						
文化和旅游部门	1893	104031	75314	36.83	36.06	22.23
其他部门	15888	281131	200566	217.39	214.28	35.67

表演团体情况

国内演出观众人次/万人次	农村观众人次	本年收入合计/千元	财政补贴收入	演出收入	本年支出合计/千元	资产总计/千元	实际使用房屋建筑面积/万平方米
89654.18	**28703.38**	**53169167**	**21067252**	**20784649**	**55151493**	**185801647**	**1343.55**
694.58	118.41	1475877	858257	318713	1454887	2480201	29.09
231.48	5.77	325487	115409	65734	291204	738004	6.54
6755.13	2004.63	7958740	5623899	1437664	9294097	17876113	165.68
591.90	304.51	1441908	1158314	168109	1470972	1658965	34.26
534.67	299.12	1154161	930836	150496	1181527	1521628	29.54
15550.12	10931.59	7099172	4997528	1206103	9134587	7263063	191.50
1367.82	222.27	712650	449726	117124	715302	812018	20.84
909.93	586.13	469279	367682	79341	451423	346473	10.70
1743.91	331.37	1445665	715136	597544	1485083	2242235	59.02
62040.79	14204.47	32565876	6896710	16860051	31145142	153123579	832.48
217.86	10.30	2044303	1115943	429892	1806851	4004891	28.58
3465.06	1389.69	6850852	4770748	1117822	6948347	10680887	132.84
7546.81	3042.66	8183022	6424294	1122576	8228359	14683843	192.13
78424.45	24260.73	36090990	8756267	18114359	38167936	156432026	990.00
28114.91	15950.67	22069300	16043264	3495773	23399144	33910023	521.74
61539.27	12752.71	31099867	5023988	17288876	31752349	151891624	821.81

2023年全国文化和旅游部门

	剧团数/个	补贴团数	从业人员/人	专业技术人才	正高级职称	副高级职称
总　计	**1893**	**1720**	**104031**	**75314**	**4858**	**13704**
按剧种分类：						
话剧、儿童剧	50	46	4344	3300	335	752
其中：儿童剧	6	6	447	324	44	79
歌舞、音乐类	481	431	31027	23380	1606	4262
京剧、昆曲类	53	47	4797	3944	399	973
其中：京剧	47	42	4259	3503	350	873
地方戏曲类	817	745	37622	25787	1456	4268
杂技、魔术、马戏类	53	49	3954	2586	189	546
曲艺类	54	44	1971	1304	103	284
乌兰牧骑	109	105	4233	3122	85	486
综合性艺术表演	276	253	16083	11891	685	2133
按隶属关系分类：						
中央	11	11	4039	3248	665	798
省区市	179	152	24201	19604	2163	4803
地市	469	432	36675	29229	1640	5869
县市区	1234	1125	39116	23233	390	2234

续表

	本年收入合计/千元	财政拨款预算收入	演出收入	本年支出合计/千元	资产总计/千元	实际使用房屋建筑面积/万平方米
总　计	**22069300**	**16043264**	**3495773**	**23399144**	**33910023**	**521.74**
按剧种分类：						
话剧、儿童剧	1319297	840330	297803	1322941	1988793	26.52
其中：儿童剧	168907	97482	44824	159258	246596	3.97
歌舞、音乐类	7909139	5622399	1401424	9260297	17458488	164.23
京剧、昆曲类	1441908	1158314	168109	1470972	1658965	34.26
其中：京剧	1154161	930836	150496	1181527	1521628	29.54
地方戏曲类	6329093	4905812	915293	6343437	5892989	164.74
杂技、魔术、马戏类	712650	449726	117124	715302	812018	20.84
曲艺类	469279	367682	79341	451423	346473	10.70
乌兰牧骑	665743	646659	1028	649799	443181	22.03
综合性艺术表演	3222191	2052342	515651	3184973	5309116	78.44
按隶属关系分类：						
中央	2044303	1115943	429892	1806851	4004891	28.58
省区市	6850852	4770748	1117822	6948347	10680887	132.84
地市	8183022	6424294	1122576	8228359	14683843	192.13
县市区	4991123	3732279	825483	6415587	4540402	168.19

所属艺术表演团体基本情况

中级职称	本团原创首演剧目/个	原创首演节目/个	本团拥有知识产权数量/个	演出场次/万场次	国内演出场次	农村演出场次	国内演出观众人次/万人次	农村演出观众人次
26979	**1993**	**3805**	**4066**	**36.83**	**36.06**	**22.23**	**28114.91**	**15950.67**
1144	83	87	54	1.02	1.01	0.19	550.70	117.75
129	11	13	13	0.16	0.16	0.01	87.60	5.11
8020	545	1674	894	6.84	6.68	3.22	6548.45	1962.54
1496	44	32	15	1.10	1.08	0.51	591.90	304.51
1338	35	30	13	0.91	0.90	0.48	534.67	299.12
9455	748	741	1617	17.30	17.13	13.04	14162.83	10806.85
959	34	51	51	2.15	1.98	0.45	1367.82	222.27
514	76	80	462	2.33	2.30	1.44	909.93	586.13
959	105	346	307	1.21	1.18	0.84	786.66	325.35
4432	358	794	666	5.21	5.00	2.82	3196.62	1625.27
978	47	60	121	0.30	0.29	0.01	217.86	10.30
6877	252	406	830	4.60	4.50	1.47	3465.06	1389.69
11378	555	1170	1208	9.83	9.47	4.09	7546.81	3042.66
7746	1139	2169	1907	22.10	21.82	16.62	16885.18	11508.02

排练练功用房	实际拥有产权面积/万平方米	流动舞台车数量/辆	利用流动舞台车演出场次/万场次	利用流动舞台车演出观众人次/万人次	政府补贴的公益演出活动情况		
					演出场次/万场次	演出观众人次/万人次	演出补贴收入/千元
113.34	**267.33**	**1570**	**9.26**	**6676.82**	**15.75**	**10047.55**	**1263088**
3.79	14.15	17	0.07	37.80	0.38	198.51	63476
0.39	1.92				0.01	8.79	1902
37.27	78.78	331	0.76	502.19	2.62	1518.11	365286
5.01	20.15	24	0.23	141.28	0.54	215.06	52148
4.33	19.33	22	0.23	140.28	0.51	204.69	41341
35.69	86.36	762	6.72	5073.86	8.70	6047.71	506359
6.71	14.09	22	0.18	76.80	0.45	206.00	43373
2.33	3.61	22	0.12	92.60	0.38	209.85	35990
5.93	9.46	132	0.20	80.06	0.72	502.78	24987
16.64	40.77	260	0.99	672.24	2.01	1149.60	171469
1.71	23.30				0.08	43.92	50100
25.25	77.14	58	0.31	391.17	1.66	1125.30	297354
44.37	82.11	310	0.98	706.75	3.25	2080.93	465836
42.01	84.78	1202	7.97	5578.90	10.76	6797.40	449798

2023年全国文化和旅游部门执行事业

	剧团数/个	补贴团数	从业人员/人	专业技术人才
总　计	**1316**	**1167**	**70228**	**51500**
按剧种分类：				
话剧、儿童剧	16	13	1635	1354
其中：儿童剧	2	2	281	232
歌舞、音乐类	323	280	19401	14633
京剧、昆曲类	36	32	3741	3200
其中：京剧	32	28	3274	2772
地方戏曲类	586	522	27883	19631
杂技、魔术、马戏类	30	26	1814	1203
曲艺类	41	33	1396	945
乌兰牧骑	109	105	4233	3122
综合性艺术表演	175	156	10125	7412
按隶属关系分类：				
中央	9	9	3437	2764
省区市	92	76	14051	11572
地市	283	248	23080	19192
县市区	932	834	29660	17972

续表 1

	演出场次/万场次	国内演出场次	农村演出场次	演出观众人次/万人次
总　计	**25.04**	**24.57**	**15.86**	**19687.19**
按剧种分类：				
话剧、儿童剧	0.37	0.37	0.06	170.18
其中：儿童剧	0.09	0.09		52.02
歌舞、音乐类	4.32	4.20	2.28	3733.39
京剧、昆曲类	0.79	0.78	0.37	419.59
其中：京剧	0.68	0.67	0.36	371.91
地方戏曲类	12.22	12.08	9.28	10526.62
杂技、魔术、马戏类	1.43	1.35	0.32	1070.19
曲艺类	2.08	2.05	1.32	741.76
乌兰牧骑	1.21	1.18	0.84	834.45
综合性艺术表演	2.95	2.87	1.68	2191.00
按隶属关系分类：				
中央	0.24	0.23	0.01	169.95
省区市	1.93	1.90	0.71	1712.58
地市	6.53	6.32	2.85	5449.52
县市区	16.34	16.13	12.28	12355.14

会计制度的艺术表演团体基本情况

正高级职称	副高级职称	中级职称	本团原创首演剧目/个	原创首演节目/个	本团拥有知识产权数量/个
3176	**9506**	**19143**	**1417**	**2665**	**2973**
166	322	496	26	46	12
37	61	90	8	13	4
1039	2794	5330	394	1117	638
357	753	1145	35	31	10
310	655	996	26	29	8
1081	3391	7430	553	486	1181
69	195	487	14	31	42
74	193	384	62	53	436
85	486	959	105	346	307
305	1372	2912	228	555	347
530	693	872	43	50	28
1293	2888	4385	140	138	733
1054	4063	7656	356	753	846
299	1862	6230	878	1724	1366

国内演出观众人次	农村演出观众人次	线上直播场次/万场次	线上直播观众人次/万人次	线上演播作品数量/个	本年收入合计/千元
19205.18	**11780.70**	**174.45**	**358894.02**	**20341**	**16063365**
169.31	36.70	152.03	4884.97	225	608544
52.02	3.43		2082.00	23	116866
3618.87	1398.26	0.16	173301.20	4673	5715569
417.02	220.48	0.03	7810.06	303	1196260
369.79	216.59	0.01	5849.49	184	958760
10384.19	8068.12	21.95	47991.39	8833	5143009
991.88	177.90		698.82	143	339698
738.98	510.88	0.02	20110.21	637	360910
786.66	325.35	0.03	84389.87	2213	665743
2098.24	1043.01	0.17	19707.49	3314	2033632
163.44	10.30	0.02	63801.31	157	1713336
1696.04	957.01	152.10	136891.94	1941	4738186
5292.99	2164.51	0.30	51829.13	4918	5605137
12052.71	8648.88	22.03	106371.64	13325	4006706

续表 2

	财政拨款收入	事业收入	演出收入	经营收入	本年支出合计/千元
总　计	**13239328**	**2121617**	**1617343**	**100370**	**17346146**
按剧种分类：					
话剧、儿童剧	433928	132561	105895	3057	617143
其中：儿童剧	67050	44260	34950		105366
歌舞、音乐类	4515124	930337	647964	44480	6984378
京剧、昆曲类	1006313	147114	129962	2968	1219842
其中：京剧	788435	129539	118259	2968	978852
地方戏曲类	4262579	678675	541048	32029	5173075
杂技、魔术、马戏类	272698	49960	38684	6322	326661
曲艺类	306034	46169	40238	66	343084
乌兰牧骑	646659	1909	1028		649799
综合性艺术表演	1795993	134892	112524	11448	2032164
按隶属关系分类：					
中央	1088017	458439	296869	5232	1504857
省区市	3898289	670846	483423	22797	4809478
地市	4905583	527916	423609	16038	5591361
县市区	3347439	464416	413442	56303	5440450

续表 3

	固定资产净值	实际使用房屋建筑面积/万平方米	排练练功用房	实际拥有产权面积/万平方米
总　计	**13544028**	**376.65**	**82.34**	**184.56**
按剧种分类：				
话剧、儿童剧	408332	10.27	1.01	5.72
其中：儿童剧	38216	1.13	0.03	1.49
歌舞、音乐类	8329548	115.78	26.46	49.72
京剧、昆曲类	734848	24.94	4.18	15.98
其中：京剧	671992	22.11	3.60	15.16
地方戏曲类	2091360	134.52	29.21	66.31
杂技、魔术、马戏类	127612	10.01	2.19	8.19
曲艺类	169727	8.22	1.91	2.22
乌兰牧骑	296294	22.03	5.93	9.46
综合性艺术表演	1386307	50.91	11.43	26.97
按隶属关系分类：				
中央	1486751	27.64	1.47	22.31
省区市	3539463	85.43	16.80	45.86
地市	6824008	131.25	30.76	52.00
县市区	1693806	132.33	33.31	64.39

基本支出	项目支出	经营支出	在支出合计中：工资福利支出	资产总计/千元
9810786	**5272764**	**182903**	**10615620**	**24092347**
266355	343956	3290	299352	829404
20696	84670		58047	145615
2950993	2299767	34998	4505896	14033903
803439	413161	3101	767349	1295274
655845	319765	3101	631127	1202006
3513632	1285016	105130	3069950	4330465
246413	50413	7272	206832	255181
252560	80492	244	191078	221739
481566	148713	9	408799	443181
1295828	651246	28859	1166364	2683200
196867	1303314	4672	749940	3655851
3116581	1650686	25287	2641125	6245327
3826200	1554837	72737	3276450	11452735
2671138	763927	80207	3948105	2738434

流动舞台车数量/辆	利用流动舞台车演出场次/万场次	利用流动舞台车演出观众人次/万人次	政府补贴的公益演出活动情况		
			演出场次/万场次	演出观众人次/万人次	演出补贴收入/千元
1134	**7.10**	**5291.33**	**11.01**	**7102.45**	**767125**
5	0.04	18.54	0.14	52.50	22936
			0.01	7.22	1411
239	0.47	317.86	1.68	1002.85	194291
17	0.15	102.87	0.38	135.49	22110
15	0.15	101.87	0.37	126.92	20903
537	5.33	4147.90	6.27	4411.05	355626
15	0.18	76.70	0.31	141.39	22932
19	0.11	91.10	0.29	126.10	18497
132	0.20	80.06	0.72	502.78	24987
170	0.65	456.31	1.25	730.32	105746
			0.06	32.62	45856
30	0.16	250.39	0.88	621.59	149808
194	0.66	549.54	2.00	1383.87	264915
910	6.28	4491.40	8.07	5064.37	306546

2023年全国文化和旅游部门执行企业

	剧团数/个	补贴团数	从业人员/人	专业技术人才
总　计	**577**	**553**	**33803**	**23814**
按剧种分类：				
话剧、儿童剧	34	33	2709	1946
其中：儿童剧	4	4	166	92
歌舞、音乐类	158	151	11626	8747
京剧、昆曲类	17	15	1056	744
其中：京剧	15	14	985	731
地方戏曲类	231	223	9739	6156
杂技、魔术、马戏类	23	23	2140	1383
曲艺类	13	11	575	359
乌兰牧骑				
综合性艺术表演	101	97	5958	4479
按隶属关系分类：				
中央	2	2	602	484
省区市	87	76	10150	8032
地市	186	184	13595	10037
县市区	302	291	9456	5261

续表 1

	演出场次/万场次	国内演出场次	农村演出场次	国内演出观众人次/万人次
总　计	**11.79**	**11.49**	**6.37**	**8909.73**
按剧种分类：				
话剧、儿童剧	0.65	0.64	0.13	381.39
其中：儿童剧	0.07	0.07	0.01	35.58
歌舞、音乐类	2.52	2.48	0.94	2929.58
京剧、昆曲类	0.31	0.30	0.14	174.88
其中：京剧	0.23	0.23	0.12	164.88
地方戏曲类	5.08	5.05	3.76	3778.64
杂技、魔术、马戏类	0.72	0.63	0.13	375.94
曲艺类	0.25	0.25	0.12	170.95
乌兰牧骑				
综合性艺术表演	2.26	2.13	1.14	1098.38
按隶属关系分类：				
中央	0.06	0.06		54.42
省区市	2.67	2.60	0.76	1769.02
地市	3.30	3.15	1.24	2253.82
县市区	5.76	5.69	4.34	4832.47

会计制度的艺术表演团体基本情况

正高级职称	副高级职称	中级职称	本团原创首演剧目/个	原创首演节目/个	本团拥有知识产权数量/个
1682	**4198**	**7836**	**576**	**1140**	**1093**
169	430	648	57	41	42
7	18	39	3		9
567	1468	2690	151	557	256
42	220	351	9	1	5
40	218	342	9	1	5
375	877	2025	195	255	436
120	351	472	20	20	9
29	91	130	14	27	26
380	761	1520	130	239	319
135	105	106	4	10	93
870	1915	2492	112	268	97
586	1806	3722	199	417	362
91	372	1516	261	445	541

农村演出观众人次	线上直播场次/万场次	线上直播观众人次/万人次	线上演播作品数量/个	资产、负债、所有者权益/千元	
				资产总计	固定资产净值
4169.97	**15.41**	**113460.92**	**25629**	**9817676**	**3904267**
81.05	0.02	8102.28	131	1159389	539717
1.68		183.00	8	100981	49224
564.28	0.09	82416.82	21051	3424585	1472791
84.03	0.02	3267.92	216	363691	134632
82.53	0.01	2767.92	176	319622	128775
2738.73	13.72	14301.57	2964	1562524	718032
44.37		427.21	164	556837	202627
75.25	0.03	871.06	47	124734	48780
582.26	1.48	4074.05	1056	2625916	787688
		167.30	5	349040	43913
432.68	0.12	56492.69	914	4435560	1387102
878.15	0.13	26439.94	2161	3231108	1285748
2859.14	15.16	30360.99	22549	1801968	1187504

续表 2

	损益/千元			
	营业收入	演出收入	营业成本	养老、医疗、失业等各种社会保险费
总　计	**2883979**	**1878430**	**5863979**	**548096**
按剧种分类：				
话剧、儿童剧	254057	191908	680873	52156
其中：儿童剧	21048	9874	53888	4112
歌舞、音乐类	996191	753460	2228880	198464
京剧、昆曲类	54550	38147	243925	23389
其中：京剧	47019	32237	195488	20706
地方戏曲类	472014	374245	1095170	116558
杂技、魔术、马戏类	161763	78440	380104	38146
曲艺类	44467	39103	106239	9087
乌兰牧骑				
综合性艺术表演	900937	403127	1128788	110296
按隶属关系分类：				
中央	302345	133023	299839	21477
省区市	1151701	634399	2103290	209700
地市	899085	698967	2559347	225166
县市区	530848	412041	901503	91753

续表 3

	实际使用房屋建筑面积/万平方米	排练练功用房	实际拥有产权面积/万平方米	流动舞台车数量/辆
总　计	**145.09**	**31.00**	**82.77**	**436**
按剧种分类：				
话剧、儿童剧	16.25	2.78	8.43	12
其中：儿童剧	2.84	0.36	0.43	
歌舞、音乐类	48.45	10.81	29.06	92
京剧、昆曲类	9.32	0.83	4.17	7
其中：京剧	7.43	0.73	4.17	7
地方戏曲类	30.22	6.48	20.05	225
杂技、魔术、马戏类	10.83	4.52	5.90	7
曲艺类	2.48	0.42	1.39	3
乌兰牧骑				
综合性艺术表演	27.53	5.21	13.80	90
按隶属关系分类：				
中央	0.94	0.24	0.99	
省区市	47.41	8.45	31.28	28
地市	60.88	13.61	30.11	116
县市区	35.86	8.70	20.39	292

					工资、福利费、税金(千元)	
营业利润	营业外收入	政府补助(补贴收入)	营业外支出	利润总额	本年发放工资总额	本年应交税金总额
-2980000	**3121956**	**2803936**	**189019**	**-47063**	**2563148**	**139504**
-426816	456696	406402	24925	4955	256523	15865
-32840	30993	30432	4	-1851	19502	1049
-1232689	1197379	1107275	47039	-82349	948977	74036
-189375	191098	152001	7205	-5482	93535	2833
-148469	148382	142401	7187	-7274	81716	2633
-623156	714070	643233	75192	15722	525942	18725
-218341	211189	177028	8537	-15689	162305	3581
-61772	63902	61648	2100	30	54331	1572
-227851	287622	256349	24021	35750	521535	22892
2506	28622	27926	2155	28973	142247	13394
-951589	960965	872459	35579	-26203	886757	72576
-1660262	1678800	1518711	77651	-59113	1096055	41509
-370655	453569	384840	73634	9280	438089	12025

利用流动舞台车演出场次/万场次	利用流动舞台车演出观众人次/万人次	政府补贴的公益演出活动情况		
		演出场次/万场次	演出观众人次/万人次	演出补贴收入/千元
2.16	**1385.49**	**4.74**	**2945.10**	**495963**
0.03	19.26	0.24	146.01	40540
			1.57	491
0.29	184.33	0.94	515.26	170995
0.08	38.41	0.16	79.57	30038
0.08	38.41	0.14	77.77	20438
1.39	925.96	2.43	1636.66	150733
	0.10	0.14	64.61	20441
0.01	1.50	0.09	83.75	17493
0.34	215.93	0.76	419.28	65723
		0.02	11.30	4244
0.15	140.78	0.78	503.71	147546
0.32	157.21	1.25	697.06	200921
1.69	1087.50	2.69	1733.03	143252

2023年其他部门文艺

	机构数/个	从业人员/人	专业技术人才	演员数	国内演出场次/万场次	营业性演出场次	惠民演出
总　计	**15888**	**281131**	**200566**	**165252**	**214.28**	**120.05**	**53.22**
按剧种分类：							
话剧、儿童剧	17	668	414	254	0.20	0.17	0.02
其中：儿童剧	17	668	414	254	0.20	0.17	0.02
歌舞、音乐类	67	1472	1209	1166	1.80	0.74	0.99
京剧、昆曲类							
其中：京剧							
地方戏曲类	511	9797	6439	5859	14.21	9.22	0.85
杂技、魔术、马戏类							
曲艺类							
乌兰牧骑	55	3092	2359	1555	1.93	1.61	0.21
综合性艺术表演	15238	266102	190145	156418	196.11	108.31	51.15

续表

	经营情况/千元					
	企业赞助收入	演出收入	营业性演出收入	惠民演出收入	农村演出收入	营业成本
总　计	**227108**	**17288876**	**13659009**	**1926030**	**1577105**	**31752349**
按剧种分类：						
话剧、儿童剧	50	20910	15634	1190		131946
其中：儿童剧	50	20910	15634	1190		131946
歌舞、音乐类	15	36240	32561	3389	5007	33800
京剧、昆曲类						
其中：京剧						
地方戏曲类	2341	290810	233057	25378	18420	2791150
杂技、魔术、马戏类						
曲艺类						
乌兰牧骑	1500	596516	557971	14510	2771	835284
综合性艺术表演	223202	16344400	12819786	1881563	1550907	27960169

表演团体基本情况

农村演出场次	国内演出观众人次/万人次	营业性演出观众人次	惠民演出观众人次	农村演出观众人次	线上演出场次数/万场次	线上演出观众人次/万人次	营业收入
35.67	**61539.27**	**35386.52**	**18282.97**	**12752.71**	**51.36**	**229966.74**	**25722111**
	143.88	115.04	24.86	0.66		183.30	137174
	143.88	115.04	24.86	0.66		183.30	137174
0.09	206.68	159.42	43.31	42.09	0.02		47783
0.47	1387.29	705.57	286.59	124.74	18.04	113.32	672314
0.06	957.25	916.30	35.72	6.02		27.87	729350
35.05	58844.17	33490.19	17892.49	12579.20	33.30	229642.25	24135490

业务成本	办公成本	人力成本	营业利润	营业外收入	政府补贴	本年应交税金总额	资产总计/千元	实际使用房屋建筑面积/万平方米
10534985	**2767005**	**10434569**	**1017149**	**5377756**	**5023988**	**4579972**	**151891624**	**821.81**
46440	20322	64962	14446	19406	17927	6489	491408	2.57
46440	20322	64962	14446	19406	17927	6489	491408	2.57
3702	757	28934	3202	1818	1500	2266	417625	1.45
274899	323178	213610	40943	97765	91716	228189	1370074	26.76
276266	58013	289711	-112025	50572	68477	65041	1799054	36.99
9933678	2364735	9837352	1070583	5208195	4844368	4277987	147813463	754.04

2023年全国艺术表演

	机构数/个	从业人员/人	专业技术人才	座席数/个	艺术演出场次/万场次	政府补贴的公益性演出场次
总　计	**3060**	**55116**	**18153**	**2136425**	**41.49**	**6.57**
其中：附属剧场	1250	8089	2734	273325	9.06	1.28
儿童剧场	36	624	224	32655	0.30	0.11
按机构类型分类：						
表演艺术中心	54	992	460	132193	1.08	0.12
音乐厅	13	433	228	12200	0.16	0.05
戏剧剧场	391	8367	2925	294981	3.89	1.26
歌剧剧场	2	7	7	2259		
舞蹈剧场	39	761	455	123388	1.11	0.19
音乐剧剧场	2	44	25	1700	0.01	0.01
戏曲剧场	9	56	19	4208	0.03	0.01
综合剧场	1965	33088	10478	1119954	27.66	2.18
曲艺剧场	2			223	0.02	0.02
旅游演出剧场	167	5138	1616	188722	3.44	0.12
新型演出剧场	31	617	222	20759	0.21	0.09
脱口秀剧场	7	190	35	7253	0.04	0.01
杂技场	16	614	318	12150	0.20	0.02
马戏场	5	214	87	4918	0.10	
其他	357	4595	1278	211517	3.42	2.41
按隶属关系分类：						
中央	6	156	28	4649	0.12	0.02
省区市	87	1841	751	77409	1.20	0.32
地市	276	7025	2341	202810	3.58	0.80
县市区	2691	46094	15033	1851557	36.30	5.23
按管理部门分类：						
文化和旅游部门	1019	19179	6059	870555	10.99	4.52
其他部门	2041	35937	12094	1265870	30.50	2.05

场馆基本情况

艺术演出观众人次/万人次	本年收入合计/千元	财政拨款预算收入	艺术演出收入	本年支出合计/千元	资产总计/千元	实际使用房屋建筑面积/万平方米	演出业务用房
12273.29	**21205277**	**3634215**	**10306607**	**20567296**	**126241935**	**1876.20**	**880.41**
2012.24	2972093	828833	1241022	2238281	14481030	206.88	106.02
170.56	245727	83178	92375	272450	544276	47.99	31.04
297.08	329282	125260	130802	400976	1630012	60.13	42.81
104.51	205850	82595	84178	188944	247554	13.66	5.29
1890.14	2467373	1244609	690754	2508747	10855188	289.27	146.60
2.00	985	985		985	2162	0.76	0.41
118.89	98536	14129	70284	94009	144477	3.21	2.01
6.13	2298	50		2298	6123	1.55	1.27
19.67	5924	2524	1961	6157	12577	1.81	1.20
7641.14	14548313	1309328	7706211	13765019	96224370	1121.60	500.63
1.54						0.20	0.20
957.00	2310145	558661	1205143	2085827	11422794	199.34	86.23
46.26	153427	37039	66961	174097	684200	17.78	9.00
22.14	56757	20	27691	51810	53520	15.52	5.65
99.42	232497	22785	118251	449304	1668598	14.63	10.78
19.90	6356	694	12383	33113	254610	1.34	0.47
1047.48	787534	235536	191988	806010	3035750	135.42	67.87
51.44	71310		41926	67228	41150	7.43	5.31
626.47	639851	219632	225577	719834	6554215	94.37	49.04
1252.50	2139129	721441	552172	2135802	6567941	286.35	135.45
10342.88	18354987	2693142	9486932	17644432	113078629	1488.05	690.61
4792.08	5474838	2253378	1466168	5661232	23769761	811.61	422.56
7481.21	15730439	1380837	8840439	14906064	102472174	1064.59	457.85

2023年全国文化和旅游部门

	机构数/个	从业人员/人					座席数/个
			专业技术人才				
				正高级职称	副高级职称	中级职称	
总　计	**1019**	**19179**	**6059**	**167**	**616**	**1967**	**870555**
其中：附属剧场	204	3615	1537	72	259	580	148838
儿童剧场	36	624	224	1	24	79	32655
按机构类型分类：							
表演艺术中心	54	992	460	7	33	121	132193
音乐厅	13	433	228	17	49	81	12200
戏剧剧场	352	7011	2414	72	282	859	268671
歌剧剧场	2	7	7			6	2259
舞蹈剧场	3	160	28		1	1	654
音乐剧剧场	2	44	25		1	21	1700
戏曲剧场	9	56	19		4	11	4208
综合剧场	231	5529	1637	24	116	456	222661
曲艺剧场	2						223
旅游演出剧场	3	389	16		2		15573
新型演出剧场	2	65					500
脱口秀剧场							
杂技场	7	183	118	22	26	31	7331
马戏场							
其他	339	4310	1107	25	102	380	202382
按隶属关系分类：							
中央	6	156	28	1	2	1	4649
省区市	87	1841	751	52	141	283	77409
地市	276	7025	2341	58	272	754	202810
县市区	650	10157	2939	56	201	929	585687

所属艺术表演场馆基本情况

	艺术演出场次/万场次	政府补贴的公益性演出场次	艺术演出观众人次/万人次	本年收入合计/千元	财政拨款预算收入	艺术演出收入	本年支出合计/千元	资产总计/千元	实际使用房屋建筑面积/万平方米
	10.99	**4.52**	**4792.08**	**5474838**	**2253378**	**1466168**	**5661232**	**23769761**	**811.61**
	2.28	1.21	1300.97	1298071	776783	268510	1282079	3320085	122.34
	0.30	0.11	170.56	245727	83178	92375	272450	544276	47.99
	1.08	0.12	297.08	329282	125260	130802	400976	1630012	60.13
	0.16	0.05	104.51	205850	82595	84178	188944	247554	13.66
	3.54	1.16	1765.24	2276632	1215449	579378	2321829	4503349	270.26
			2.00	985	985		985	2162	0.76
	0.07	0.04	47.92	4610		4584	3069	2310	0.61
	0.01	0.01	6.13	2298	50		2298	6123	1.55
	0.03	0.01	19.67	5924	2524	1961	6157	12577	1.81
	2.53	0.67	1211.10	1771731	565650	429796	1857998	12367256	317.25
	0.02	0.02	1.54						0.20
	0.10		280.48	90557	7405	78075	63449	1819490	4.03
	0.04		2.26	8416	40	781	15234	105656	1.05
	0.06	0.02	43.71	38406	21826	9193	40549	260856	8.16
	3.23	2.34	1010.45	740147	231594	147420	759744	2812416	132.16
	0.12	0.02	51.44	71310		41926	67228	41150	7.43
	1.20	0.32	626.47	639851	219632	225577	719834	6554215	94.37
	3.58	0.80	1252.50	2139129	721441	552172	2135802	6567941	286.35
	5.80	3.18	2861.67	2624548	1312305	646493	2738368	10606455	423.46

2023年全国文化和旅游部门执行事业

	机构数/个	从业人员/人			
			专业技术人才		
				正高级职称	副高级职称
总　计	**625**	**7884**	**3174**	**85**	**368**
其中：附属剧场	136	1632	1140	42	198
儿童剧场	14	60	35		10
按机构类型分类：					
表演艺术中心	35	616	336	6	31
音乐厅	8	303	168	16	45
戏剧剧场	216	3085	1413	43	176
歌剧剧场	1	7	7		
舞蹈剧场	1				
音乐剧剧场	1	5	3		
戏曲剧场	4	21	13		
综合剧场	118	1283	535	7	58
曲艺剧场	1				
旅游演出剧场					
新型演出剧场					
脱口秀剧场					
杂技场	3	39	15	1	1
马戏场					
其他	237	2525	684	12	57
按隶属关系分类：					
中央					
省区市	38	886	440	26	96
地市	147	2437	927	23	144
县市区	440	4561	1807	36	128

会计制度的艺术表演场馆基本情况

中级职称	座席数/个	艺术演出场次/万场次	政府补贴的公益性演出场次	艺术演出观众人次/万人次	本年收入合计/千元	财政拨款收入
1214	**493855**	**4.03**	**2.22**	**2264.49**	**1659855**	**1198206**
455	75452	0.99	0.58	626.73	445121	402346
6	10737	0.02	0.01	15.85	10642	6405
106	111522	0.21	0.07	210.43	114126	81145
69	6093	0.08	0.03	57.54	114571	63819
561	145385	1.22	0.63	743.36	779612	632505
6	863			0.80	985	985
		0.03	0.02	36.58		
	1200			1.50	50	50
10	750			1.15	2647	2412
198	94296	0.77	0.32	419.22	322871	233990
3	1269	0.03	0.02	20.51	2103	1000
261	132477	1.62	1.09	773.40	322890	182300
179	36779	0.69	0.17	371.54	282266	170611
391	84211	0.70	0.15	483.40	574950	376273
644	372865	2.46	1.72	1409.55	802639	651322

续表

	本年收入合计/千元		本年支出合计/千元		
	艺术演出收入	经营收入		基本支出	项目支出
总　计	**169748**	**210917**	**1737497**	**817439**	**613548**
其中：附属剧场	16618	18157	453165	167390	252174
儿童剧场	1373	2348	12126	5418	2248
按机构类型分类：					
表演艺术中心	21895	3431	146594	99526	31062
音乐厅	41418	7255	108938	76940	22827
戏剧剧场	39960	80625	772546	308760	375662
歌剧剧场			985	872	
舞蹈剧场					
音乐剧剧场			50	50	
戏曲剧场	10		3164	3153	
综合剧场	44375	34297	369298	155922	129818
曲艺剧场					
旅游演出剧场					
新型演出剧场					
脱口秀剧场					
杂技场	814	289	2535	533	1000
马戏场					
其他	21276	85020	333387	171683	53179
按隶属关系分类：					
中央					
省区市	74325	31937	320228	173545	123219
地市	59492	106346	593915	299471	147211
县市区	35931	72634	823354	344423	343118

经营支出	在支出合计中：工资福利支出	资产总计/千元	固定资产净值	实际使用房屋建筑面积/万平方米	演出业务用房	实际拥有产权面积/万平方米
206074	**611748**	**8633649**	**5947967**	**303.01**	**158.68**	**150.81**
23746	140762	572592	390207	52.75	31.00	15.79
2643	5329	49516	8401	5.62	3.53	4.27
4149	48620	716320	544471	25.93	19.92	14.06
9123	55047	151714	35752	2.82	1.88	
49325	240540	1247505	847501	100.28	52.96	49.58
	872	2162	2062	0.30	0.30	0.30
				0.25	0.12	
	50	5000	5000	1.43	1.15	
	448	4954	3614	0.63	0.50	0.22
75661	114280	4803213	3466444	100.27	42.67	45.85
912	650	123148	19171	1.68	0.74	0.98
66904	151241	1579633	1023952	69.46	38.45	39.83
13190	103424	3102463	2103317	43.69	23.95	16.00
121025	226316	2399087	1594677	97.70	43.75	39.97
71859	282008	3132099	2249973	161.62	90.98	94.84

2023年全国文化和旅游部门执行企业

	机构数/个	从业人员/人			
			专业技术人才		
				正高级职称	副高级职称
总　计	**394**	**11295**	**2885**	**82**	**248**
其中：附属剧场	68	1983	397	30	61
儿童剧场	22	564	189	1	14
按机构类型分类：					
表演艺术中心	19	376	124	1	2
音乐厅	5	130	60	1	4
戏剧剧场	136	3926	1001	29	106
歌剧剧场	1				
舞蹈剧场	2	160	28		1
音乐剧剧场	1	39	22		1
戏曲剧场	5	35	6		4
综合剧场	113	4246	1102	17	58
曲艺剧场	1				
旅游演出剧场	3	389	16		2
新型演出剧场	2	65			
脱口秀剧场					
杂技场	4	144	103	21	25
马戏场					
其他	102	1785	423	13	45
按隶属关系分类：					
中央	6	156	28	1	2
省区市	49	955	311	26	45
地市	129	4588	1414	35	128
县市区	210	5596	1132	20	73

会计制度的艺术表演场馆基本情况

					资产、负债、所有者权益/千元		损益/千元
中级职称	座席数/个	艺术演出场次/万场次	政府补贴的公益性演出场次	艺术演出观众人次/万人次	资产总计	固定资产净值	营业收入
753	**376700**	**6.96**	**2.30**	**2527.59**	**15136112**	**4292531**	**2672657**
125	73386	1.29	0.63	674.24	2747493	253358	476208
73	21918	0.28	0.10	154.71	494760	30664	157157
15	20671	0.87	0.05	86.65	913692	27461	170609
12	6107	0.08	0.02	46.97	95840	2239	72119
298	123286	2.32	0.53	1021.88	3255844	1468693	887438
	1396			1.20			
1	654	0.04	0.02	11.34	2310	1038	4610
21	500	0.01	0.01	4.63	1123	116	2248
1	3458	0.03	0.01	18.52	7623	6804	3165
258	128365	1.76	0.35	791.88	7564043	1923538	1089173
	223	0.02	0.02	1.54			
	15573	0.10		280.48	1819490	121620	83152
	500	0.04		2.26	105656	44413	8296
28	6062	0.03		23.20	137708	42706	15461
119	69905	1.61	1.25	237.05	1232783	653903	336386
1	4649	0.12	0.02	51.44	41150	3318	71210
104	40630	0.51	0.15	254.93	3451752	1350126	291532
363	118599	2.88	0.65	769.10	4168854	1040468	1163095
285	212822	3.34	1.46	1452.12	7474356	1898619	1146820

续表

	演出收入	营业成本	养老、医疗、失业等保险费	营业利润	营业外收入
总　　计	**1296420**	**3599115**	**195544**	**-926458**	**1142326**
其中：附属剧场	251892	535589	35477	-59381	376742
儿童剧场	91002	256270	9692	-99113	77928
按机构类型分类：					
表演艺术中心	108907	253984	6453	-83375	44547
音乐厅	42760	79981	2854	-7862	19160
戏剧剧场	539418	1258494	62514	-371056	609582
歌剧剧场					
舞蹈剧场	4584	3069	191	1541	
音乐剧剧场		2248	550		
戏曲剧场	1951	2893	38	272	112
综合剧场	385421	1470469	65179	-381296	359687
曲艺剧场					
旅游演出剧场	78075	63353	14023	19799	7405
新型演出剧场	781	15234	154	-6938	120
脱口秀剧场					
杂技场	8379	33418	4890	-17957	20842
马戏场					
其他	126144	415972	38698	-79586	80871
按隶属关系分类：					
中央	41926	67008	2687	4202	100
省区市	151252	394509	21108	-102977	66053
地市	492680	1535317	90047	-372222	401084
县市区	610562	1602281	81702	-455461	675089

			工资、福利费、税金/千元				
政府补助（补贴收入）	营业外支出	利润总额	本年发放工资总额	本年应交税金	实际使用房屋建筑面积/万平方米	演出业务用房	实际拥有产权面积/万平方米
1055172	**324620**	**-108752**	**832137**	**113504**	**508.60**	**263.88**	**261.13**
374437	293325	24036	126747	19974	69.59	36.21	40.61
76773	4054	-25239	52334	2653	42.37	27.51	15.03
44115	398	-39226	34717	9798	34.20	22.89	14.41
18776	25	11273	19083	3324	10.84	3.41	1.97
582944	290789	-52263	317209	34286	169.98	84.65	92.05
					0.46	0.11	
		1541	2319	214	0.36	0.23	0.18
			1494		0.12	0.12	
112	100	284	1301	90	1.18	0.70	0.42
331660	18231	-39840	325068	46376	216.98	115.56	87.86
					0.20	0.20	
7405	96	27108	10601	5321	4.03	2.62	7.29
40		-6818	1839	147	1.05	0.63	0.11
20826	4596	-1711	12241	2099	6.48	5.41	1.88
49294	10385	-9100	106265	11849	62.70	27.35	54.95
	220	4082	13070	4100	7.43	5.31	1.43
49021	5097	-42021	77681	13567	50.68	25.09	16.58
345168	6570	22292	369352	44824	188.65	91.70	83.98
660983	312733	-93105	372034	51013	261.84	141.78	159.14

2023年演出场所

	机构数/个	从业人员/人		座席数/个	演出厅数量/个
			专业技术人才		
总　　计	**2041**	**35937**	**12094**	**1265870**	**4073**
按机构类型分类：					
表演艺术中心					
音乐厅					
戏剧剧场	39	1356	511	26310	44
歌剧剧场					
舞蹈剧场	36	601	427	122734	42
音乐剧剧场					
戏曲剧场					
综合剧场	1734	27559	8841	897293	3636
曲艺剧场					
旅游演出剧场	164	4749	1600	173149	266
新型演出剧场	29	552	222	20259	35
脱口秀剧场	7	190	35	7253	10
杂技场	9	431	200	4819	14
马戏场	5	214	87	4918	6
其他	18	285	171	9135	20

续表

	票房收入	场租收入	营业成本	业务成本	办公成本
总　　计	**4809787**	**1246682**	**14906064**	**7261743**	**1249718**
按机构类型分类：					
表演艺术中心					
音乐厅					
戏剧剧场	52171	33029	186918	78400	19565
歌剧剧场					
舞蹈剧场	60446	1236	90940	34981	20322
音乐剧剧场					
戏曲剧场					
综合剧场	4010594	886751	11907021	5914470	955194
曲艺剧场					
旅游演出剧场	522211	257750	2022378	1027989	211161
新型演出剧场	39891	13516	158863	58940	12650
脱口秀剧场	16044	5791	51810	40280	1122
杂技场	79741	26414	408755	65750	23419
马戏场	9233		33113	21596	4037
其他	19456	22195	46266	19337	2248

经营单位基本情况

演出场次合计/万场次	营业性演出场次	惠民演出场次	观众人次合计/万人次	营业性演出观众人次	惠民演出观众人次	经营情况/千元 营业收入	营业性演出收入
36.48	**30.50**	**2.05**	**8969.23**	**7481.21**	**1020.59**	**13869830**	**8840439**
0.63	0.35	0.10	267.43	124.90	119.74	179000	111376
1.17	1.04	0.15	87.58	70.97	16.46	79648	65700
28.25	25.13	1.51	7509.04	6430.04	718.75	11680957	7276415
5.48	3.34	0.12	830.18	676.52	112.48	1501308	1127068
0.30	0.17	0.09	86.86	44.00	31.93	127194	66180
0.10	0.04	0.01	35.42	22.14	3.03	56579	27691
0.14	0.14		55.71	55.71		192807	109058
0.10	0.10		19.90	19.90		5662	12383
0.26	0.19	0.07	77.11	37.03	18.20	46675	44568

人力成本	营业利润	营业外收入	政府补贴	本年应交税金总额	资产总计/千元	实际使用房屋建筑面积/万平方米	演出业务用房
4270252	**-822527**	**1860609**	**1380837**	**970786**	**102472174**	**1064.59**	**457.85**
63313	9444	11741	29160	8195	6351839	19.01	8.99
27318	-7446	14278	14129	3161	142167	2.60	1.66
3300485	-724216	1095625	743678	846042	83857114	804.35	342.40
678817	155976	718280	551256	73748	9603304	195.31	83.61
47744	-25131	17817	36999	5513	578544	16.73	8.37
8475	2331	178	20	1205	53520	15.52	5.65
112804	-218536	1284	959	28160	1407742	6.47	4.63
7480	-16090	694	694	75	254610	1.34	0.47
23816	1141	712	3942	4687	223334	3.26	2.07

2023年各地区艺术表演

地区	总计						
	机构数/个	从业人员数/人					机构数/个
			专业技术人才	正高级职称	副高级职称	中级职称	
总计	**17781**	**385162**	**275880**	**4858**	**13704**	**26979**	**1316**
北京	522	12987	10053	95	142	256	4
天津	107	2896	2497	105	199	277	5
河北	819	15219	10775	256	491	936	73
山西	756	19888	13101	133	524	1463	63
内蒙古	273	8555	7024	241	944	1701	92
辽宁	111	4004	3173	189	410	889	14
吉林	177	3522	2952	240	518	685	6
黑龙江	93	4444	3507	211	563	737	27
上海	261	7057	5398	18	41	68	4
江苏	651	15230	11629	376	967	1571	82
浙江	1217	38697	28694	291	678	1116	39
安徽	2898	32651	22556	112	396	1002	9
福建	486	12729	9715	128	435	1104	65
江西	329	7406	5339	28	186	526	26
山东	1870	28764	21559	225	898	1728	72
河南	2077	45105	28670	161	601	1459	138
湖北	614	11255	8055	264	650	1294	64
湖南	586	14390	10294	99	443	1194	71
广东	433	13053	9433	212	486	924	28
广西	73	2574	1654	90	115	354	12
海南	128	3511	2248	12	47	131	13
重庆	1039	15259	11497	49	204	396	10
四川	662	10877	7718	102	541	931	34
贵州	107	4006	2592	55	210	258	17
云南	239	7410	5380	113	535	1137	76
西藏	86	2635	1016	22	99	238	85
陕西	512	15282	10233	153	466	1226	45
甘肃	376	11782	8372	66	365	855	16
青海	124	3463	2541	10	88	181	11
宁夏	12	911	573	27	89	179	
新疆	132	5561	4384	110	575	1185	106

团体机构数和从业人员数

按执行会计制度分类							
事业					企业		
从业人员数/人	专业技术人才				机构数/个	从业人员数/人	专业技术人才
		正高级职称	副高级职称	中级职称			
70228	**51500**	**3176**	**9506**	**19143**	**16465**	**314934**	**224380**
860	679	95	142	256	518	12127	9374
817	693	105	199	277	102	2079	1804
2320	1509	101	320	619	746	12899	9266
3679	2517	68	364	946	693	16209	10584
6192	5138	241	944	1701	181	2363	1886
1433	1203	145	270	437	97	2571	1970
951	900	111	240	380	171	2571	2052
1704	1389	127	358	497	66	2740	2118
310	204	18	41	68	257	6747	5194
3448	2562	189	494	967	569	11782	9067
2883	2521	195	470	833	1178	35814	26173
540	441	21	81	166	2889	32111	22115
3468	2596	125	421	1076	421	9261	7119
828	660	10	67	238	303	6578	4679
3545	2999	198	695	1323	1798	25219	18560
6431	3143	129	469	1146	1939	38674	25527
3183	2240	80	296	853	550	8072	5815
2743	2141	76	322	884	515	11647	8153
1753	1287	96	223	512	405	11300	8146
761	608	51	97	228	61	1813	1046
555	328	7	29	75	115	2956	1920
526	448	17	94	223	1029	14733	11049
2326	1860	94	473	719	628	8551	5858
596	271	14	54	67	90	3410	2321
3050	2402	108	491	1050	163	4360	2978
2613	994	22	99	238	1	22	22
2613	1777	61	218	748	467	12669	8456
1377	993	24	191	423	360	10405	7379
528	485	8	76	136	113	2935	2056
					12	911	573
4758	3748	110	575	1185	26	803	636

续表

地区				文化和旅游部门		
	正高级职称	副高级职称	中级职称	机构数/个	从业人员数/人	专业技术人才
总计	**1682**	**4198**	**7836**	**1893**	**104031**	**75314**
北京				4	860	679
天津				5	817	693
河北	155	171	317	107	3788	2664
山西	65	160	517	117	6476	4104
内蒙古				92	6192	5138
辽宁	44	140	452	29	2656	2193
吉林	129	278	305	47	2388	2091
黑龙江	84	205	240	37	2796	2217
上海				4	310	204
江苏	187	473	604	117	5937	4795
浙江	96	208	283	57	4305	3599
安徽	91	315	836	46	2838	2246
福建	3	14	28	70	3681	2652
江西	18	119	288	68	1876	1427
山东	27	203	405	92	4700	3893
河南	32	132	313	154	7531	3818
湖北	184	354	441	80	5139	3599
湖南	23	121	310	100	3993	3042
广东	116	263	412	74	4513	2907
广西	39	18	126	21	1177	939
海南	5	18	56	18	862	521
重庆	32	110	173	19	1595	1128
四川	8	68	212	47	3167	2350
贵州	41	156	191	33	1570	900
云南	5	44	87	89	3386	2650
西藏				85	2613	994
陕西	92	248	478	77	4931	3258
甘肃	42	174	432	62	3413	2407
青海	2	12	45	14	827	651
宁夏	27	89	179	11	897	559
新疆				106	4758	3748

按单位所属部门分类					
			其他部门		
正高级职称	副高级职称	中级职称	机构数/个	从业人员数/人	专业技术人才
4858	**13704**	**26979**	**15888**	**281131**	**200566**
95	142	256	518	12127	9374
105	199	277	102	2079	1804
256	491	936	712	11431	8111
133	524	1463	639	13412	8997
241	944	1701	181	2363	1886
189	410	889	82	1348	980
240	518	685	130	1134	861
211	563	737	56	1648	1290
18	41	68	257	6747	5194
376	967	1571	534	9293	6834
291	678	1116	1160	34392	25095
112	396	1002	2852	29813	20310
128	435	1104	416	9048	7063
28	186	526	261	5530	3912
225	898	1728	1778	24064	17666
161	601	1459	1923	37574	24852
264	650	1294	534	6116	4456
99	443	1194	486	10397	7252
212	486	924	359	8540	6526
90	115	354	52	1397	715
12	47	131	110	2649	1727
49	204	396	1020	13664	10369
102	541	931	615	7710	5368
55	210	258	74	2436	1692
113	535	1137	150	4024	2730
22	99	238	1	22	22
153	466	1226	435	10351	6975
66	365	855	314	8369	5965
10	88	181	110	2636	1890
27	89	179	1	14	14
110	575	1185	26	803	636

2023年各地区艺术表演

地区	总计	话剧、儿童剧	儿童剧	歌舞、音乐类	京剧、昆曲类
总计	**17781**	**67**	**23**	**548**	**53**
北京	522	2	2	2	2
天津	107	1	1	3	2
河北	819	2		12	4
山西	756	3	1	19	1
内蒙古	273			12	
辽宁	111	3		11	2
吉林	177	3	1	11	
黑龙江	93	4	2	7	1
上海	261	2	1	1	
江苏	651	6	2	20	7
浙江	1217	5	1	10	1
安徽	2898	1		18	2
福建	486	1		16	1
江西	329	2		18	1
山东	1870	3	1	15	14
河南	2077	5	4	9	2
湖北	614	2		23	3
湖南	586	1		29	2
广东	433	5	2	59	
广西	73			8	
海南	128			11	
重庆	1039	2	1	7	1
四川	662	1		13	
贵州	107	1		21	1
云南	239	1		49	1
西藏	86	1		40	
陕西	512	5	3	8	1
甘肃	376	1		17	1
青海	124			12	
宁夏	12	1		4	1
新疆	132	1		58	1

团体分剧种机构数

	京剧	地方戏曲类	杂技、魔术、马戏类	曲艺类	乌兰牧骑	综合性艺术表演团体
	47	**1328**	**53**	**54**	**164**	**15514**
	1	7			2	507
	2	3				98
	4	87	4	2	3	705
	1	105	1	3	1	623
		11			75	175
	2	7	2			86
		19	1			143
	1	9	2	2	1	67
		12			1	245
	4	76	5	12	2	523
		59	1	1	1	1139
	2	65	2		13	2797
	1	46	1	11	4	406
	1	37	1	1	1	268
	14	77	6		5	1750
	2	178	7	5	4	1867
	3	54	2	2	1	527
	1	81	1	1	1	470
		53	3	5	2	306
		8	1			56
		11		1		105
	1	81	2	2		944
		61	3	2	3	579
	1	12	1		2	69
	1	44			1	143
					31	14
	1	63	1	3	4	427
	1	48	1	1	4	303
		8				104
	1	2	1			3
	1	4	4		2	62

2023年各地区艺术表演

地区	剧团数/个	从业人员/人		演出场次/万场次		
			专业技术人才		国内演出场次	
						农村演出场次
总计	**17781**	**385162**	**275880**	**254.22**	**250.34**	**57.90**
北京	522	12987	10053	2.07	2.05	0.66
天津	107	2896	2497	1.08	1.08	0.09
河北	819	15219	10775	9.41	9.39	2.43
山西	756	19888	13101	9.44	8.97	4.00
内蒙古	273	8555	7024	2.51	2.50	1.10
辽宁	111	4004	3173	0.63	0.60	0.12
吉林	177	3522	2952	0.77	0.75	0.20
黑龙江	93	4444	3507	0.94	0.93	0.29
上海	261	7057	5398	2.05	2.05	0.36
江苏	651	15230	11629	12.34	12.26	3.30
浙江	1217	38697	28694	26.19	26.12	4.46
安徽	2898	32651	22556	26.75	26.66	5.53
福建	486	12729	9715	7.40	7.34	1.85
江西	329	7406	5339	3.76	3.70	1.94
山东	1870	28764	21559	20.70	20.60	6.60
河南	2077	45105	28670	39.84	39.58	9.49
湖北	614	11255	8055	25.82	25.78	1.46
湖南	586	14390	10294	7.16	6.25	2.10
广东	433	13053	9433	5.72	5.70	1.14
广西	73	2574	1654	0.87	0.84	0.28
海南	128	3511	2248	2.38	1.57	0.30
重庆	1039	15259	11497	11.73	11.68	2.51
四川	662	10877	7718	5.53	5.48	0.99
贵州	107	4006	2592	1.58	1.24	0.26
云南	239	7410	5380	13.42	13.38	0.83
西藏	86	2635	1016	0.70	0.64	0.48
陕西	512	15282	10233	5.99	5.92	1.91
甘肃	376	11782	8372	3.86	3.81	1.59
青海	124	3463	2541	0.67	0.65	0.18
宁夏	12	911	573	0.32	0.28	0.14
新疆	132	5561	4384	2.31	2.28	1.29

团体演出及收支基本情况

国内演出观众人次/万人次	农村观众人次	总收入/千元	财政补贴收入	演出收入	总支出/千元	资产总计/千元	实际使用房屋建筑面积/万平方米
89654.18	**28703.38**	**53169167**	**21067252**	**20784649**	**55151493**	**185801647**	**1343.55**
747.18	89.70	1988027	1011807	648618	1950789	4314900	31.62
275.21	57.71	482538	237322	157966	536801	609789	13.97
3964.37	1311.99	1463010	517592	419171	1098809	1828593	51.77
5241.31	2887.83	1474349	490934	772124	1557846	294631	40.32
1404.52	403.07	3150994	1157067	1444527	2964161	7327227	37.64
300.18	44.78	584105	403395	97196	933969	911237	23.97
341.15	79.00	735522	318599	363797	568283	679753	15.91
311.86	64.90	1241753	510768	593078	824379	6631617	24.11
905.52	66.89	2849174	484173	1810009	2262239	5249196	22.95
3819.42	1340.41	2685034	1255755	611984	2448174	5199767	76.24
10656.02	3001.82	5116973	1746879	2518640	4243955	7993028	93.46
6055.86	1312.89	1805448	500289	772806	1846800	4287927	91.23
1795.60	583.61	2173072	1219669	860252	2539684	3695629	50.35
1955.11	917.49	1167562	221738	446053	1063548	4328580	23.92
6418.78	2425.36	2661216	1231160	526311	2782452	10518445	81.37
13976.50	5309.14	2982790	638287	1496934	2151146	641537	120.32
5626.64	1383.37	1750287	897517	414668	2174217	4926228	56.94
3568.05	1119.72	1540870	832938	697745	2438866	5434864	66.40
2480.81	667.71	3801661	1360322	1817277	3699112	59151713	56.69
455.90	140.03	405065	183829	91667	359899	1055066	10.68
822.16	177.69	597100	91154	349996	407972	1686962	9.44
2066.85	374.74	1119995	406734	629986	3282664	7559100	36.13
1847.76	312.05	1535021	710594	652294	1986302	3114850	63.59
928.63	163.55	439102	139001	192101	433708	10100904	29.94
3261.29	817.16	1585412	645842	627870	1261615	2659147	43.43
428.59	273.96	432355	413449	3268	1954342	418420	13.04
4278.51	1272.88	2449985	661657	693835	1647707	2768366	48.67
4047.35	1413.59	1433689	360972	534380	2420672	3393958	35.24
231.35	59.61	212840	177071	26702	231336	339664	5.08
195.08	120.33	160688	111821	38348	162517	254228	6.83
1028.76	500.10	1099227	1012974	45154	1110678	5951430	33.72

2023年各地区文化和旅游

地　区	剧团数/个	补贴团数	从业人员/人	专业技术人才	正高级职称	副高级职称	中级职称
总　计	**1893**	**1720**	**104031**	**75314**	**4858**	**13704**	**26979**
北　京	4	2	860	679	95	142	256
天　津	5	3	817	693	105	199	277
河　北	107	78	3788	2664	256	491	936
山　西	117	109	6476	4104	133	524	1463
内蒙古	92	90	6192	5138	241	944	1701
辽　宁	29	24	2656	2193	189	410	889
吉　林	47	45	2388	2091	240	518	685
黑龙江	37	30	2796	2217	211	563	737
上　海	4	2	310	204	18	41	68
江　苏	117	93	5937	4795	376	967	1571
浙　江	57	50	4305	3599	291	678	1116
安　徽	46	45	2838	2246	112	396	1002
福　建	70	62	3681	2652	128	435	1104
江　西	68	64	1876	1427	28	186	526
山　东	92	89	4700	3893	225	898	1728
河　南	154	143	7531	3818	161	601	1459
湖　北	80	74	5139	3599	264	650	1294
湖　南	100	96	3993	3042	99	443	1194
广　东	74	68	4513	2907	212	486	924
广　西	21	20	1177	939	90	115	354
海　南	18	17	862	521	12	47	131
重　庆	19	16	1595	1128	49	204	396
四　川	47	39	3167	2350	102	541	931
贵　州	33	27	1570	900	55	210	258
云　南	89	87	3386	2650	113	535	1137
西　藏	85	76	2613	994	22	99	238
陕　西	77	73	4931	3258	153	466	1226
甘　肃	62	62	3413	2407	66	365	855
青　海	14	11	827	651	10	88	181
宁　夏	11	10	897	559	27	89	179
新　疆	106	104	4758	3748	110	575	1185

部门所属艺术表演团体基本情况

本团原创首演剧目/个	本团原创首演剧目/个	本团拥有知识产权数量/个	演出场次/万场次	国内演出场次	农村演出场次	国内演出观众人次/万人次	农村观众人次
1993	**3805**	**4066**	**36.83**	**36.06**	**22.23**	**28114.91**	**15950.67**
5	1		0.12	0.11	0.01	55.13	4.38
4		1	0.09	0.09	0.03	56.58	23.66
64	51	46	1.52	1.51	0.99	1544.91	767.20
49	34	42	3.02	2.93	2.33	2571.80	1919.79
122	369	347	1.23	1.22	0.69	845.98	288.35
33	32	47	0.31	0.28	0.07	133.45	29.26
46	75	160	0.38	0.36	0.14	228.46	59.56
21	47	1	0.36	0.35	0.15	140.59	54.32
4	2		0.09	0.09	0.01	21.04	1.99
160	149	558	3.78	3.71	2.19	1555.96	908.52
89	47	223	1.49	1.45	0.61	1130.27	631.50
50	116	127	1.10	1.08	0.53	653.44	259.20
150	137	119	1.14	1.10	0.48	456.18	200.42
88	137	108	1.18	1.14	0.89	709.70	482.52
116		75	2.80	2.76	1.89	1604.43	1053.29
59	46	148	4.54	4.53	3.65	4054.23	3376.91
105	336	178	2.04	2.01	0.86	2194.10	954.76
115	167	522	1.40	1.38	0.91	1199.79	725.46
84	76	72	1.05	1.05	0.51	845.18	466.88
53	39	200	0.29	0.26	0.17	129.90	67.78
18	59	27	0.19	0.19	0.16	212.10	120.07
15	67	21	0.31	0.31	0.10	200.04	69.51
31	90	101	0.51	0.49	0.16	430.49	87.70
20	98	26	0.39	0.35	0.15	512.73	113.16
139	347	157	1.01	1.00	0.64	1270.25	610.19
84	224	286	0.69	0.63	0.48	428.09	273.90
66	114	166	1.71	1.70	1.00	2124.31	824.49
55	124	65	1.25	1.25	0.94	1291.10	923.05
9	45	16	0.23	0.21	0.07	159.76	39.22
10	86	16	0.31	0.27	0.14	193.13	119.98
82	526	90	2.00	1.97	1.26	943.93	483.35

续表

地区	本年收入合计/千元	财政拨款收入	演出收入	本年支出合计/千元	资产总计/千元	固定资产原价	实际使用房屋建筑面积/万平方米
总计	**22069300**	**16043264**	**3495773**	**23399144**	**33910023**	**17448295**	**521.74**
北京	647580	578340	63861	544675	461753	107059	2.76
天津	188530	146020	36418	202544	252074	203410	4.71
河北	616829	471849	108972	614663	969585	584352	14.73
山西	737697	406165	272585	755390	561427	247573	15.50
内蒙古	1165928	1130898	15316	1174751	2277529	1565334	32.32
辽宁	510395	372165	59334	512045	675497	327048	20.45
吉林	379035	293198	44927	390860	247225	119634	10.53
黑龙江	526481	492987	17511	550481	6255425	4223587	18.97
上海	211472	81342	67018	204274	606900	529004	2.32
江苏	1527513	839508	276580	1477796	1427722	355928	27.24
浙江	1331238	927108	292080	1345942	1412421	438175	27.25
安徽	395756	209171	98933	394608	845158	260405	9.36
福建	1037106	809351	122622	1028104	1586069	852138	22.12
江西	370181	181297	152948	362275	466639	190728	9.53
山东	1019910	847921	114147	1024943	436582	204152	22.31
河南	746968	537906	126347	793336	782839	326280	22.54
湖北	1048106	833704	145532	1064892	947378	534771	29.35
湖南	812521	696886	73878	798035	856023	532584	23.82
广东	1335604	888175	263205	1358445	1903284	933989	28.71
广西	240377	178286	33508	252632	471251	74109	5.83
海南	149878	78431	40882	146890	124544	57769	3.32
重庆	364991	217686	59520	377321	420787	266868	8.35
四川	827666	612228	141944	841876	1063448	339314	13.93
贵州	256658	117825	70900	250266	662060	123557	11.76
云南	609790	579707	13988	608842	340806	175736	15.80
西藏	431555	413449	2768	1953342	417420	344305	13.03
陕西	699250	435155	186771	715556	1219510	658363	20.89
甘肃	424624	285726	91212	435832	907387	647919	17.11
青海	205448	156385	21307	219109	309760	142291	2.73
宁夏	159536	111272	37745	161164	254161	53766	6.79
新疆	1046374	997180	13122	1031404	742468	497483	29.10

					政府补贴的公益演出活动情况		
排练练功用房	实际拥有产权面积/万平方米	流动舞台车数量/辆	利用流动舞台车演出场次/万场次	利用流动舞台车演出观众人次/万人次	政府补贴的公益性演出场次/万场次	政府补贴的公益性演出观众人次/万人次	政府补贴的公益性演出补贴收入/千元
113.34	**267.33**	**1570**	**9.26**	**6676.82**	**15.75**	**10047.55**	**1263088**
0.59	1.76					1.57	607
0.52	1.74	1	0.03	23.40	0.03	23.49	50
3.99	11.22	70	0.47	291.54	0.44	295.32	22455
3.69	8.70	116	0.44	356.92	1.24	905.95	100753
6.59	15.77	126	0.16	67.07	0.79	570.19	24591
4.01	6.35	8		0.92	0.12	34.50	11830
2.24	6.14	59	0.08	51.07	0.09	95.33	23517
2.99	3.69	23	0.06	31.28	0.16	44.69	26786
0.04	2.22					2.52	3643
5.35	12.21	48	0.55	251.76	0.84	385.62	54434
4.12	9.39	5		1.00	0.58	314.36	81425
2.68	5.81	44	0.41	188.56	0.40	170.34	28710
3.97	10.22	33	0.02	13.84	0.53	168.38	72148
2.20	3.62	65	0.53	294.50	0.60	334.86	26236
7.37	8.79	89	1.23	763.14	1.44	701.13	61924
5.68	15.07	199	2.75	2382.90	2.47	2019.10	153411
5.76	20.16	95	0.55	541.65	1.04	823.67	78215
6.30	14.11	107	0.76	594.86	0.91	570.44	76232
5.68	14.57	14	0.02	20.35	0.32	204.34	125937
1.45	1.15	9	0.01	4.04	0.11	38.79	6155
0.42	2.15	10	0.02	7.21	0.07	73.32	8938
2.28	5.30	4	0.02	26.75	0.07	39.24	8530
4.19	7.71	20	0.01	3.89	0.18	106.50	47467
1.32	4.17	23	0.01	20.76	0.09	113.50	21997
5.80	7.33	70	0.15	152.29	0.42	479.86	7791
2.89	7.21	77	0.13	42.38	0.19	64.97	7608
3.92	18.37	75	0.35	258.19	0.76	508.97	42789
4.60	7.12	60	0.14	81.49	0.47	390.94	40732
1.15	2.39	9			0.05	23.91	512
0.55	1.67	11	0.13	91.55	0.17	80.86	17216
9.29	7.92	100	0.23	113.51	1.09	416.97	30349

2023年各地区其他部门

地　区	机构数/个	补贴团数	从业人员/人	专业技术人才	演员数
总　计	**15888**	**1590**	**281131**	**200566**	**165252.00**
北　京	518	46	12127	9374	7958.00
天　津	102	7	2079	1804	1394.00
河　北	712	57	11431	8111	6535.00
山　西	639	80	13412	8997	7435.00
内蒙古	181	8	2363	1886	1654.00
辽　宁	82	8	1348	980	829.00
吉　林	130	10	1134	861	637.00
黑龙江	56	5	1648	1290	1033.00
上　海	257	40	6747	5194	3972.00
江　苏	534	69	9293	6834	5532.00
浙　江	1160	189	34392	25095	20323.00
安　徽	2852	126	29813	20310	17302.00
福　建	416	34	9048	7063	5590.00
江　西	261	43	5530	3912	3239.00
山　东	1778	198	24064	17666	14588.00
河　南	1923	152	37574	24852	20223.00
湖　北	534	53	6116	4456	3759.00
湖　南	486	90	10397	7252	6057.00
广　东	359	61	8540	6526	5584.00
广　西	52	8	1397	715	665.00
海　南	110	14	2649	1727	1443.00
重　庆	1020	51	13664	10369	8393.00
四　川	615	50	7710	5368	4404.00
贵　州	74	16	2436	1692	1543.00
云　南	150	23	4024	2730	2355.00
西　藏	1		22	22	20.00
陕　西	435	70	10351	6975	5673.00
甘　肃	314	54	8369	5965	4969.00
青　海	110	22	2636	1890	1600.00
宁　夏	1	1	14	14	14.00
新　疆	26	5	803	636	529.00

文艺表演团体基本情况

国内演出场次/万场次	营业性演出场次	惠民演出	农村演出场次	国内演出观众人次/万人次	营业性演出观众人次
214.28	**120.05**	**53.22**	**35.67**	**61539.27**	**35386.52**
1.94	0.90	0.89	0.65	692.05	483.14
0.99	0.76	0.17	0.06	218.63	161.41
7.88	5.36	1.91	1.44	2419.46	1456.61
6.04	3.71	1.93	1.67	2669.51	1355.18
1.28	0.62	0.51	0.41	558.54	231.34
0.32	0.17	0.13	0.05	166.73	124.63
0.39	0.27	0.08	0.06	112.69	63.05
0.58	0.22	0.24	0.14	171.27	38.34
1.96	1.26	0.65	0.35	884.48	734.92
8.55	6.21	1.63	1.11	2263.46	1131.98
24.67	19.36	4.76	3.85	9525.75	6118.08
25.58	15.02	6.37	5.00	5402.42	3420.91
6.24	3.82	1.65	1.37	1339.42	716.92
2.56	1.18	1.18	1.05	1245.41	656.20
17.84	6.43	10.34	4.71	4814.35	2358.11
35.05	21.03	7.44	5.84	9922.27	6248.46
23.77	3.86	0.93	0.60	3432.54	1342.92
4.87	2.79	1.54	1.19	2368.26	1095.43
4.65	2.50	1.98	0.63	1635.63	778.01
0.58	0.43	0.13	0.11	326.00	227.91
1.38	1.16	0.18	0.14	610.06	487.94
11.37	7.90	2.88	2.41	1866.81	1324.15
4.99	2.04	2.63	0.83	1417.27	900.44
0.89	0.61	0.17	0.11	415.90	236.51
12.38	7.88	0.53	0.19	1991.04	1224.03
0.01				0.50	0.20
4.22	2.64	1.32	0.91	2154.20	1447.30
2.56	1.54	0.84	0.65	2756.25	938.78
0.44	0.16	0.16	0.11	71.59	31.59
0.01				1.95	1.00
0.31	0.22	0.05	0.03	84.83	51.03

续表 1

地区	惠民演出观众人次	农村演出观众人次	线上演出场次数/万场次	线上演出观众人次/万人次
总计	**18282.97**	**12752.71**	**51.36**	**229966.74**
北京	133.40	85.32	0.05	5745.63
天津	54.48	34.05	0.04	3163.53
河北	695.88	544.79	0.12	331.34
山西	1193.35	968.04	0.38	286.9
内蒙古	197.06	114.72	0.17	281.73
辽宁	27.08	15.52	0.01	52.08
吉林	32.62	19.44	0.08	967.62
黑龙江	130.67	10.58	0.03	40.68
上海	133.27	64.90	0.07	2569.14
江苏	640.84	431.89	0.25	2617.98
浙江	2707.86	2370.32	4.33	2567.22
安徽	1467.88	1053.69	15.76	18020.21
福建	453.83	383.19	0.3	100921.06
江西	504.66	434.97	0.25	304.59
山东	1993.83	1372.07	0.86	4025.87
河南	2350.89	1932.23	1.52	3151.65
湖北	1319.39	428.61	5.5	1975.92
湖南	1125.00	394.26	0.17	59032.18
广东	446.12	200.83	20.1	2536.44
广西	85.13	72.25		1236.21
海南	68.34	57.62	0.02	10186.24
重庆	429.85	305.23	0.55	2751.24
四川	365.60	224.35	0.07	3629.19
贵州	94.25	50.39		10.7
云南	404.79	206.97	0.07	695.48
西藏	0.20	0.06		
陕西	551.18	448.39	0.46	837
甘肃	628.55	490.54	0.17	1933.55
青海	25.08	20.39	0.03	28.11
宁夏	0.60	0.35		
新疆	21.29	16.75		67.25

经营情况(千元)					
营业收入	企业赞助收入	演出收入	营业性演出收入	惠民演出收入	农村演出收入
25722111	**227108**	**17288876**	**13659009**	**1926030**	**1577105**
841943	2470	584757	439752	84117	45947
220943	40	121548	101364	16932	3430
400497	1230	310199	219444	68196	49568
676707	1199	499539	394441	84276	110469
1944546	5971	1429211	497926	6768	6968
42413	113	37862	30199	6122	2469
326322	1237	318870	295481	22132	2079
696820	42	575567	567004	8176	730
2231071	7521	1742991	1658919	74734	52200
781095	22539	335404	256382	48760	31241
3095121	14288	2226560	1863540	290591	313386
1122781	11359	673873	447058	140957	151880
1015956	69269	737630	438694	256999	120150
742780	11153	293105	199335	48724	61311
1452984	16041	412164	185626	162876	138973
2164007	16393	1370587	1123653	100924	120731
651658	2365	269136	201229	30234	22794
685306	7606	623867	563307	43232	37873
2039412	1158	1554072	1427580	111948	60021
156940	23	58159	52885	4658	3449
411811	10030	309114	268412	32325	26671
734195	8676	570466	487484	60200	56596
624809	5766	510350	388109	94867	41524
162238		121201	110598	8113	5430
935690	1730	613882	603614	4512	3935
800		500	400		
610311	1652	507064	430079	62720	65359
910763	6735	443168	381236	50078	41104
6592	410	5395	3212	1395	605
603		603	528	75	
34997	92	32032	21518	389	212

续表 2

地区	营业成本	业务成本	办公成本	人力成本	营业利润
总计	**31752349**	**10534985**	**2767005**	**10434569**	**1017149**
北京	1406114	364988	35735	518862	-344690
天津	334257	101570	55445	126106	-25955
河北	484146	212958	31883	192957	-93037
山西	802456	196079	63901	460731	57132
内蒙古	1789410	1557844	119485	109334	95823
辽宁	421924	341547	16707	59024	-29960
吉林	177423	38035	91711	45660	28137
黑龙江	273898	126441	12431	107531	-6935
上海	2057965	849905	441866	729510	259340
江苏	970378	340672	63341	466008	-86604
浙江	2898013	982951	300313	1338764	407089
安徽	1452192	523837	142622	414460	-5774
福建	1511580	428863	118370	504344	-42079
江西	701273	437116	48436	159318	-95961
山东	1757509	380673	56919	542816	-333815
河南	1357810	368587	141724	574890	813237
湖北	1109325	151653	36296	370138	-179789
湖南	1640831	317482	176202	290155	29198
广东	2340667	1237435	189902	873501	-70382
广西	107267	41649	19036	39769	43209
海南	261082	133646	24135	98666	157420
重庆	2905343	364323	54786	331104	68579
四川	1144426	166313	34725	833543	41953
贵州	183442	76534	15370	82965	-18927
云南	652773	296558	314280	221289	316566
西藏	1000	300	90	300	100
陕西	932151	270218	50231	538534	-553
甘肃	1984840	204937	92896	359095	51438
青海	12227	4263	1011	2071	1010
宁夏	1353	459	8	886	-750
新疆	79274	17149	17148	42238	-17871

营业外收入	政府补贴	本年应交税金总额	资产总计/千元	实际使用房屋建筑面积/万平方米
5377756	**5023988**	**4579972**	**151891624**	**821.81**
498504	433467	156835	3853147	28.86
73065	91302	3669	357715	9.26
445684	45743	196867	859008	37.04
59945	84769	387453	2413204	24.82
40520	26169	14385	5049698	5.32
31297	31230	1446	235740	3.52
30165	25401	22031	432528	5.38
18452	17781	1554	376192	5.14
406631	402831	54510	4642296	20.63
376426	416247	31973	3772045	49.00
690614	819771	501878	6580607	66.21
286911	291118	178391	3442769	81.87
120010	410318	34846	2109560	28.23
54601	40441	30340	3861941	14.39
188322	383239	175168	10081863	59.06
71815	100381	953787	5648698	97.78
50523	63813	103259	3978850	27.59
43043	136052	50361	4578841	42.58
426645	472147	124436	57248429	27.98
7748	5543	6592	583815	4.85
35411	12723	338953	1562418	6.12
20809	189048	19829	7138313	27.78
82546	98366	435282	2051402	49.66
20206	21176	57187	9438844	18.18
39932	66135	193872	2318341	27.63
		20	1000	0.01
1140424	226502	305748	1548856	27.78
98302	75246	135974	2486571	18.13
800	20686	60209	29904	2.35
549	549	8	67	0.04
17856	15794	3109	5208962	4.62

2023年各地区艺术表演

地区	机构数/个	从业人员/人	专业技术人才	座席数/个	艺术演出场次/万场次	政府补贴的公益性演出场次
总计	**3060**	**55116**	**18153**	**2136425**	**41.49**	**6.57**
北京	76	1481	328	42394	2.18	0.18
天津	126	1685	381	65141	3.92	0.27
河北	120	3120	1871	80976	0.89	0.18
山西	130	1249	313	83420	1.31	0.24
内蒙古	36	260	132	23729	0.19	0.04
辽宁	68	614	170	27403	0.42	0.11
吉林	124	475	193	18834	0.19	0.04
黑龙江	57	567	184	25919	0.34	0.03
上海	59	1229	377	81186	0.95	0.07
江苏	278	6001	1751	218598	2.75	0.59
浙江	256	6897	2106	200807	3.35	1.03
安徽	130	1748	558	51204	2.14	0.15
福建	76	2373	797	70789	0.59	0.10
江西	78	1271	652	37391	0.26	0.08
山东	240	3593	866	166768	5.14	0.50
河南	245	4019	1030	133728	4.10	0.28
湖北	141	1986	724	89419	1.07	0.46
湖南	120	2771	1149	166480	2.90	1.07
广东	127	3624	1135	99617	2.22	0.18
广西	23	306	38	5949	0.12	
海南	30	702	207	13484	0.12	0.01
重庆	68	1083	372	106717	1.26	0.07
四川	162	1421	472	198221	0.66	0.21
贵州	21	850	335	7910	0.18	0.02
云南	27	995	188	16916	1.15	0.02
西藏	31	162	32	3042	0.08	0.02
陕西	76	1436	449	43661	1.23	0.52
甘肃	52	1744	636	21854	0.72	0.04
青海	51	515	171	9046	0.77	0.01
宁夏	2	15	6	1408	0.03	
新疆	24	768	502	19765	0.12	0.03

场馆演出及收支基本情况

艺术演出观众人次/万人次	本年收入合计/千元	财政拨款收入	艺术演出收入	本年支出合计/千元	资产总计/千元	实际使用房屋建筑面积/万平方米
12273.29	**21205277**	**3634215**	**10306607**	**20567296**	**126241935**	**1876.20**
360.25	963898	30534	732927	1206497	3704261	31.77
213.34	659177	3016	198965	696778	3281132	41.26
368.02	876550	177402	601976	1639006	4432499	113.36
196.27	252142	56209	172021	165927	2042858	35.54
129.10	66839	10508	45012	53632	933767	34.25
128.85	150885	58453	56725	156993	295086	29.34
41.59	69849	29004	14950	75829	217248	12.82
78.10	109109	14358	47454	122260	279923	22.47
556.71	677975	70811	384831	596209	7817436	49.26
1049.96	2764950	442231	653321	3325786	29953616	265.57
2447.39	4237964	727400	2326427	3184278	18806225	252.62
195.81	259034	71342	95754	273470	1573184	44.30
192.69	820040	144652	245006	743151	12996128	74.66
115.28	290426	122333	123611	493973	2522176	37.60
519.90	1281213	428096	569438	1393384	4572405	172.00
1370.01	1673721	103894	943318	952032	10931370	106.26
933.60	326113	92241	246012	359697	1860162	65.06
843.31	1073142	377880	473700	1086588	4404128	87.41
633.58	1833940	430583	598589	1694200	4612805	108.05
11.65	22361	6429	5163	16333	136919	5.03
379.46	241480	5629	196927	112892	1211055	15.63
315.72	235390	34128	148528	232792	934025	57.77
176.67	320393	23226	196303	341982	2019350	66.12
49.97	143059	6734	54222	97881	539753	9.60
211.02	262391	18477	210260	179612	738188	16.41
11.61	63155	430	55852	60721	112789	2.84
319.02	527228	42200	303138	388361	1028464	53.33
260.63	737934	55810	517084	663168	3352349	22.26
45.48	26378	12657	18672	31648	119091	6.70
16.52	2641	2628		4527	3449	0.02
50.34	164590	34920	28495	150461	768944	29.46

2023年各地区文化和旅游部门

地　区	机构数/个	从业人员/人					座席数/个	艺术演出场次/万场次	
			专业技术人才	正高级职称	副高级职称	中级职称			政府补贴的公益性演出场次
总　计	**1019**	**19179**	**6059**	**167**	**616**	**1967**	**870555**	**10.99**	**4.52**
北　京	5	135	33			8	5249	0.05	0.03
天　津	6	31	4		1	3	4747	0.06	0.01
河　北	54	1005	408	42	72	137	35930	0.20	0.06
山　西	39	330	138	2	3	57	32515	0.31	0.21
内蒙古	11	79	22	1	3	9	8827	0.06	0.03
辽　宁	30	344	63		4	16	15957	0.17	0.08
吉　林	21	243	87	3	24	33	8176	0.08	0.03
黑龙江	24	143	21	2	1	7	13104	0.06	0.03
上　海	4	126	37		2	3	4860	0.08	0.02
江　苏	108	3601	998	10	33	184	109040	2.26	0.49
浙　江	76	2093	601	13	61	192	84357	1.23	0.72
安　徽	31	583	278	15	49	117	20471	0.22	0.11
福　建	32	358	101	1	4	43	24154	0.35	0.06
江　西	35	471	290	2	25	109	19329	0.11	0.03
山　东	65	1495	378	2	20	127	56313	0.55	0.31
河　南	103	1474	177	9	8	52	64563	0.44	0.09
湖　北	84	1669	574	10	73	187	80807	0.91	0.37
湖　南	66	1506	697	4	56	281	125676	2.04	1.00
广　东	44	1424	391	23	80	140	42987	0.42	0.08
广　西	8	7	5	4		1	4111	0.01	
海　南	7	319	187	5	21	53	5276	0.02	
重　庆	18	75	19			3	10503	0.14	0.04
四　川	33	306	164	9	35	80	23784	0.20	0.14
贵　州	6	158	20			7	2008	0.05	
云　南	10	84	22		1	2	6721	0.04	0.02
西　藏	13	10					2398	0.02	0.02
陕　西	41	403	142	6	7	42	29790	0.63	0.49
甘　肃	17	333	60		5	35	10299	0.08	0.01
青　海	10	54	12		1	3	5413	0.01	0.01
宁　夏	2	15	6		1	3	1408	0.03	
新　疆	10	149	96	3	24	32	7133	0.02	0.01

所属艺术表演场馆基本情况

艺术演出观众人次/万人次	本年收入合计/千元	财政拨款收入	艺术演出收入	本年支出合计/千元	资产总计/千元	实际使用房屋建筑面积/万平方米	演出业务用房	实际拥有产权面积/万平方米
4792.08	**5474838**	**2253378**	**1466168**	**5661232**	**23769761**	**811.61**	**422.56**	**411.94**
25.51	37611	14972	48	42400	107022	3.42	1.75	2.81
29.76	5641	660	1580	6953	102263	2.77	1.46	0.80
119.63	204830	123437	45305	240512	588169	37.71	25.96	19.40
91.67	66920	55720	1835	67588	1702134	30.18	8.28	7.89
64.64	14857	10493	778	15008	799772	11.72	3.56	1.82
70.66	92466	38830	31928	95285	232407	19.14	13.17	13.47
26.91	40391	28992	4005	43146	118805	5.42	3.19	3.99
41.75	31186	1951	25356	54873	80273	12.94	3.81	1.44
45.75	97208	38638	33446	95808	38534	9.32	1.18	3.02
741.55	1163647	234227	272245	1199746	4172432	149.11	71.36	76.87
735.86	1117281	543428	321889	1122656	4435689	114.95	51.66	59.39
81.04	82137	28883	18352	80599	899198	14.23	7.29	7.93
36.16	102756	52678	6179	111455	191354	24.53	10.85	13.44
63.62	162720	88214	43337	172292	1010893	20.72	11.38	8.14
286.09	327503	155459	76928	353803	737636	75.66	43.31	32.63
251.85	115233	77056	3764	127963	1467760	36.30	24.01	22.22
899.26	287222	72091	131872	296975	1347342	46.94	28.31	37.28
441.61	418256	320780	58888	478914	1428781	49.69	34.50	39.89
260.33	626927	248899	222875	573343	1377209	53.38	27.13	35.12
6.13	6847	6429		6860	7786	3.49	2.09	1.02
12.39	19924	4366	165	20608	47864	4.70	0.73	1.31
49.27	17719	7190	871	14490	24431	11.41	10.35	0.49
61.74	54777	21335	2023	71151	1455641	20.76	10.18	3.57
30.02	38911	25	26948	39240	282614	3.45	1.12	0.74
27.34	32909	5223	17621	32333	258863	5.28	1.98	2.18
9.69	429	429		209	1340	2.40	0.16	0.10
107.21	136560	32821	73481	136709	372824	18.87	12.32	5.52
90.55	49083	432	2523	41582	279273	8.09	2.97	5.42
6.37	2670	2657		3027	90021	3.12	1.40	0.50
16.52	2641	2628		4527	3449	0.02		
9.76	46266	34435		43949	66832	4.46	1.79	2.11

2023年各地区演出

地　区	机构数/个	从业人员/人	专业技术人才	座席数/个	演出厅数量/个	演出场次合计/万场次
总　计	**2041**	**35937**	**12094**	**1265870**	**4073.00**	**36.48**
北　京	71	1346	295	37145	109.00	2.35
天　津	120	1654	377	60394	246.00	6.07
河　北	66	2115	1463	45046	60.00	0.83
山　西	91	919	175	50905	60.00	1.03
内蒙古	25	181	110	14902	11.00	0.14
辽　宁	38	270	107	11446	52.00	0.28
吉　林	103	232	106	10658	27.00	0.12
黑龙江	33	424	163	12815	41.00	0.32
上　海	55	1103	340	76326	61.00	1.06
江　苏	170	2400	753	109558	92.00	0.67
浙　江	180	4804	1505	116450	129.00	2.58
安　徽	99	1165	280	30733	83.00	2.03
福　建	44	2015	696	46635	62.00	0.69
江　西	43	800	362	18062	78.00	0.21
山　东	175	2098	488	110455	1264.00	4.90
河　南	142	2545	853	69165	158.00	3.91
湖　北	57	317	150	8612	17.00	0.36
湖　南	54	1265	452	40804	57.00	1.20
广　东	83	2200	744	56630	76.00	1.99
广　西	15	299	33	1838	12.00	0.11
海　南	23	383	20	8208	4.00	0.10
重　庆	50	1008	353	96214	80.00	1.29
四　川	129	1115	308	174437	124.00	0.59
贵　州	15	692	315	5902	18.00	0.16
云　南	17	911	166	10195	1021.00	1.13
西　藏	18	152	32	644	12.00	0.08
陕　西	35	1033	307	13871	33.00	0.63
甘　肃	35	1411	576	11555	33.00	0.68
青　海	41	461	159	3633	38.00	0.76
宁　夏						
新　疆	14	619	406	12632	15.00	0.24

场所经营单位基本情况

					经营情况/千元	
营业性演出场次	惠民演出场次	观众人次合计/万人次	营业性演出观众人次	惠民演出观众人次	营业收入	营业性演出收入
30.50	**2.05**	**8969.23**	**7481.21**	**1020.59**	**13869830**	**8840439**
2.13	0.15	401.13	334.74	54.85	917950	732879
3.86	0.26	360.07	183.58	161.79	652158	197385
0.69	0.12	293.96	248.39	42.73	641837	556671
1.00	0.03	111.60	104.6	6.91	184583	170186
0.13	0.01	70.40	64.46	5.93	51551	44234
0.25	0.03	95.36	58.19	12.13	37639	24797
0.11	0.01	17.80	14.68	3.11	28796	10945
0.28		45.99	36.35	8.61	73943	22098
0.87	0.05	598.67	510.96	23.32	447609	351385
0.49	0.10	367.56	308.41	57.58	1032061	381076
2.12	0.31	1808.93	1711.53	85.92	2931920	2004538
1.92	0.04	139.83	114.77	17.51	142489	77402
0.24	0.04	253.91	156.53	24.6	644606	238827
0.15	0.05	63.18	51.66	8.64	124491	80274
4.59	0.19	375.54	233.81	85.19	710142	492510
3.66	0.19	1186.72	1118.16	36.43	1520410	939554
0.16	0.09	68.80	34.34	23.96	30120	114140
0.86	0.07	525.80	401.7	60.66	636141	414812
1.80	0.10	523.75	373.25	141.57	1029400	375714
0.11		5.63	5.52	0.1	15453	5163
0.10	0.01	367.75	367.07	0.69	221206	196762
1.12	0.03	302.12	266.45	14.94	190292	147657
0.46	0.07	159.80	114.93	21.74	263550	194280
0.13	0.02	39.86	19.95	5.19	34092	27274
1.11		187.08	183.68	2.4	216484	192639
0.06		4.75	1.92	0.01	62722	55852
0.60	0.03	233.71	211.81	21.8	262033	229657
0.64	0.03	262.10	170.08	76.66	628421	514561
0.76		41.14	39.11	1.92	19985	18672
0.10	0.02	56.29	40.58	13.7	117746	28495

续表

地　区						
	票房收入	场租收入	营业成本	业务成本	办公成本	人力成本
总　计	**4809787**	**1246682**	**14906064**	**7261743**	**1249718**	**4270252**
北　京	241616	173326	1164097	464085	129082	338022
天　津	103318	68033	689825	96776	65872	200275
河　北	152064	30631	1398494	740700	33552	553124
山　西	6692	5141	98339	48119	2884	17220
内蒙古	11001	3250	38624	10600	2825	12583
辽　宁	19954	3499	61708	22479	17670	10967
吉　林	6435	3649	32683	13278	5657	8144
黑龙江	2857	15379	67387	10367	10454	24170
上　海	207809	108558	500401	239795	80161	133030
江　苏	249721	100231	2126040	1460452	120038	308955
浙　江	1388989	164486	2061622	946629	172429	685917
安　徽	29885	26384	192871	74749	25978	65659
福　建	158821	115151	631696	268096	23350	229476
江　西	43228	15267	321681	209259	29625	52397
山　东	325453	47169	1039581	620210	58890	271722
河　南	279473	23308	824069	300689	97633	250937
湖　北	103107	4676	62722	24222	13488	20668
湖　南	234881	19218	607674	295249	36436	190486
广　东	208208	111473	1120857	431900	94506	368208
广　西	1350		9473	3006	614	4616
海　南	186610	6052	92284	33481	2318	24724
重　庆	88857	40234	218302	108447	21789	84680
四　川	89357	82269	270831	110466	64870	72608
贵　州	17181	3403	58641	23630	5406	29605
云　南	153894	1968	147279	47357	6511	66268
西　藏	51	1	60512	23251	10911	25281
陕　西	150272	26887	251652	168185	27241	39796
甘　肃	322695	40730	621586	385953	79260	151106
青　海	4818	2549	28621	9696	7011	10708
宁　夏						
新　疆	21190	3760	106512	70617	3257	18900

营业利润	营业外收入	政府补贴	本年应交税金总额	资产总计/千元	实际使用房屋建筑面积/万平方米	演出业务用房
-822527.00	**1860609**	**1380837**	**970786**	**102472174**	**1064.59**	**457.85**
-182796.00	8337	15562	57904	3597239	28.35	15.15
-170050.00	1378	2356	21869	3178869	38.49	13.55
-751909.00	29883	53965	11077	3844330	75.65	41.11
85988.00	639	489	28187	340724	5.36	4.14
5755.00	431	15	1133	133995	22.53	1.79
-24356.00	20780	19623	953	62679	10.2	5.08
-2460.00	662	12	882	98443	7.4	1.67
-318.00	3980	12407	5232	199650	9.53	4.85
-36559.00	133158	32173	28289	7778902	39.94	20.27
-1087618.00	569242	208004	24614	25781184	116.46	43.42
519700.00	188763	183972	207356	14370536	137.67	47.08
-21365.00	34408	42459	3973	673986	30.07	13.3
19090.00	72678	91974	38248	12804774	50.13	19.49
-61461.00	3215	34119	5770	1511283	16.88	8.38
53112.00	243568	272637	38987	3834769	96.34	43.77
533996.00	38078	26838	233416	9463610	69.96	22.53
-7563.00	8771	20150	4453	512820	18.12	13.48
11102.00	18745	57100	53393	2975347	37.72	17.97
-26629.00	177613	181684	43614	3235596	54.67	28.83
2269.00	61		224	129133	1.54	0.34
113329.00	350	1263	32068	1163191	10.93	6.48
-30805.00	27379	26938	20413	909594	46.36	15.62
-12279.00	2066	1891	12169	563709	45.36	35.2
41.00	70056	6709	4194	257139	6.15	3.01
58627.00	12998	13254	19231	479325	11.13	5.34
2174.00	4	1	19706	111449	0.44	0.23
-8410.00	128635	9379	16505	655640	34.46	8
181934.00	60430	55378	13340	3073076	14.17	5.88
3978.00	3723	10000	545	29070	3.58	1.93
10956.00	578	485	23041	702112	25	9.96

2023年美术展览创作

	机构数/个	从业人员/人					藏品/件(套)
			专业技术人才	正高级职称	副高级职称	中级职称	
总　计	**800**	**7390**	**4750**	**445**	**930**	**1878**	**748091**
按隶属关系分类：							
中央	2	204	161	43	46	59	75709
省区市	38	1640	1042	205	226	383	192419
地市	221	2676	1885	158	410	744	255826
县市区	539	2870	1662	39	248	692	224137
按管理部门分类：							
文化和旅游部门	753	6932	4591	432	903	1821	707981
其他部门	47	458	159	13	27	57	40110
按机构类型分类：							
美术馆	629	5398	3297	208	617	1341	620467
画院	50	696	542	144	108	177	47510
美术馆(画院)	121	1296	911	93	205	360	80114

续表 1

	民间艺术	书法	摄影、多媒体	漆艺	陶艺	其他
总　计	**76304**	**111847**	**75586**	**1968**	**4949**	**92718**
按隶属关系分类：						
中央	28447	2491	2106	255	367	3528
省区市	17383	13208	33616	1224	566	40773
地市	8454	39739	16155	268	1202	34865
县市区	22020	56409	23709	221	2814	13552
按管理部门分类：						
文化和旅游部门	75508	106583	74414	1953	3587	89112
其他部门	796	5264	1172	15	1362	3606
按机构类型分类：						
美术馆	69873	85193	72240	1891	4372	83038
画院	1276	6173	652	14	133	4446
美术馆(画院)	5155	20481	2694	63	444	5234

机构基本情况

文物藏品数	非文物藏品数	国画	油画	版画	雕塑	水粉、水彩	设计	连环画、漫画
18342	**697479**	**168234**	**34133**	**85854**	**8235**	**17217**	**5590**	**14844**
	75709	19249	4162	8711	2421	1293		2679
586	191833	41694	8824	21691	2376	4975	726	4777
9738	225850	65913	10392	30977	2153	6756	3878	5098
8018	204087	41378	10755	24475	1285	4193	986	2290
18179	658673	158206	32642	72444	7880	16020	5487	14837
163	38806	10028	1491	13410	355	1197	103	7
17533	579459	115267	28557	76649	7394	15535	5043	14407
556	46934	29093	1370	3070	353	201		153
253	71086	23874	4206	6135	488	1481	547	284

年度展览总量/个		线上展览数量/个	参观人次/万人次		学术成果			本年收入合计/千元
	自主办展数量			未成年人参观人次	专著或图录/册	论文数/篇	学术活动/次	
10264	**7062**	**20900**	**6499.65**	**1404.90**	**5827**	**966**	**1600**	**4902488**
94	42		102.53	11.54	16	158	20	195037
819	506	270	1182.77	192.09	135	410	358	1252008
3382	2233	976	2360.41	518.14	1288	179	583	2843852
5969	4281	19654	2853.94	683.13	4388	219	639	611591
9813	6696	20891	6217.88	1325.17	5800	937	1527	3286205
451	366	9	281.77	79.74	27	29	73	1616283
8207	5729	20487	5569.71	1206.37	2767	614	1007	3912583
		54			85	189	187	398639
2057	1333	359	929.94	198.53	2975	163	406	591266

续表 2

	财政拨款收入	免费开放资金	中央资金	收藏专项经费	本年支出合计/千元	基本支出
总　计	**3151025**	**284708**	**106472**	**139050**	**5015803**	**2212939**
按隶属关系分类:						
中央	115615	29059	13320	10880	238674	130216
省区市	1199556	80870	2220	74921	1169000	455391
地市	1306650	102409	49862	39400	2879021	1258458
县市区	529204	72370	41070	13849	729108	368874
按管理部门分类:						
文化和旅游部门	3050467	280243	105772	128912	3393326	1494360
其他部门	100558	4465	700	10138	1622477	718579
按机构类型分类:						
美术馆	2214381	194162	75763	109947	4026382	1697078
画院	354082	37566	13500	14980	392124	233481
美术馆(画院)	582562	52980	17209	14123	597297	282380

续表 3

			公共教育活动			
	画室面积	实际拥有产权面积/万平方米	讲座/次	教育活动/次	出版物/种	创作项目数量
总　计	**18.30**	**115.03**	**2972**	**12943**	**2585**	**11953**
按隶属关系分类:						
中央	3.51	2.61	12	27		3
省区市	1.67	14.76	401	3539	64	3314
地市	5.93	57.93	836	4017	78	4783
县市区	7.19	39.73	1723	5360	2443	3853
按管理部门分类:						
文化和旅游部门	17.35	106.86	2871	11906	2546	11637
其他部门	0.96	8.17	101	1037	39	316
按机构类型分类:						
美术馆	9.21	88.12	2306	10957	2503	
画院	5.62	6.55				4678
美术馆(画院)	3.48	20.36	666	1986	82	7275

项目支出		经营支出	在支出合计中：工资福利支出	资产总计/千元		实际使用房屋建筑面积/万平方米		
	收藏经费				固定资产净值		展览用房	库房面积
2737272	**165448**	**29291**	**1593544**	**14961217**	**9884401**	**371.76**	**131.15**	**19.58**
108458	14003		89937	1491193	705207	7.68	1.41	0.50
708910	85474	4571	329348	5224534	3520203	76.17	25.99	3.85
1608048	51737	1017	943334	6093240	4020164	163.97	54.35	9.19
311856	14234	23703	230925	2152250	1638827	123.94	49.40	6.04
1851236	155755	15495	1068240	13796438	8824022	341.44	121.91	18.49
886036	9693	13796	525304	1164779	1060379	30.30	9.25	1.09
2272282	130836	26514	1196495	10621395	6218878	300.26	106.36	15.75
154895	19841	2734	177451	1619081	1320515	19.27	4.79	0.85
310095	14771	43	219598	2720741	2345008	52.18	20.04	2.99

创作情况/个		学术研究情况/个			培训情况		志愿者服务队伍个数/个	志愿者服务队伍人数/人次
参加展览数量	获省部级以上奖项的作品数	本年承担课题、项目数	省部级以上课题项目数	结项课题项目数	组织培训次数/次	培训人次/万人次		
4699	**1010**	**200**	**99**	**135**	**2072**	**8.64**	**1038**	**37698**
10		6	4	2	111	0.05	1	96
1350	207	62	34	37	153	0.95	53	4962
2159	586	96	50	75	810	2.66	280	14799
1180	217	36	11	21	998	4.98	704	17841
4595	993	196	97	133	2037	8.40	969	35918
104	17	4	2	2	35	0.25	69	1780
		78	35	43			832	30798
1570	303	22	12	9	458	1.64	21	216
3129	707	100	52	83	1614	7.00	185	6684

2023年各地区美术展览

地　区	机构数/个	从业人员/人	专业技术人才	正高级职称	副高级职称
全　国	**800**	**7390**	**4750**	**445**	**930**
北　京	1	82	51	29	9
天　津	3	44	20		4
河　北	38	260	168	12	43
山　西	42	273	190	6	24
内蒙古	28	226	175	13	33
辽　宁	6	66	46	14	12
吉　林	14	123	89	6	24
黑龙江	11	108	71	16	17
上　海	12	374	246	12	22
江　苏	61	765	538	71	127
浙　江	41	447	187	22	31
安　徽	25	222	147	10	21
福　建	21	124	82	8	17
江　西	47	479	210	5	35
山　东	68	570	473	36	111
河　南	13	147	67	4	17
湖　北	20	243	183	21	28
湖　南	39	264	143	2	26
广　东	61	800	394	45	71
广　西	5	69	50	1	13
海　南					
重　庆	17	132	96	6	18
四　川	68	336	238	10	48
贵　州	7	110	75	3	12
云　南	10	59	48	4	10
西　藏					
陕　西	8	100	50	5	4
甘　肃	64	442	311	30	64
青　海					
宁　夏	1	8	8	2	2
新　疆	67	313	233	9	41

创作机构基本情况

中级职称	藏品/件(套)	文物藏品数	非文物藏品数	国画	油画	版画
1878	**748091**	**18342**	**697479**	**168234**	**34133**	**85854**
9	10842	555	10287	4386	522	697
9	3340		3340	362	141	627
60	8917	100	8817	2152	593	1133
77	16256	618	15592	2967	141	583
58	15107	5	15002	2592	854	477
15	1072		1072	288	263	168
28	9227	15	9212	2392	658	278
29	3102	242	3102	534	243	1525
99	35969	880	33251	7563	2574	2733
238	63037	605	62517	26875	2503	4456
75	64135	21	52700	10938	3389	6222
37	11286	972	10200	5167	305	406
25	9607	429	8955	2574	551	1063
73	23882	106	23776	5132	1020	4889
229	58173	3512	38107	13129	1402	2927
25	22127		22127	3697	790	1096
69	14514	37	13962	2440	875	1233
60	15127	308	14619	3656	942	237
152	167822	8371	159538	29587	5529	39975
25	4156		4156	1392	407	168
48	9389	36	9336	1347	401	1396
90	27370	894	26476	8626	1549	789
28	4604		4604	1298	517	448
24	4552	17	4535	462	221	1004
26	29757	94	29663	1126	667	762
126	18958		17179	5626	722	222
2	1399		1399	571	38	257
83	18655	525	18246	2106	2154	1372

续表 1

地　区	雕塑	水粉、水彩	设计	连环画、漫画	民间艺术
全　国	**8235**	**17217**	**5590**	**14844**	**76304**
北　京	15			16	
天　津	37	32		4	685
河　北	124	321	41	115	259
山　西	55	295	5	163	1132
内蒙古	63	291	58	56	853
辽　宁	5	120	2	2	73
吉　林	2	382	511		138
黑龙江		26			207
上　海	431	896	45	2576	3978
江　苏	465	1247	30	212	4339
浙　江	566	1676	1166	2068	1250
安　徽	181	171		91	389
福　建	145	124	83	138	175
江　西	189	757	13	161	3481
山　东	321	1001	18	509	1165
河　南	748	478	209	25	2504
湖　北	382	998	30	427	1621
湖　南	44	682	28	203	911
广　东	1376	3270	3226	4374	2737
广　西	22	172		1	3
海　南					
重　庆	77	351	13	19	640
四　川	143	932	33	401	399
贵　州	56	367	15	190	27
云　南	10	257		1	76
西　藏					
陕　西	59	124			17621
甘　肃	141	282	37	285	1277
青　海					
宁　夏	5	1			
新　疆	152	671	27	128	1917

书法	摄影、多媒体	漆艺	陶艺	其他	年度展览总量/个	自主办展数量
111847	**75586**	**1968**	**4949**	**92718**	**10264**	**7062**
587	170			3894		
472	396	15	12	557	83	51
1293	1230	20	43	1493	557	408
8014	1679	4	20	534	439	334
6304	2838	2	188	426	274	179
88	32	5	2	24	72	51
2424	960			1467	122	111
313	18		95	141	72	49
2792	4422	5	38	5198	166	105
12058	6371	14	1331	2616	827	584
8289	1627	23	364	15122	501	426
3130	63	2	5	290	432	265
1625	434	869	144	1030	181	147
4325	895	67	499	2348	442	330
13040	1660	6	197	2732	1121	702
7826	1306	16	104	3328	315	182
1858	1782	327	71	1918	198	176
4432	704	1	437	2342	349	239
4476	34004	165	498	30321	811	564
962	51	2	32	944	82	59
3545	966	26	64	491	379	267
8549	4227	103	282	443	525	404
1325	64	13	29	255	44	29
572	1678			254	126	92
514	91			8699	113	66
5711	2545	5	93	233	692	519
303				224	43	5
4529	3267	23	34	1866	1204	676

续表 2

地区	线上展览数量/个	参观人次/万人次	未成年人参观人次	学术成果 专著或图录/册	论文数/篇
全国	**20900**	**6499.65**	**1404.90**	**5827**	**966**
北京				10	43
天津		60.74	1.69	2	1
河北	127	251.34	52.67	8	15
山西	206	147.92	37.49	5	11
内蒙古	31	161.78	37.84	1205	13
辽宁		59.95	9.92	11	8
吉林	31	27.55	3.68	8	
黑龙江	35	33.04	5.26	5	6
上海	91	200.89	35.99	33	86
江苏	224	821.51	213.49	33	122
浙江	9	452.14	99.07	2833	79
安徽	90	205.62	53.04	16	10
福建	51	102.40	43.76	8	5
江西	174	331.52	53.79	19	14
山东	260	729.06	173.60	72	126
河南	37	106.40	37.82	614	24
湖北	116	354.55	60.12	191	49
湖南	21	366.80	117.89	83	8
广东	56	855.41	113.80	539	17
广西	56	32.14	14.32	4	10
海南					
重庆	46	139.31	35.10	8	9
四川	113	393.25	86.80	21	22
贵州	35	14.74	2.23	43	14
云南	20	31.02	6.56	3	38
西藏					
陕西	92	114.52	29.28	4	1
甘肃	18881	128.83	37.62	18	31
青海					
宁夏		39.74	0.49		
新疆	98	234.95	30.04	15	46

学术活动/次	本年收入合计/千元	财政拨款收入	免费开放资金	中央资金	收藏专项经费	本年支出合计/千元
1600	**4902488**	**3151025**	**284708**	**106472**	**139050**	**5015803**
68	67476	61968			10000	68796
7	16					14
31	69148	69045	10380	4248	1700	69299
18	75525	74710	8030	5221		74956
33	58711	58571	6410	4552	47	58021
14	19489	19269	5080	1020	500	19118
	25318	24177	3667	1940	800	25102
13	35953	35906	4589	986	4500	35966
106	334835	311517	2268	875	1736	351823
105	350144	326196	19534	1700	17058	358065
140	197382	181185	7176	920	9330	198820
38	87789	86661	6997	3043	10868	87999
7	207361	206252	6541	1129	3235	94013
43	111470	106268	29880	4811	3330	114824
245	199803	195724	21864	8726	4175	202758
99	58431	55688	4660	2280	2380	91347
74	133547	132061	4404	1577	13690	134958
31	102143	93336	10506	6861	8048	100429
198	2122739	564235	14647	1867	30524	2143461
17	12935	12934	1550	1240	100	12935
25	39687	37554	12130	6000	1276	45880
47	119808	119465	5818	3595	748	119549
34	32260	32161	21782	1411	161	32156
41	19883	19547	4298	1866		20092
16	38666	33991	3050	1120	1500	42290
79	77410	75164	16109	9257	50	78232
	2664	2510	500	400	10	2658
51	106858	99315	23779	16507	2404	193568

续表 3

地区	基本支出	项目支出		经营支出	在支出合计中：工资福利支出
			收藏经费		
全国	**2212939**	**2737272**	**165448**	**29291**	**1593544**
北京	39120	26942	10000	2734	27929
天津				14	
河北	36868	29837	2000		29437
山西	39912	33498	285		32606
内蒙古	33193	23515			24929
辽宁	11201	6430	504		8640
吉林	13886	11106	800	110	10624
黑龙江	19745	16221	4500		15823
上海	156644	195178	2777		93528
江苏	211656	136654	21179	7503	147789
浙江	77048	113518	9984	4307	51757
安徽	31127	56619	10848		26810
福建	21518	72414	7514		16379
江西	63460	48291	3565	2428	52245
山东	113033	89013	4287	1	83132
河南	19711	68771	2380	30	14342
湖北	47237	85584	13820	760	37419
湖南	46040	46339	6518	6755	30629
广东	906486	1224901	40928	4409	656949
广西	9511	3424	100		7401
海南					
重庆	23434	22097	1484		18133
四川	21031	98518	748		17252
贵州	13761	18245	3113		11984
云南	9835	9870			7670
西藏					
陕西	16503	25017	1500		11022
甘肃	46097	29891	426		37024
青海					
宁夏	1684	974	10		1510
新疆	52982	135947	2175	240	30644

资产总计/千元	固定资产净值	实际使用房屋建筑面积/万平方米	展览用房	库房面积	画室面积	实际拥有产权面积/万平方米
14961217	**9884401**	**371.76**	**131.15**	**19.58**	**18.30**	**115.03**
307774	305299	2.12	0.26	0.18	0.20	2.12
290	61	4.90	1.46	0.17	0.02	
163037	153346	10.26	5.64	0.49	0.69	3.93
784351	648574	13.25	5.79	0.72	0.52	0.74
821351	734562	12.91	5.98	0.77	0.79	11.01
30026	24947	1.40	0.92	0.08	0.06	0.32
54923	51101	2.00	0.86	0.12	0.24	0.50
182115	176089	2.71	0.90	0.16	0.47	1.08
1345460	1088856	26.91	10.70	0.76	0.10	2.79
1508599	1389640	53.59	13.56	1.51	2.29	14.22
1137048	850857	19.21	6.41	1.18	0.71	5.42
453349	375386	12.35	3.81	0.80	0.43	2.38
400562	56390	6.71	2.14	0.29	0.16	0.60
444348	103341	13.34	6.54	0.73	0.82	1.91
1033975	697633	30.55	12.10	1.77	1.23	5.65
200332	98912	5.37	2.30	0.22	0.27	0.61
562952	523105	12.72	4.07	0.50	0.61	6.66
187470	139396	10.27	5.24	0.58	0.40	4.57
2862672	1112930	61.53	17.39	4.59	0.92	26.17
17124	12412	1.18	0.46	0.09	0.07	2.45
35234	17611	6.01	2.35	0.27	0.26	1.47
90974	60591	13.88	5.60	0.99	0.84	1.95
219721	206447	6.38	1.22	0.22	0.31	4.90
20036	16766	3.16	2.04	0.39	0.37	1.48
125157	117182	3.41	1.98	0.27	0.03	2.63
72771	33905	10.11	3.61	0.35	1.14	2.02
3612	3538	0.76	0.68	0.01	0.01	
404761	180317	17.09	5.73	0.87	0.83	4.84

续表 4

地区	公共教育活动			创作情况/个	
	讲座/次	教育活动/次	出版物/种	创作项目数量	参加展览数量
全国	**2972**	**12943**	**2585**	**11953**	**4699**
北京				622	181
天津	28	476			
河北	185	179	6	226	65
山西	72	1447	7	870	392
内蒙古	39	186	7	445	66
辽宁	77	19	21	106	62
吉林	19	67		28	69
黑龙江	29	86	23	525	101
上海	245	1934	5	13	22
江苏	230	961	15	3005	455
浙江	161	251	41	602	
安徽	119	541	12	324	330
福建	55	132	9	20	4
江西	325	583	11	344	148
山东	202	1881	20	1971	538
河南	65	450	11	7	4
湖北	84	558	2313	185	146
湖南	204	233	18	187	79
广东	190	1412	21	321	391
广西	23	254	3	158	82
海南					
重庆	117	352	4	328	288
四川	165	440	21	914	541
贵州	6	39		300	48
云南	15	50	1	190	90
西藏					
陕西	27	123	2	1	12
甘肃	172	107	11	104	454
青海					
宁夏		5	1		
新疆	106	150	2	154	121

	学术研究情况/个			培训情况			
获省部级以上奖项的作品数	本年承担课题、项目数	省部级以上课题项目数	结项课题项目数	组织培训次数/次	培训人次/万人次	志愿者服务队伍个数/个	志愿者服务队伍人数/人次
1010	**200**	**99**	**135**	**2072**	**8.64**	**1038**	**37698**
6	3	2	1	1	0.01		
						1	85
2	1	1	1	48	0.52	218	2353
125	7	7	2	12	0.12	29	3346
46	5	2	2	172	0.66	30	468
23	3	3	2	200	0.05	4	55
				27	0.04	9	143
25	3	2		36	0.09	29	568
2	13		13	29	0.05	18	3557
108	10	6	8	251	1.03	51	2277
	10	6	5	41	0.32	63	1174
32	2	2		19	0.08	64	1104
						16	1465
25	5	4	4	3	0.01	50	2096
149	84	32	68	549	2.86	90	2577
	2	2		23	0.03	13	347
58	14	13	9	39	0.15	27	1369
69	2	2	2	110	1.15	51	2210
114	2	2	1	61	0.30	43	4635
38				15	0.10	8	816
42	3	1	2	234	0.56	26	1333
23	11	2	1	4	0.02	42	1976
	1					5	94
6	3	3	3	3	0.02	8	432
	5		5	3	0.02	8	135
79	1	1	1	52	0.28	44	897
						1	15
38	4	2	3	29	0.12	89	2075

2023年各地区

地区	机构数/个	从业人员/人			
			专业技术人才		
				正高级职称	副高级职称
全国	**750**	**6694**	**4208**	**301**	**822**
北京					
天津	3	44	20		4
河北	37	249	158	11	41
山西	42	273	190	6	24
内蒙古	27	221	171	13	32
辽宁	6	66	46	14	12
吉林	14	123	89	6	24
黑龙江	10	99	63	16	16
上海	12	374	246	12	22
江苏	46	584	381	42	96
浙江	40	436	184	22	29
安徽	25	222	147	10	21
福建	19	107	65	6	16
江西	46	455	188	4	30
山东	61	513	420	23	100
河南	13	147	67	4	17
湖北	20	243	183	21	28
湖南	38	261	142	2	26
广东	54	683	333	24	61
广西	4	64	47	1	13
海南					
重庆	17	132	96	6	18
四川	66	336	238	10	48
贵州	6	73	41		6
云南	9	59	48	4	10
西藏					
陕西	8	100	50	5	4
甘肃	59	398	274	17	57
青海					
宁夏	1	8	8	2	2
新疆	66	293	216	6	36

美术馆基本情况

中级职称	藏品/件(套)	文物藏品数	非文物藏品数	国画	油画	版画
1701	**700581**	**17786**	**650545**	**139141**	**32763**	**82784**
9	3340		3340	362	141	627
55	8845	100	8745	2122	575	1125
77	16256	618	15592	2967	141	583
55	13727	5	13622	2472	834	447
15	1072		1072	288	263	168
28	9227	15	9212	2392	658	278
26	3002	242	3002	449	243	1525
99	35969	880	33251	7563	2574	2733
174	51994	605	51474	18964	2433	4445
74	64047	21	52612	10908	3378	6218
37	11286	972	10200	5167	305	406
20	8798	429	8146	1837	551	1063
69	23430	106	23324	4965	983	4862
203	55687	3512	35621	11376	1351	2921
25	22127		22127	3697	790	1096
69	14514	37	13962	2440	875	1233
60	15115	307	14608	3654	942	237
133	163702	8371	155418	27987	5258	38527
23	4054		4054	1317	395	168
48	9389	36	9336	1347	401	1396
90	27370	894	26476	8626	1549	789
22	3348		3348	869	438	139
24	4498	17	4481	426	217	1002
26	29757	94	29663	1126	667	762
115	17896		16137	4968	681	212
2	1399		1399	571	38	257
78	18328	525	17919	1982	2035	1332

续表 1

地区	雕塑	水粉、水彩	设计	连环画、漫画	民间艺术
全国	**7882**	**17016**	**5590**	**14691**	**75028**
北京					
天津	37	32		4	685
河北	124	321	41	115	259
山西	55	295	5	163	1132
内蒙古	63	241	58	16	813
辽宁	5	120	2	2	73
吉林	2	382	511		138
黑龙江		26			207
上海	431	896	45	2576	3978
江苏	465	1188	30	165	4188
浙江	566	1666	1166	2068	1250
安徽	181	171		91	389
福建	145	124	83	138	175
江西	189	747	13	161	3481
山东	312	992	18	509	1165
河南	748	478	209	25	2504
湖北	382	998	30	427	1621
湖南	44	682	28	203	902
广东	1197	3217	3226	4374	2727
广西	18	169		1	3
海南					
重庆	77	351	13	19	640
四川	143	932	33	401	399
贵州	48	367	15	190	27
云南	10	257		1	76
西藏					
陕西	59	124			17621
甘肃	141	278	37	285	1277
青海					
宁夏	5	1			
新疆	150	668	27	128	1917

书法	摄影、多媒体	漆艺	陶艺	其他	年度展览总量/个	自主办展数量
105674	**74934**	**1954**	**4816**	**88272**	**10264**	**7062**
472	396	15	12	557	83	51
1277	1230	20	43	1493	557	408
8014	1679	4	20	534	439	334
5704	2438	2	108	426	274	179
88	32	5	2	24	72	51
2424	960			1467	122	111
298	18		95	141	72	49
2792	4422	5	38	5198	166	105
9312	6371	14	1331	2568	827	584
8259	1627	23	364	15119	501	426
3130	63	2	5	290	432	265
1553	434	869	144	1030	181	147
4244	895	54	499	2231	442	330
12619	1620	6	195	2537	1121	702
7826	1306	16	104	3328	315	182
1858	1782	327	71	1918	198	176
4432	704	1	437	2342	349	239
3969	33962	165	488	30321	811	564
954	51	2	32	944	82	59
3545	966	26	64	491	379	267
8549	4227	103	282	443	525	404
1092	64	13	20	66	44	29
560	1678			254	126	92
514	91			8699	113	66
5382	2545	5	93	233	692	519
303				224	43	5
4490	3267	23	34	1866	1204	676

续表 2

地区	线上展览数量/个	参观人次/万人次		学术成果	
			未成年人参观人次	专著或图录/册	论文数/篇
全国	**20846**	**6499.65**	**1404.90**	**5742**	**777**
北京					
天津		60.74	1.69	2	1
河北	127	251.34	52.67	8	15
山西	206	147.92	37.49	5	11
内蒙古	31	161.78	37.84	1205	9
辽宁		59.95	9.92	11	8
吉林	31	27.55	3.68	8	
黑龙江	35	33.04	5.26	5	6
上海	91	200.89	35.99	33	86
江苏	210	821.51	213.49	24	98
浙江	9	452.14	99.07	2833	79
安徽	90	205.62	53.04	16	10
福建	51	102.40	43.76	8	5
江西	174	331.52	53.79	15	11
山东	250	729.06	173.60	64	75
河南	37	106.40	37.82	614	24
湖北	116	354.55	60.12	191	49
湖南	21	366.80	117.89	78	8
广东	56	855.41	113.80	536	16
广西	56	32.14	14.32	4	10
海南					
重庆	46	139.31	35.10	8	9
四川	113	393.25	86.80	21	22
贵州	5	14.74	2.23	2	3
云南	20	31.02	6.56	3	38
西藏					
陕西	92	114.52	29.28	4	1
甘肃	18881	128.83	37.62	15	31
青海					
宁夏		39.74	0.49		
新疆	98	234.95	30.04	15	46

学术活动/次	本年收入合计/千元	财政拨款收入	免费开放资金	中央资金	收藏专项经费	本年支出合计/千元
1413	**4503849**	**2796943**	**247142**	**92972**	**124070**	**4623679**
7	16					14
31	66655	66552	10380	4248	1700	66806
18	75525	74710	8030	5221		74956
30	58521	58381	6410	4552	47	57831
14	19489	19269	5080	1020	500	19118
	25318	24177	3667	1940	800	25102
13	34851	34804	4589	986	4500	34864
106	334835	311517	2268	875	1736	351823
67	274582	250836	17920	1700	14058	279580
140	192397	176200	7176	920	9030	193835
38	87789	86661	6997	3043	10868	87999
7	199469	198647	6541	1129	3235	86157
35	103144	98102	28880	4811	3330	106658
232	170052	165989	21864	8726	4175	173014
99	58431	55688	4660	2280	2380	91347
74	133547	132061	4404	1577	13690	134958
31	101761	92954	10506	6861	8048	100047
196	2051025	493331	14647	1867	29724	2071502
15	11299	11298	1550	1240	100	11299
25	39687	37554	12130	6000	1276	45880
47	119808	119465	5818	3595	748	119549
10	12448	12349	1970	1411	161	12344
41	19883	19547	4298	1866		20092
16	38666	33991	3050	1120	1500	42290
66	61899	59653	14289	9077	50	62721
	2664	2510	500	400	10	2658
47	96666	89124	23779	16507	2404	183376

续表 3

地　区	基本支出	项目支出	收藏经费	经营支出	在支出合计中：工资福利支出
全　国	**1979458**	**2582377**	**145607**	**26557**	**1416093**
北　京					
天　津				14	
河　北	34395	29835	2000		27477
山　西	39912	33498	285		32606
内蒙古	33003	23515			24739
辽　宁	11201	6430	504		8640
吉　林	13886	11106	800	110	10624
黑龙江	18643	16221	4500		14779
上　海	156644	195178	2777		93528
江　苏	161686	108309	18363	7503	104375
浙　江	74892	110689	9984	4307	49747
安　徽	31127	56619	10848		26810
福　建	17106	68970	7514		12751
江　西	56494	47091	3565	2428	47500
山　东	99516	72813	4287	1	71681
河　南	19711	68771	2380	30	14342
湖　北	47237	85584	13820	760	37419
湖　南	45658	46339	6518	6755	30329
广　东	860502	1199226	37859	4409	621957
广　西	8262	3037	100		6311
海　南					
重　庆	23434	22097	1484		18133
四　川	21031	98518	748		17252
贵　州	6495	5699	161		5650
云　南	9835	9870			7670
西　藏					
陕　西	16503	25017	1500		11022
甘　肃	38012	22964	302		30876
青　海					
宁　夏	1684	974	10		1510
新　疆	47387	131350	2175	240	26199

资产总计/千元	固定资产净值	实际使用房屋建筑面积/万平方米	展览用房	库房面积	画室面积	实际拥有产权面积/万平方米
13342136	**8563886**	**352.48**	**126.38**	**18.74**	**12.68**	**108.48**
290	61	4.90	1.46	0.17	0.02	
162916	153305	10.25	5.64	0.49	0.69	3.93
784351	648574	13.25	5.79	0.72	0.52	0.74
820551	733762	12.86	5.95	0.76	0.78	11.01
30026	24947	1.40	0.92	0.08	0.06	0.32
54923	51101	2.00	0.86	0.12	0.24	0.50
182015	175993	2.69	0.89	0.16	0.46	1.08
1345460	1088856	26.91	10.70	0.76	0.10	2.79
1431056	1371846	50.14	12.28	1.35	1.70	12.94
1085038	842058	18.07	6.27	1.17	0.67	5.42
453349	375386	12.35	3.81	0.80	0.43	2.38
388321	49900	6.20	1.91	0.29	0.12	0.19
433068	95226	12.85	6.39	0.70	0.75	1.40
936735	679597	29.13	11.78	1.71	1.06	5.44
200332	98912	5.37	2.30	0.22	0.27	0.61
562952	523105	12.72	4.07	0.50	0.61	6.66
187430	139369	10.26	5.23	0.58	0.40	4.57
2764301	1018224	58.59	16.44	4.51	0.29	25.09
16839	12341	1.03	0.40	0.09	0.06	2.45
35234	17611	6.01	2.35	0.27	0.26	1.47
90974	60591	13.88	5.60	0.99	0.84	1.95
45852	42257	5.19	0.83	0.21	0.29	4.90
20036	16766	3.16	2.04	0.39	0.37	1.48
125157	117182	3.41	1.98	0.27	0.03	2.63
34854	26193	9.29	3.41	0.30	0.89	2.02
3612	3538	0.76	0.68	0.01	0.01	
402586	179526	16.61	5.71	0.87	0.76	4.73

续表 4

地区	公共教育活动			创作情况/个	
	讲座/次	教育活动/次	出版物/种	创作项目数量	参加展览数量
全国	**2972**	**12943**	**2585**	**7275**	**3129**
北京					
天津	28	476			
河北	185	179	6	226	55
山西	72	1447	7	870	392
内蒙古	39	186	7	445	66
辽宁	77	19	21	106	62
吉林	19	67		28	69
黑龙江	29	86	23	433	86
上海	245	1934	5	13	22
江苏	230	961	15	910	62
浙江	161	251	41	602	
安徽	119	541	12	324	330
福建	55	132	9	10	4
江西	325	583	11	339	123
山东	202	1881	20	618	174
河南	65	450	11	7	4
湖北	84	558	2313	185	146
湖南	204	233	18	187	79
广东	190	1412	21	305	68
广西	23	254	3	158	82
海南					
重庆	117	352	4	328	288
四川	165	440	21	914	541
贵州	6	39			
云南	15	50	1	150	60
西藏					
陕西	27	123	2	1	12
甘肃	172	107	11	102	343
青海					
宁夏		5	1		
新疆	106	150	2	14	61

获省部级以上奖项的作品数	学术研究情况/个			培训情况		志愿者服务队伍个数/个	志愿者服务队伍人数/人次
	本年承担课题、项目数	省部级以上课题项目数	结项课题项目数	组织培训次数/次	培训人次/万人次		
707	**178**	**87**	**126**	**1614**	**7.00**	**1017**	**37482**
						1	85
2	1	1	1	48	0.52	218	2353
125	7	7	2	12	0.12	29	3346
46	5	2	2	170	0.66	29	463
23	3	3	2	200	0.05	4	55
				27	0.04	9	143
25	3	2		31	0.08	28	546
2	13		13	29	0.05	18	3557
34	8	6	6	36	0.27	46	2226
	10	6	5	41	0.32	63	1174
32	2	2		19	0.08	64	1104
						14	1447
20	2	1	1	3	0.01	46	2081
49	76	29	67	501	2.46	86	2503
	2	2		23	0.03	13	347
58	14	13	9	39	0.15	27	1369
67	2	2	2	104	1.15	51	2210
31	2	2	1	17	0.10	41	4626
38				15	0.10	8	816
42	3	1	2	234	0.56	26	1333
23	11	2	1	4	0.02	42	1976
	1					5	94
	2	2	2	2	0.02	8	432
	5		5	3	0.02	8	135
65	1	1	1	38	0.12	44	897
						1	15
25	4	2	3	18	0.07	87	2053

主要统计指标解释

1．**本团原创首演剧目**：指由戏曲、话剧、歌剧、舞剧、歌舞剧、木偶、皮影等艺术表演团体原生创作并首演且单个剧目演出时间超过一小时的表演剧目，但不包括音乐、舞蹈、曲艺、杂技等单个小节目的创作演出。

2．**演出场次**：指以场为计量单位的在国内和国外的艺术表演的次数，包括售票、包场等有演出收入的场次和政府采购的公益性演出场次及参加汇演、调演等无演出收入的公开演出场次，包括流动舞台车演出场次，不包括彩排和内部观摩等无演出收入的场次。

场数的计算，通常以售票、发票一次（或在其他地点进行一次艺术表演活动相当于剧场演出一场的时间）为一场。按时收费的，按日场、晚场或早场等一般习惯（约 1 至 2 小时）计算。评弹等曲艺演出计算场数，按演出 1 至 2 小时为一场的原则进行折算。独幕剧或音乐、舞蹈、曲艺、杂技、木偶戏、皮影戏节目组成专场演出时，不论包括几个独幕剧或节目，一律按一场计算。

3．**农村演出场次及观众人次**：指本团到（乡镇及以下）农村和林区、牧区、渔区的演出，不论在本省或外省，凡到上述地区演出，均计入农村演出。

4．**演出收入**：指艺术表演团体通过售票或包场演出所取得的票房收入，不包括政府采购的公益性演出补贴收入。

5．**政府采购的公益性演出场次、观众人次**：指本团报告期内不进行售票、免费给社会公众演出并从财政部门获取一定场次补贴的公益性演出场次、观众人次。

6．**政府采购的公益性演出补贴收入**：指本团报告期内因进行公益性演出而取得的补贴收入，为财政拨款的其中项。

7．**座席数**：指公开营业艺术表演场馆可向观众售票的实际座席数。

8．**演出业务用房**：指在艺术表演场馆中用于演出服务的设施面积。多功能艺术表演的场所应包括观众厅、门厅、舞台部分（主台、侧台、后台）的建筑面积和辅助设施——休息室、化妆间、服装间、道具间、舞台设备控制间（灯控间、音控间、放映间等）的建筑面积以及配电设施、消防通道的建筑面积。若属非独立建筑的，则按使用面积计算。

文化市场

5

近年来全国文化市场经营机构基本情况

年　份	机构数	从业人员	资产总计/万元	营业收入/万元	营业利润/万元
2006年	166406	945418	4515546	4148403	926142
2007年	217643	1197610	12956212	7089004	2444242
2008年	221253	1254641	12532138	7465936	2541012
2009年	223893	1288615	12074316	5736445	3505134
2010年	230659	1375660	13806937	8654903	3744175
2011年	238455	1415526	16540928	9766472	5425871
2012年	231132	1416028	18997555	10337954	6093759
2013年	226584	1451818	44258484	13665714	5657414
2014年	220164	1323902	25641255	16142494	4682893
2015年	231709	1564660	53671039	29656347	10020910
2016年	242686	1609329	66760690	44989191	10345244
2017年	257345	1733235	94634340	96723615	12241695
2018年	237055	1667316	120209428	58884050	7182744
2019年	218447	1557344	248140886	92305502	14102049
2020年	207853	1554753	152415716	99104013	17284149
2021年	191018	1511112	165746698	136905626	16368938
2022年	202845	1339972	194275267	141064354	23499708
2023年	175129	1177473	227743619	178524666	13871153

近年来全国娱乐场所基本情况

年　份	机构数	从业人员	资产总计/万元	营业收入/万元	营业利润/万元
2006年	51742	490289	2990424	2101890	329557
2007年	82174	611108	5927457	3546201	583689
2008年	84356	639511	7048155	3709413	659403
2009年	82200	636800	6271305	4130085	1367846
2010年	85854	703520	7635552	4772099	1718734
2011年	92577	758377	9661392	5661798	1939320
2012年	90271	765250	11136779	6048764	1982344
2013年	89652	835658	34317748	8842052	2084672
2014年	84179	729516	16144969	11023662	2606315
2015年	79816	673640	11050577	5570354	1361661
2016年	77071	632527	10510102	5387254	1257926
2017年	78616	600106	10313538	5468701	1306909
2018年	70584	528238	9212288	5209738	1123267
2019年	67358	542514	17277257	5359387	717719
2020年	65439	532538	10394735	4192570	253275
2021年	50504	511075	11615310	4855771	302846
2022年	66506	441730	12473868	4144794	-22541
2023年	44768	418286	13994481	5896338	395462

近年来全国互联网上网服务营业场所(网吧)基本情况

年 份	机构数	从业人员	资产总计/万元	营业收入/万元	营业利润/万元
2006年	114273	443745	2210843	2016913	329557
2007年	133163	539460	4304405	3434114	1036162
2008年	134267	565707	5307279	3645153	913361
2009年	138048	580749	5585437	3785362	1510735
2010年	140376	584912	5864306	3626809	1490620
2011年	141275	567170	6282208	3754922	1565375
2012年	135683	529362	8818719	3539807	1431362
2013年	131013	478242	8051486	3879399	1425890
2014年	129289	452105	7429194	4477597	1962040
2015年	134847	480260	6939291	4009643	1302975
2016年	141587	488209	7484979	4323160	1312916
2017年	143434	440853	6947788	3825868	1071760
2018年	124266	346686	5592315	2946316	767578
2019年	116807	311859	4858896	2443944	416879
2020年	106165	247148	3853536	1815333	-171908
2021年	101758	201499	3535745	1696309	-229617
2022年	95494	163257	3302334	1273551	-174069
2023年	90369	147091	3650488	1817744	481979

2023年全国文化市场

	机构数/个	从业人员/人	资产总计/千元
总　计	**175129**	**1177473**	**2277436186**
按经营范围分类：			
娱乐场所	44768	418286	139944808
互联网上网服务营业场所(网吧)	90369	147091	36504881
文艺表演团体	15888	281131	151891624
演出场所经营单位	2041	35937	102472174
经营性互联网文化单位	8219	167107	1190078888
艺术品经营单位	7428	22420	147112818
演出经纪机构	6416	105501	509430993

2023年全国娱乐

	机构数/个	从业人员/人	资产总计/千元
总　计	**44768**	**418286**	**139944808**
按城乡分类：			
城市	22340	233822	65687976
县城	14765	139808	57698939
县以下	7663	44656	16557893
机构分类：			
歌舞厅	17445	183698	77793764
卡拉Ok厅	844	10029	1995170
游艺娱乐场所	12508	133552	33218496
其他	13971	91007	26937378
连锁类型：			
直营店	28395	308676	111949577
加盟店	1073	10364	2847634
非连锁	15300	99246	25147597
曲库内容自审情况：			
VOD系统商审核	29401	325555	110887807
企业自审	9480	81445	25309510
未进行自审	5887	11286	3747491
行业分类：			
歌舞娱乐场所	35519	383236	126173128
游艺娱乐场所	9249	35050	13771680

经营机构基本情况

损益(千元)					
营业收入	营业成本	养老、医疗、失业等保险费	本年发放工资总额	本年应交税金总额	营业利润
1785246662	**1532938125**	**7644408**	**46313471**	**72007205**	**138711534**
58963378					3954618
18177441	15959068	411325	6008929	164042	4819790
25722111	31752349			4579972	1017149
13869830	14906064			970786	-822527
945946986	804968795	5808102	34801023	27503814	87770581
56383407	43541014	1424981	5503519	1655973	13778133
666183509	621810835			37132618	28193790

场所基本情况

营业收入/千元	营业利润/千元	游戏游艺设备数量/个	进口游戏游艺设备数量/个	歌舞娱乐场所包间数/个	娱乐场所接待消费者人数/万人次
58963378	**3954618**	**392119**	**14387**	**684861**	**56052.05**
35750232	1020770	235367	7297	352358	34265.32
17560497	2332233	134621	5372	240302	17137.11
5652649	601615	22131	1718	92201	4649.62
21218634	1655948	1773	757	320820	20310.11
1366672	14698	7652	1213	12545	709.08
20422187	1313527	1980	698	256353	15733.80
15955885	970445	380714	11719	95143	19300.04
43714709	2582455	273242	9545	496195	41219.89
2025903	-69527	33754	1411	17574	3592.08
13222766	1441690	85123	3431	171092	11240.36
44308146	2842995	102908	7168	577864	36902.55
11998385	1028602	181643	5745	103719	15503.40
2656847	83021	107568	1474	3278	3646.18
49581220	3359691	21636	7303	681506	41776.80
9382158	594927	370483	7084	3355	14274.57

2023年全国互联网上网服务

	机构数/个	从业人员/人	资产总计/千元	营业收入
总　计	**90369**	**147091**	**36504881**	**18177441**
按城乡分类：				
城市	68797	77179	20474159	10067445
县城	13337	48673	9752741	4542032
县以下	8235	21239	6277981	3567964
连锁类型：				
直营店	26518	104569	27317811	13631562
加盟店	2291	9841	3584436	1288132
非连锁	61560	32681	5602634	3257747

续表

	在营业成本中			
	房租	人工成本	宽带费用	其他费用
总　计	**7889921**	**736**	**4321243**	**2717690**
按城乡分类：				
城市	5822940	320	3047938	1816262
县城	1141082	396	627058	577631
县以下	925899	20	646247	323797
连锁类型：				
直营店	6511340	680	2426598	2054965
加盟店	405346		129732	195629
非连锁	973235	56	1764913	467096

营业场所(网吧)基本情况

损益/千元					
网费收入	其他收入	营业成本	养老、医疗、失业等保险费	本年发放工资总额	本年应交税金总额
15717062	**3468096**	**15959068**	**411325**	**6008929**	**164042**
8937790	2139769	9420142	277658	3361197	115326
3568453	973050	3838505	89252	1485877	35234
3210819	355277	2700421	44415	1161855	13482
12045623	2594678	11806645	303068	4430578	122437
1006175	281850	1207403	32879	413456	19752
2665264	591568	2945020	75378	1164895	21853

营业利润	终端数量/个	经营面积/万平方米	本年新增投入/千元	门店数量/个	接待消费者人数/万人次
4819790	**2926518**	**1165.32**	**5069195**	**48270**	**67107.96**
3237386	1531431	609.82	3979626	25232	34049.85
711083	944585	380.12	792126	14403	26991.34
871321	450502	175.38	297443	8635	6066.77
4424482	2076934	831.53	4368892	33000	52440.57
82246	183585	72.41	192007	6421	4436.38
313062	665999	261.65	508296	8849	10230.98

2023年全国经营性互联网

	机构数/个	从业人员/人	资产总计/千元	
				营业收入
总　计	**8219**	**167107**	**1190078888**	**945946986**
按经营类别分类：				
网络游戏	1345	57210	813705929	717246651
网络音乐	2595	56770	231405823	155401788
网络表演	2903	39981	114016778	47032655
网络演出剧(节)目	399	11614	29023306	25581290
网络艺术品	977	1532	1927052	684602

续表 1

	本年发放工资总额	本年支付的职工福利费	本年应交税金总额	住房公积金和住房补贴
总　计	**34801023**	**1312181**	**27503814**	**2687696**
按经营类别分类：				
网络游戏	13225699	577771	21711544	1128457
网络音乐	12460336	480539	3460633	1030520
网络表演	5745147	218575	1126332	358791
网络演出剧(节)目	3131961	21395	1165357	150083
网络艺术品	237880	13901	39948	19845

文化单位基本情况

损益/千元						
					营业成本	
网络游戏	网络音乐	网络表演	网络演出剧(节)目	网络艺术品		养老、医疗、失业等保险费
37343537	**11517779**	**235377213**	**19498687**	**117467**	**804968795**	**5808102**
37291674	1447052	214212150	6666005	19558	625402722	2689215
7236	10062571	413458	11263595	2096	112327111	1876361
19379	4218	19475736	366114	2540	41195545	834016
25228	2678	1275869	1202953	624	25447965	357956
20	1260		20	92649	595452	50554

			营业利润	营业外收入		利润总额
差旅费	工会经费	其他			政府补助	
679569	**763983**	**710230270**	**87770581**	**5069680**	**2939606**	**47180282**
256632	159184	566246176	60897330	1410281	340626	21992059
205156	36881	90405413	30177750	1087427	489429	29444831
128149	550506	32830431	6477679	2350287	2060453	5338978
84470	16916	20520434	-9772038	209974	41399	-9601756
5162	496	227816	-10140	11711	7699	6170

续表 2

	经营面积/万平方米	知识产权/种	拥有自主知识产权网络文化产品数	注册用户数/个
总　计	**238.08**	**135353951**	**731732**	**47683062743**
按经营类别分类：				
网络游戏	66.30	131388129	133122	30465115780
网络音乐	84.46	3898407	551575	7434510696
网络表演	70.62	24111	7786	4638266365
网络演出剧(节)目	14.19	12813	9136	5020612061
网络艺术品	2.51	30491	30113	124557841

续表 3

	国内网络表演者数量	境外网络表演者数量	网络演出剧(节)目数量/部	国产网络演出剧(节)目数量
总　计	**60254034**	**43758**	**106799**	**102872**
按经营类别分类：				
网络游戏	54931016	42508	23932	21103
网络音乐	174767	505	4468	3397
网络表演	3501951	21	26641	26633
网络演出剧(节)目	1646285	719	51751	51733
网络艺术品	15	5	7	6

运营网络文化产品数						
网络音乐数量/件	国产网络音乐数量	进口网络音乐数量	网络动漫数/件	国产网络动漫数量	进口网络动漫数量	网络表演者数量/人
546787731	**241732048**	**305055683**	**3896961**	**3467706**	**429255**	**60297792**
518646205	213592049	305054156	3674424	3257560	416864	54973524
35102	34022	1080	217632	206013	11619	175272
4994	4756	238	737	707	30	3501972
28101180	28100972	208	4069	3328	741	1647004
250	249	1	99	98	1	20

				出口情况	
进口网络演出剧(节)目数量	网络艺术品数量/件	国产网络演出剧(节)目数量	进口网络演出剧(节)目数量	出口额/千元	出口网络文化产品数量/件
3927	**220985**	**220321**	**664**	**6925418**	**63721**
2829	111044	110898	146	1034658	61355
1071	23936	23433	503	5215275	2329
8	1538	1533	5	636383	28
18	226	223	3	39092	8
1	84241	84234	7	10	1

2023年全国艺术品

	机构数/个	从业人员/人	资产总计/千元	营业收入
总　计	**7428**	**22420**	**147112818**	**56383407**
按城乡分类：				
城市	6631	17749	139799168	49896608
县城	574	3060	6049772	6042266
县以下	223	1611	1263878	444533
按经营类别分类：				
画廊	749	4761	9785494	8140642
画店	300	862	975352	252214
拍卖企业	85	1586	12087594	1765450
展览机构	701	7022	42379643	6934704
电商平台	185	5717	67399010	32585807
艺术品交易所	292	1766	11432838	1290132
鉴定机构	43	625	610971	252186
评估机构	12	81	2441916	5162272
其他	5061			

续表

	艺术品交易情况			
	艺术拍卖交易量/件	艺术拍卖交易金额/千元	艺术品交易数量/件	艺术品交易金额/千元
总　计	**461617**	**14604377**	**3064519**	**19999828**
按城乡分类：				
城市	422910	14572501	2246117	12232418
县城	35633	23573	345618	3363345
县以下	3074	8303	472784	4404065
按经营类别分类：				
画廊	22630	1336736	178787	1768727
画店	609	318	287241	2860071
拍卖企业	152542	13179739	102242	1005815
展览机构	44779	39108	716936	6748700
电商平台	210351	40836	522273	4370574
艺术品交易所	30696	7620	1176897	2444556
鉴定机构			116	1115
评估机构	10	20	80027	800270
其他				

经营单位基本情况

损益/千元					本年应交税金总额/千元	经营面积/万平方米
营业成本	养老、医疗、失业等保险费	本年发放工资总额	本年支付的职工福利费	营业利润		
43541014	**1424981**	**5503519**	**165686**	**13778133**	**1655973**	**294.81**
37897042	1330366	4950563	127707	12876344	1537042	175.21
5241827	82484	471556	34816	861716	113677	93.78
402145	12131	81400	3163	40073	5254	25.82
9986071	139363	688280	46665	1245771	160780	115.93
215074	10514	46470	821	-45249	8851	9.07
1283349	46077	199792	20063	343891	191533	5.53
6172081	226914	885649	42499	34760	311273	132.33
19483199	616854	1803468	35667	12034996	813519	10.36
1072884	15582	133955	6115	202908	52407	20.30
249490	19717	113714	1519	322	14496	1.15
5078866	349960	1632191	12337	-39266	103114	0.26

展览/预展场次/次	展览交易数量/件	展览交易金额/千元	艺术品进出口批次/次	艺术品进出口数量/件	艺术品进出口金额/千元
271349	**330675**	**3910259**	**2800**	**469118**	**12735595**
231182	216017	3766777	1778	36025	12451951
31539	48270	122794	183	57696	10150
8628	66388	20688	839	375397	273494
14301	27242	1100840	637	73293	252831
1392	50759	2688	321	236702	51529
5751	5052	480137	28	329	28490
23477	99340	2213215	1410	118615	12369337
203000	131846	3539	243	3601	31414
23424	16425	109840	161	36578	1994
3	9				
1	2				

2023年全国演出

	机构数/个	从业人员/人	演出经纪人员	资产总计/千元
总　计	**6416**	**105501**	**15145**	**509430993**
经营类型：				
演员经纪	2417	56977	7898	261444846
项目经纪	201	2850	680	15771918
综合业务	3798	45674	6567	232214229

续表

	本年应交税金总额/千元	演出项目数/个	涉外项目	港澳台项目
总　计	**37132618**	**52245**	**5299**	**1724**
经营类型：				
演员经纪	23754387	21521	1880	607
项目经纪	183549	2884	288	76
综合业务	13194682	27840	3131	1041

经纪机构基本情况

损益/千元					
营业收入	营业成本				营业利润
		业务成本	办公成本	人力成本	
666183509	**621810835**	**45345428**	**1498041**	**8243643**	**28193790**
395340797	385120778	27968152	1097703	7161479	22767066
6472218	5537177	460923	21323	33574	981270
264370494	231152880	16916353	379015	1048590	4445454

内地项目	演出场次/场次	涉外项目演出场次	港澳台项目演出场次	内地项目演出场次	办公用房面积/万平方米
45224	**854489**	**212561**	**3929**	**638062**	**540.48**
19036	561262	107287	1090	452885	168.77
2520	17843	3069	98	14667	26.30
23668	275384	102205	2741	170510	345.41

2023年全国各地区文化市场经营机构基本情况

地　区	机构数/个	从业人员/人	资产总计/千元	损益/千元					
				营业收入	营业成本	养老、医疗、失业等保险费	本年发放工资总额	本年应交税金总额	营业利润
全　国	**175129**	**1177473**	**2277436186**	**1785246662**	**1532938125**	**7644408**	**46313471**	**72007205**	**138711534**
北　京	3391	65116	784428707	813693147	683055744	2323865	12493728	18031395	49481073
天　津	2181	17794	46486737	136685169	136456708	151958	865795	7872654	1702145
河　北	6515	27473	8645446	2706715	2723242	10122	120320	236195	-690629
山　西	4324	26943	7223752	2438543	1303966	5327	94155	455123	3104360
内蒙古	1921	7184	6069752	2473301	1955909	1908	29437	17348	208115
辽　宁	3523	15336	10419345	1606463	1858250	27180	225752	98410	154855
吉　林	3153	6755	2502905	1072732	638095	9036	72724	37012	90848
黑龙江	3235	11855	3118811	2259679	17156038	5402	74176	216235	152294
上　海	2699	56930	460580071	272514855	203616930	2508812	8626009	14363251	59419356
江　苏	15312	61967	100258389	22326427	17803195	386454	4160412	853239	991360
浙　江	8083	102940	93001856	100460760	85157087	539003	3487046	10896139	3114799
安　徽	11989	55830	13238934	6707001	6327584	34005	505402	664810	1452253
福　建	5000	51038	56640700	19494592	13168787	76108	1274001	256965	1677251
江　西	3671	23030	18304485	27593898	25391662	82963	556157	102500	567126
山　东	15602	52950	68218200	16225872	13233687	133253	973565	1385713	1208805
河　南	15169	72360	22108224	7856698	4869726	35301	434947	1251552	1801525
湖　北	9910	37904	34685038	22114230	17741362	120540	1178330	728018	466133
湖　南	7470	57022	93672907	36947537	31034890	186909	1977355	3632999	4784049
广　东	11344	143113	305689598	242338256	236498116	665522	5927075	4763457	13306692
广　西	2839	25887	9545816	3784281	2083788	36563	293666	136586	519411
海　南	2118	14535	10096022	6503309	5536227	37773	347344	656252	218374
重　庆	4410	42400	16675408	7355521	7696338	57893	520557	399155	527475
四　川	13036	59518	22555046	11482623	6371888	124810	1003811	621815	-7972583
贵　州	2863	27483	16946563	3273505	923081	11156	176951	1482030	682402
云　南	5203	38828	11059292	4944072	1987999	7851	196517	1935762	759625
西　藏	657	5825	10207572	601733	143038	2394	25899	21218	100480
陕　西	3390	26358	13037734	4566631	3889663	36025	414130	579140	216760
甘　肃	3167	21225	10915126	2905687	3117390	18028	143254	164116	400385
青　海	579	6421	842072	360133	244743	1414	30979	64618	17325
宁　夏	321	1478	251699	132718	18691	457	7007	74	28391
新　疆	2054	13975	20009979	1820574	934301	6376	76970	83424	221079

2023年各地区娱乐场所基本情况

地区	机构数/个	从业人员/人	资产总计/千元	营业收入/千元	营业利润/千元	游戏游艺设备数量/个	进口游戏游艺设备数量/个	歌舞娱乐场所包间数/个	娱乐场所接待消费者人数/万人次
全国	**44768**	**418286**	**139944808**	**58963378**	**3954618**	**392119**	**14387**	**684861**	**56052.05**
北京	461	4530	1780060	845606	-94712	4629	77	9520	603.76
天津	484	4160	1023410	667544	-23382	7185	141	8542	518.47
河北	1440	8319	1991523	769576	126049	9022	226	19901	708.49
山西	894	8451	1493717	1054345	285858	5244	302	13423	502.42
内蒙古	899	3226	599079	327502	87182	4718	238	6039	407.60
辽宁	1606	5761	6191469	498706	98986	9519	185	14168	763.95
吉林	811	3010	635956	294349	56621	5501	323	5903	410.82
黑龙江	1615	5441	984777	463962	80667	12418	407	11869	615.90
上海	902	11182	3490568	2915265	-177348	8997	326	19437	1286.76
江苏	3321	23417	4811012	2972645	65856	32198	774	41664	3476.16
浙江	2733	38077	13388338	9325028	427174	23994	684	65416	4914.27
安徽	1864	12385	3348304	1574260	142875	24181	562	24374	1775.33
福建	1831	29246	25981191	4691552	124202	15579	727	39733	3058.87
江西	859	9184	2051749	1187194	126975	11565	591	11547	1018.14
山东	2100	11539	2643990	1587209	102228	25870	628	25250	1935.98
河南	1612	13472	2852005	1224739	150995	13135	609	27345	1236.35
湖北	1816	11926	2793687	1407281	48709	19316	348	17581	1449.74
湖南	1620	18967	8865908	1878276	88637	22931	813	22331	2100.33
广东	3738	62056	11377933	9439792	87904	39997	1663	88427	12502.12
广西	743	11216	5642708	1127406	26065	10118	300	18254	1743.73
海南	421	5250	1252207	763630	65754	3954	162	7549	438.32
重庆	1372	12667	2884447	1577051	112589	13733	303	19536	1819.72
四川	3305	28566	6067546	4459064	552655	23820	968	45101	3915.40
贵州	1463	17629	5773204	2318567	619469	10115	723	29443	2389.93
云南	3000	26903	5952137	2513837	329786	9972	842	44378	2949.79
西藏	399	5091	8942294	450003	91267	2151	55	3436	222.80
陕西	670	5713	1453772	708816	107591	6575	279	10066	1131.11
甘肃	1368	8084	3095196	870176	101374	6684	465	16611	986.03
青海	212	2195	338386	174387	32431	1521	155	2528	309.95
宁夏	197	1184	214356	110798	25141	1151	150	1809	116.84
新疆	1012	9439	2023879	764812	85020	6326	361	13680	742.97

2023年各地区互联网上网服务

地区	机构数/个	从业人员/人	资产总计/千元	营业收入
全国	**90369**	**147091**	**36504881**	**18177441**
北京	473	1020	177889	118879
天津	863	1264	246675	133715
河北	4101	4246	656320	340536
山西	2587	3287	557250	268614
内蒙古	713	1111	190137	89196
辽宁	1024	1810	292885	140338
吉林	1440	1660	284957	153254
黑龙江	1412	2756	465865	219108
上海	617	1838	413477	331170
江苏	9280	8853	1615776	1056081
浙江	2878	7287	4306029	2002370
安徽	6541	8619	2119422	1055322
福建	1912	3133	3908488	2019112
江西	2202	5219	1051191	579597
山东	9691	8097	2730741	794424
河南	9628	11395	1611709	769791
湖北	6317	7044	1196379	702222
湖南	4792	11390	2139018	1432630
广东	4872	11973	1862567	1501437
广西	950	3664	459882	308823
海南	778	1195	162151	103503
重庆	1614	7100	1164076	777700
四川	8195	13446	3974115	1555806
贵州	1242	5388	779738	455345
云南	1935	4960	765710	344521
西藏	239	560	1152829	88208
陕西	1696	3417	553977	300978
甘肃	1148	1986	1069013	201619
青海	176	699	154548	93015
宁夏	122	275	36276	20517
新疆	931	2399	405791	219610

营业场所(网吧)基本情况

损益/千元					
网费收入	其他收入	营业成本	养老、医疗、失业等保险费	本年发放工资总额	本年应交税金总额
15717062	**3468096**	**15959068**	**411325**	**6008929**	**164042**
102099	16371	137477	7274	42463	1989
111674	22051	136305	3255	46121	951
284697	55718	289400	8227	107776	2462
1222750	55624	227640	4268	83085	8487
72453	16683	73254	1577	26848	605
114842	25535	132785	2428	41271	1468
122965	30289	131693	2049	46611	1500
178203	40880	185217	3218	59569	1657
275793	55375	359070	10646	111262	4716
866621	189135	934770	24926	334284	9866
1533175	469095	1848746	58013	550973	31793
787450	267899	873095	17415	323756	6815
1972757	45608	1377199	7078	643704	1363
434427	146181	499570	8907	190119	5140
632879	161563	669585	19956	225940	6575
592058	177728	669182	10686	266299	5918
546711	155413	612057	13444	229491	6936
946888	485591	1336849	49799	513587	22830
1285984	214332	1477674	63234	553848	11140
247537	61308	284086	7686	107370	1201
84124	19493	93273	4191	34924	1244
623652	154055	702990	15064	271941	6389
1271539	284392	1360794	39406	561131	9291
377942	77303	405004	9097	161410	5261
283638	60716	308656	3360	166459	2492
60715	27493	81526	2394	25899	1492
253038	47953	283420	4501	109774	1674
162307	39314	170931	1975	63516	670
70394	22621	78794	1038	27789	546
16339	4178	16588	457	7007	66
181411	38199	201438	5756	74702	1505

续表

地区	在营业成本中			
	房租	人工成本	宽带费用	其他费用
全国	**7889921**	**736**	**4321243**	**2717690**
北京	57408		11255	13629
天津	51183		10359	19224
河北	104561		22152	33237
山西	879520	370	147782	29346
内蒙古	744844		438691	309780
辽宁	47407		13543	16384
吉林	49826		12530	14399
黑龙江	67409	26	20091	21015
上海	149884		17503	44666
江苏	322832	120	212738	123104
浙江	897196		353236	170496
安徽	264328	20	196615	187500
福建	554302		122933	49211
江西	145352		33710	94290
山东	233529		48175	99741
河南	226773		96935	132550
湖北	190056		37159	96941
湖南	370600		641218	473222
广东	453645		844305	188339
广西	92285		20546	40279
海南	26678		6824	14424
重庆	227735	200	49101	110069
四川	406865		658192	214478
贵州	114756		29862	62526
云南	128611		24975	40371
西藏	28051		9779	12110
陕西	93310		204509	37924
甘肃	861042		12339	23699
青海	23766		5546	16822
宁夏	4117		1340	3101
新疆	72050		17300	24813

营业利润	终端数量/个	经营面积/万平方米	本年新增投入/千元	门店数量/个	接待消费者人数/万人次
4819790	**2926518**	**1165.32**	**5069195**	**48270**	**67107.96**
-18727	34578	11.12	10570	253	175.87
-2660	31310	11.55	20035	450	313.69
51107	95871	35.07	51688	1457	979.86
2590347	67279	23.69	57104	1137	573.20
16931	23612	9.74	1217100	391	320.57
9804	39966	15.56	26385	1070	253.26
21507	34896	14.44	35455	494	439.94
34124	63157	24.52	48385	1131	571.27
-27904	36411	11.92	60025	668	705.76
121346	180655	71.52	174501	3434	1924.78
156121	172895	62.93	134095	2950	3410.23
182879	156401	62.26	155178	2495	9029.23
643970	61339	24.39	46858	950	943.99
81268	96903	40.60	88085	1647	2120.82
127408	183875	70.19	142424	6278	3717.34
100455	218063	80.61	177727	3174	2757.94
92096	129931	49.78	123959	2155	2140.14
134780	194599	82.57	1085545	2960	16575.64
23929	329874	140.32	183191	4150	4461.42
24752	64034	27.40	40460	742	1816.25
10726	18835	8.30	12755	260	212.74
74701	127931	49.13	126585	1598	2742.58
195880	229434	96.05	233132	3815	6022.55
47718	70680	29.58	79676	886	1249.65
36175	85334	33.24	79661	1200	846.06
6939	11063	4.93	510921	139	73.66
16389	65190	27.38	41862	971	1372.69
31475	36623	16.29	42470	551	677.78
14220	11375	5.54	9042	152	243.61
3950	3771	1.84	4640	67	53.39
18084	50633	22.86	49681	645	382.05

2023年各地区经营性

地区	机构数/个	从业人员/人	资产总计/千元	营业收入	网络游戏
全国	**8219**	**167107**	**1190078888**	**945946986**	**37343537**
北京	693	29177	486043605	440894942	2815720
天津	350	5988	25431682	13725259	502338
河北	12	73	29463	23361	
山西	9	29	67840	2705	
内蒙古	7	40	3989	3807	234
辽宁	596	5011	1843306	533479	27979
吉林	42	189	935814	172803	5
黑龙江	20	306	122983	77485	1538
上海	526	31020	410893841	244398368	2391194
江苏	440	8216	44966160	10767410	483776
浙江	367	7563	14689175	57076097	3723713
安徽	104	1696	2207350	1688978	775
福建	303	4825	9316697	6358533	28164
江西	65	1650	8754411	24606118	1288
山东	267	3345	9679054	8568200	9094859
河南	348	2575	878526	888587	906
湖北	787	9070	12716072	11957688	122532
湖南	210	6604	35787826	15240747	627
广东	850	25902	110774500	96973564	17852518
广西	1015	7883	1155114	1069702	8482
海南	525	3178	4510561	3523477	8258
重庆	91	3264	3442525	3009883	141247
四川	386	5712	3281318	2738438	121952
贵州	8	128	69376	75965	
云南	18	523	326570	121877	1875
西藏					
陕西	156	2826	1897546	1335448	3218
甘肃	18	235	220270	102451	7285
青海	3	32	21729	4425	3024
宁夏					
新疆	3	47	11585	7189	30

互联网文化单位基本情况

损益(千元)					
				营业成本	
网络音乐	网络表演	网络演出剧(节)目	网络艺术品		养老、医疗、失业等保险费
11517779	**235377213**	**19498687**	**117467**	**804968795**	**5808102**
862226	183873455	261758	40972	371233622	1742425
136811	5729571	20		13001809	141991
300	5	659		12683	613
312	322	275		3015	229
191	743	530	1	2270	192
57743	362923	208	1312	582258	24605
3722	80			210346	6784
	5790	4200		60554	2157
2913578	8507559	170193		179806012	2331194
561369	1237271	389190	15496	8237685	292844
2667772	1441673	174271	3022	53823323	111208
22678	35249	26682	144	1377188	13407
772407	1107	3825	10932	4941790	64972
558968	130443	10		23542453	44832
67135	29135	5999638	824	6717994	87235
2500	97583	114529	867	697378	18223
282409	7416603	43075	3952	9535458	106820
153449	996840	11178918		12819452	129696
1451437	22212028	859077	7009	107877706	474402
52129	512233	17139	19	987714	28772
608815	1150775	17544	2740	3810588	33287
149730	1270951	51253	1393	2456058	39045
157658	294328	49461	24929	1897280	73241
750	22518			30129	1752
6694	350	1526	587	76726	4491
25404	41497	125111	2778	1135463	30699
260	6161	9525	490	80784	2064
1332				3716	302
	20	70		7341	620

续表 1

地 区	本年发放工资总额	本年支付的职工福利费	本年应交税金总额	住房公积金和住房补贴	差旅费
全 国	**34801023**	**1312181**	**27503814**	**2687696**	**679569**
北 京	10840163	199205	9390464	855630	221143
天 津	796138	16659	337521	62436	16847
河 北	3852	153	2948	168	226
山 西	1261	118	21	111	63
内蒙古	1784	62	30	37	105
辽 宁	182525	9222	67599	10118	7339
吉 林	24537	1220	3560	171969	471
黑龙江	13661	1338	923	843	1387
上 海	7916683	583652	14026280	972645	119765
江 苏	3521422	69537	402978	111613	47341
浙 江	1094212	42616	185978	50947	23491
安 徽	150341	5107	32400	2800	5725
福 建	600964	16933	108329	38776	15430
江 西	364201	3677	55261	14728	9083
山 东	637563	18651	266249	27053	11737
河 南	142449	3823	26472	2921	3583
湖 北	945556	29614	286082	52091	30725
湖 南	1410613	44904	1171426	44087	35918
广 东	4639927	215359	805191	204642	92009
广 西	186196	10082	25976	9758	8253
海 南	310844	10518	86826	9607	5906
重 庆	228385	5299	54451	14332	4369
四 川	422476	15296	101225	18664	8651
贵 州	10597	295	1380	383	155
云 南	29982	1643	694	2426	452
西 藏					
陕 西	300616	6664	56198	8163	8550
甘 肃	19217	253	6703	402	559
青 海	2590	281	119	148	236
宁 夏					
新 疆	2268		530	198	50

工会经费	其他	营业利润	营业外收入	政府补助	利润总额
763983	**710230270**	**87770581**	**5069680**	**2939606**	**47180282**
96636	328506643	23976006	1240570	81481	15084633
5275	11624951	818521	147976	89619	922728
	4724	-3345	117	9	-2497
1	1211	-527	10073		8874
	60	1537	400		1745
2600	278265	139837	53837	996	167471
277	1528	3054	4159		9398
214	40032	6436	4831	567	11248
78415	153777730	59202349	362745	228203	58637696
8513	3783946	1861410	199712	171100	1975156
3742	52311565	1184653	2059625	1992817	1190397
1057	1166354	1101978	63513	24529	220071
2970	4093446	974877	53113	36072	884353
394	23050278	511722	257626	62227	579767
5111	5664402	1333633	34550	22320	1535495
1480	498444	63147	6757	272	63937
6685	8077918	572625	77066	50308	620879
532755	10003771	2370162	66092	18159	2396835
9889	99080977	2488124	238670	132160	-28319782
1701	715935	34601	28726	1392	42297
985	3352963	-308646	32161	4766	-292969
905	2109273	193900	10829	4192	191135
1861	1255881	-8867326	29447	4339	-8861275
163	15404	15291	96		14999
70	36970	11596	3651	3211	14878
2095	722487	66632	82716	10519	64624
150	51435	18059	576	303	18264
39		464	1		72
	3677	-189	45	45	-147

续表 2

地　区	经营面积/万平方米	知识产权/种	拥有自主知识产权网络文化产品数	注册用户数/个	网络音乐数量/件
全　国	**238.08**	**135353951**	**731732**	**47683062743**	**546787731**
北　京	43.07	65728	45385	24741167477	156073587
天　津	14.93	4577	2013	841048945	32102958
河　北	0.13	117		200079	13246
山　西	0.10	7	4	2821	
内蒙古	0.11			1656	10
辽　宁	14.02	1202	819	28956179	1359
吉　林	0.64	2389	103	167520	4
黑龙江	0.93	215	22	504780	8937
上　海	35.59	3853735	538861	10671248183	6117294
江　苏	14.23	10835	4040	1318572901	32514426
浙　江	11.78	131175698	31898	2000568794	123849749
安　徽	3.60	1210	490	2822581	115
福　建	7.21	62164	60026	315984022	16447
江　西	1.69	3021	1186	1108240	97
山　东	6.44	3381	1210	60344431	1917
河　南	4.79	1538	811	4821759	26399
湖　北	11.64	10731	936	1349244213	346998
湖　南	7.91	22246	8250	1442377830	1109
广　东	26.62	108772	18810	4149393090	179585799
广　西	9.31	3261	547	132890508	1275
海　南	4.29	2263	823	190701871	4402
重　庆	5.47	2478	1950	20370768	114655
四　川	7.85	9682	6532	365360248	15914158
贵　州	0.27	127	14	20007483	1
云　南	0.83	220	163	294216	525
西　藏					
陕　西	4.18	3199	1804	22371669	1629
甘　肃	0.28	5128	5009	2227945	60131
青　海	0.05	7	6	63658	29504
宁　夏					
新　疆	0.12	20	20	238876	1000

运营网络文化产品数					
		网络动漫数/件			网络表演者数量/人
国产网络音乐数量	进口网络音乐数量		国产网络动漫数量	进口网络动漫数量	
241732048	**305055683**	**3896961**	**3467706**	**429255**	**60297792**
79668557	76405030	33492	30843	2649	44888088
32101346	1612	760	753	7	143409
13246		7	7		13
		346	346		28
10		8	8		8
327	1032	1574	1564	10	3788
4		226	226		12
8937		367	367		48
3778340	2338954	3699685	3293181	406504	999394
2672706	29841720	45528	36076	9452	27475
45648144	78201605	36370	35689	681	2728544
115		47	47		100883
16229	218	7729	7609	120	1669
97		1331	1331		1158
1409	508	208	177	31	669
26198	201	473	470	3	9808
346977	21	3713	3682	31	526275
1104	5	2779	2429	350	28935
61725432	117860367	24100	21536	2564	10770041
1273	2	1822	1779	43	5678
4066	336	2653	2652	1	24325
114271	384	3486	2148	1338	32473
15512490	401668	26351	20902	5449	2075
1		15	15		34
485	40	41	40	1	39
1391	238	3504	3483	21	950
58389	1742	18	18		1967
29504		328	328		
1000					6

续表 3

地区	国内网络表演者数量	境外网络表演者数量	网络演出剧(节)目数量/部	国产网络演出剧(节)目数量
全　国	**60254034**	**43758**	**106799**	**102872**
北　京	44846662	41426	2043	2039
天　津	143407	2	329	318
河　北	13		2	2
山　西	28		5	5
内蒙古	8		3	3
辽　宁	3784	4	278	275
吉　林	12		1	1
黑龙江	48		8	8
上　海	997843	1551	10498	10352
江　苏	27475		17103	14464
浙　江	2728005	539	59873	59368
安　徽	100883		96	96
福　建	1469	200	27	27
江　西	1158		23	23
山　东	665	4	1095	1093
河　南	9805	3	1165	1164
湖　北	526270	5	358	356
湖　南	28935		1525	1525
广　东	10770036	5	1238	1199
广　西	5672	6	5403	5401
海　南	24321	4	408	405
重　庆	32470	3	2594	2060
四　川	2075		2208	2174
贵　州	34			
云　南	39		8	8
西　藏				
陕　西	947	3	482	481
甘　肃	1964	3	12	11
青　海			1	1
宁　夏				
新　疆	6		13	13

				出口情况	
进口网络演出剧(节)目数量	网络艺术品数量/件	国产网络演出剧(节)目数量	进口网络演出剧(节)目数量	出口额/千元	出口网络文化产品数量/件
3927	**220985**	**220321**	**664**	**6925418**	**63721**
4	135338	135338		123350	99
11	44	42	2	42152	
	2	2			
	3	3			
3	513	510	3	10	9
	11	11		1910	
146	3237	3237		4640917	14
2639	21461	21461		1819	72
505	5768	5265	503	206464	539
	223	223		336350	1
	37	37		254574	2
	118	118		9293	1
2	169	167	2	50	3
1	205	198	7		1
2	163	162	1	382654	3
	46	46		577498	1677
39	5471	5468	3	309794	1287
2	88	87	1	410	
3	376	375	1	4671	4
534	38748	38747	1		
34	2336	2197	139	3001	2
	5286	5286			
1	1314	1313	1	29921	7
1	28	28		580	60000

2023年各地区艺术品

地区	机构数/个	从业人员/人	资产总计/千元		
				营业收入	营业成本
全国	**7428**	**22420**	**147112818**	**56383407**	**43541014**
北京	642	6310	67102473	32532783	20481560
天津	60	247	401372	94192	85194
河北	62	259	221837	47262	38587
山西	53	300	1969108	47326	34801
内蒙古	61	45	24861	2900	2661
辽宁	64	64	16548	10754	9416
吉林	465	36	13733	3683	3220
黑龙江	20	32	21948	2022	3273033
上海	212	2211	10990180	8299839	6780545
江苏	907	3378	3930875	1192830	995231
浙江	419	1184	7591758	6232327	5702214
安徽	322	481	718082	203147	157710
福建	248	346	777199	240554	207844
江西	134	48	3641	3928	32039
山东	1083	913	4321434	872290	805527
河南	1119	727	526040	111773	87747
湖北	111	101	34524	6545	6234
湖南	107	818	762179	223699	165055
广东	493	2273	46072949	5978565	4338349
广西	6	13	961	157	222
海南	136	82	30099	9488	8585
重庆	132	916	134036	68900	56728
四川	173	545	687411	94511	102348
贵州	21	244	71572	21028	18006
云南	3	6	750	160	80
西藏					
陕西	122	126	62668	24659	19989
甘肃	234	636	617883	56917	125137
青海	19	79	6697	1168	2952
宁夏					
新疆					

经营机构基本情况

损益/千元				本年应交税金总额/千元	经营面积/万平方米
养老、医疗、失业等保险费	本年发放工资总额	本年支付的职工福利费	营业利润		
1424981	**5503519**	**165686**	**13778133**	**1655973**	**294.81**
574166	1611102	33512	11863857	813961	26.34
6712	23536	818	-10631	7285	1.40
1282	8692	1353	449	1056	6.23
830	9809	790	7308	1887	2.14
139	805	50	528	17	0.60
147	1956	121	1339	354	0.95
203	1576	45	473	210	0.86
27	946	20	192		0.24
166972	598064	27795	1093341	159285	74.23
68684	304706	15313	172898	164569	30.72
369782	1841861	21350	122882	157950	13.58
3183	31305	1138	34298	55330	4.73
4058	29333	1403	21508	7473	18.58
29224	1837	44	-483	35	0.08
26062	110062	4746	-3457	38837	57.06
6392	26199	1311	11113	3422	5.57
276	3283	292	-557	98	0.52
7414	53155	1940	-11831	8759	5.78
127886	733300	41594	435113	225469	20.55
105	100	17	-65		0.03
295	1576	143	870	621	0.63
3784	20231	2891	-3225	1185	6.31
12163	20204	1176	31054	1085	12.00
307	4944	501	2812	371	1.51
	76		80		0.02
825	3740	434	1304	3368	0.62
13989	60521	6849	6681	3331	2.87
74	600	40	282	15	0.66

续表

地区	艺术品交易情况			
	艺术拍卖交易量/件	艺术拍卖交易金额/千元	艺术品交易数量/件	艺术品交易金额/千元
全　国	**461617**	**14604377**	**3064519**	**19999828**
北　京	82288	11002459	165862	1518571
天　津	5473	55394	10304	97712
河　北	2	10	14117	141080
山　西	155	310	6093	59130
内蒙古	47	60	405	4050
辽　宁	40	230	5990	59900
吉　林	20	10	696	6951
黑龙江	1	30	334	3340
上　海	48139	2596837	91234	898003
江　苏	6416	28794	184136	1415183
浙　江	3037	13357	221251	2198785
安　徽	35066	31895	60920	299771
福　建	852	29325	92486	606260
江　西			42	420
山　东	6122	2341	266217	2656230
河　南	1189	2702	41605	409282
湖　北	86	10	1365	13650
湖　南	31889	16688	1074616	1733794
广　东	216481	795532	418100	3987293
广　西			10	100
海　南	1	3	1080	9666
重　庆	326	986	45820	457291
四　川	792	4216	22723	139066
贵　州	2508	50	156684	1467768
云　南			35	350
西　藏				
陕　西	238	122	149697	1491273
甘　肃	20443	22851	31891	316849
青　海	6	165	806	8060
宁　夏				
新　疆				

展览/预展场次/次	展览交易数量/件	展览交易金额/千元	艺术品进出口批次/次	艺术品进出口数量/件	艺术品进出口金额/千元
271349	**330675**	**3910259**	**2800**	**469118**	**12735595**
1271	700	31353	255	2970	61275
359	1454	11729	217	179	613
191	879	1810	14	116	1138
10580	1534	1930	23	1210	3030
97	117	65	2	2	20
316	781	689	2	100	50
1019	150	60			10
102	41	47	1	1	4
5598	5699	721499	844	19717	12088041
1846	24883	2214237	273	8628	34344
1211	594	7719	8	63	837
6500	34933	30872	55	1220	46670
92	52	3030	177	93726	40935
2325	84401	6399	19	2355	1198
3145	2784	103449	8	82	19
305	6	20			
17011	12979	2569	7	1001	100
8348	17120	745705	464	336869	453515
5					
767	231	658	7	123	10
2368	4810	4517	4	13	247
4850	2342	6324	338	347	3250
201036	131008	2331	3	3	
274	34	172	1		50
1136	3030	12950	77	392	179
597	113	125	1	1	60

2023年各地区演出

地　区	机构数/个	从业人员/人	演出经纪人员	资产总计/千元
全　国	**6416**	**105501**	**15145**	**509430993**
北　京	533	10606	1194	221874294
天　津	202	2402	580	15847014
河　北	122	1030	204	1042965
山　西	51	545	82	381909
内蒙古	35	218	85	67993
辽　宁	113	1072	344	1776718
吉　林	162	494	124	101474
黑龙江	79	1248	237	947396
上　海	130	2829	308	22370807
江　苏	660	6410	1377	15381337
浙　江	346	9633	1021	32075413
安　徽	207	1671	435	729021
福　建	246	2425	478	1742791
江　西	107	599	161	1070269
山　东	508	2894	704	34926349
河　南	397	4072	767	1127636
湖　北	288	3330	433	13452706
湖　南	201	7581	627	38563788
广　东	949	30169	2923	75117624
广　西	58	1415	225	1574203
海　南	125	1798	297	1415395
重　庆	131	3781	621	1002417
四　川	233	2424	577	5929545
贵　州	40	966	124	556690
云　南	80	1501	264	1216459
西　藏				
陕　西	276	2892	513	6865275
甘　肃	50	504	178	353117
青　海	18	319	53	261738
宁　夏	1	5	3	1000
新　疆	68	668	206	11657650

经纪机构基本情况

损益/千元					
营业收入	营业成本	业务成本	办公成本	人力成本	营业利润
666183509	**621810835**	**45345428**	**1498041**	**8243643**	**28193790**
337541044	288632874	21970896	291684	630510	14282135
121191358	122209318	11966088	51182	53661	1116302
483646	499932	25884	3196	9651	-19943
204263	137715	7118	437	3723	78254
53799	49690	3387	728	1726	359
343134	650159	49002	8961	9270	-40795
93525	82730	5058	843	3646	-16484
726339	13295949	265408	289230	777653	38128
13891533	14112937	1213530	16452	144215	-893863
4524305	4539091	328491	43873	89573	-55928
19797897	18823169	1441260	84430	232936	297180
920024	2274528	136162	31199	16638	17362
4524279	4498678	306346	37010	218950	-64317
349790	294646	19694	6030	7556	5066
2240623	2243491	121476	21234	43065	-70304
1177391	1233540	157602	70712	55477	128582
7358716	6415566	589499	33694	87497	-59388
16850738	14465029	1092574	33939	209257	2162001
125376086	119342863	4760219	389816	5457069	10368633
1105800	695026	79044	12361	14472	388580
1470194	1270415	118900	16442	17103	178921
997500	1356917	46936	5079	21528	111736
1746445	1596209	209966	13443	38688	85480
206270	227859	19930	7708	15116	15998
811503	802485	46152	5985	38594	6795
1324386	1266988	282326	11596	24802	33807
135340	134112	31543	3757	12783	9424
60561	118433	9193	1397	2606	-35060
800	750	30	10	35	50
676220	539736	41714	5613	5843	125079

续表

地　区	本年应交税金总额/千元	演出项目数/个	涉外项目	港澳台项目
全　国	**37132618**	**52245**	**5299**	**1724**
北　京	7610242	3088	354	55
天　津	7501359	2056	122	39
河　北	21785	438	43	8
山　西	29088	185	5	2
内蒙古	1178	384	35	1
辽　宁	26590	956	120	12
吉　林	8829	159	18	
黑龙江	206869	566	12	9
上　海	90171	918	167	18
江　苏	219239	5482	541	183
浙　江	9811184	5738	688	161
安　徽	387901	2069	92	47
福　建	66706	1397	274	95
江　西	5954	722	68	12
山　东	859897	2086	445	23
河　南	28537	2459	48	42
湖　北	327190	1939	96	53
湖　南	2326230	1219	148	48
广　东	3553607	10347	966	628
广　西	102593	449	10	12
海　南	196540	930	125	26
重　庆	296888	1536	212	61
四　川	62763	1785	157	84
贵　州	1413637	1138	4	1
云　南	1719473	1063	315	21
西　藏				
陕　西	195647	1958	142	51
甘　肃	4098	542	25	14
青　海	3184	219	30	4
宁　夏		40	25	
新　疆	55239	377	12	14

内地项目	演出场次/场次	涉外项目演出场次	港澳台项目演出场次	内地项目演出场次	办公用房面积/万平方米
45224	**854489**	**212561**	**3929**	**638062**	**540.48**
2679	41810	13579	78	28144	20.17
1895	9879	2066	45	7766	12.46
387	5338	2923	8	2407	2.24
178	2063	5	4	2054	2.36
348	3601	1159	1	2441	0.50
824	11847	7656	12	4179	5.10
141	1442	610		832	1.20
545	23971	567	19	23385	116.69
733	10097	7034	28	3035	7.55
4758	54048	20195	278	33575	61.42
4889	55908	33036	190	22682	49.83
1930	32550	1230	56	31264	6.58
1028	35279	11095	191	23993	12.92
642	3637	256	14	3367	5.70
1618	19224	12415	35	6774	24.48
2369	225566	408	48	225110	19.16
1790	16835	458	80	16297	10.92
1023	25910	9714	50	16146	21.41
8753	108999	23840	2278	82881	56.29
427	28171	10	12	28149	6.91
779	22613	9477	36	13100	13.94
1263	22106	12736	73	9297	7.42
1546	6003	225	99	5681	34.15
1133	5976	10	1	5965	2.68
727	43186	34249	22	8987	10.68
1765	17872	6312	238	11322	20.46
503	3133	34	13	3086	2.69
185	1246	793	4	449	0.33
15	380	260		120	0.01
351	15799	209	16	15574	4.23

6 旅　游

按年份旅游业主要发展指标

年 份	国内出游人数/亿人次	国内游客出游总花费/亿元	入境旅游人次/万人次	入境游客总花费/亿美元	内地居民出境旅游人次/万人次	旅游总花费/万亿元
2010年	21.03	12580	13376	458	5739	1.57
2011年	26.41	19305	13542	485	7025	2.25
2012年	29.57	22706	13241	500	8318	2.59
2013年	32.62	26276	12908	517	9819	2.95
2014年	36.11	30312	12850	1054	10728	3.73
2015年	39.90	34195	13382	1137	11689	4.13
2016年	44.35	39390	13844	1200	12203	4.69
2017年	50.01	45661	13948	1234	13051	5.40
2018年	55.39	51278	14120	1271	14972	5.97
2019年	60.06	57251	14531	1313	15463	6.63
2020年	28.79	22286	-	-	-	-
2021年	32.46	29191	-	-	-	-
2022年	25.30	20444	-	-	-	-
2023年	48.91	49133	8203	530	8763	5.29

按年份国内游客出游人次和国内游客出游花费

年份	国内游客出游人次/亿人次	比上年增长/%	国内游客出游花费/亿元	比上年增长/%
1993	4.10	—	864.00	—
1994	5.24	27.8	1023.51	18.5
1995	6.29	20.0	1375.70	34.4
1996	6.39	1.6	1638.38	19.1
1997	6.44	0.8	2112.70	29.0
1998	6.94	7.8	2391.18	13.2
1999	7.19	3.6	2831.92	18.4
2000	7.44	3.5	3175.54	12.1
2001	7.84	5.4	3522.37	10.9
2002	8.78	12.0	3878.36	10.1
2003	8.70	-0.9	3442.27	-11.2
2004	11.02	26.7	4710.71	36.8
2005	12.12	10.0	5285.86	12.2
2006	13.94	15.0	6229.74	17.9
2007	16.10	15.5	7770.62	24.7
2008	17.12	6.3	8749.30	12.6
2009	19.02	11.1	10183.69	16.4
2010	21.03	10.6	12579.77	23.5
2011	26.41	13.2	19305.39	23.6
2012	29.57	12.0	22706.22	17.6
2013	32.62	10.3	26276.12	15.7
2014	36.11	10.7	30311.86	15.4
2015	39.90	10.5	34195.05	12.8
2016	44.35	11.0	39389.82	15.2
2017	50.01	12.8	45660.77	15.9
2018	55.39	10.8	51278.29	12.3
2019	60.06	8.4	57250.92	11.7
2020	28.79	-52.1	22286.30	-61.1
2021	32.46	12.8	29190.75	31.0
2022	25.30	-22.1	20444.00	-30.0
2023	48.91	93.3	49133.00	140.3

注:2011年起，国内旅游抽样调查方法发生变化，不能与往年数据进行简单比较。

2023年国内游客出游基本情况

	国内游客出游人次/亿人次	国内游客出游花费/亿元	人均每次出游花费/元
全国总计	**48.91**	**49133.10**	**1004.56**
一季度	12.16	12992.87	1068.49
二季度	11.68	9968.50	853.47
三季度	12.90	13944.27	1080.95
四季度	12.17	12227.46	1004.72
城镇居民合计	**37.58**	**41780.54**	**1111.78**
一季度	9.44	11185.46	1184.90
二季度	9.15	8574.01	937.05
三季度	9.87	11898.78	1205.55
四季度	9.12	10122.29	1109.90
农村居民合计	**11.33**	**7352.56**	**648.95**
一季度	2.72	1807.41	664.49
二季度	2.53	1394.49	551.18
三季度	3.03	2045.49	675.08
四季度	3.05	2105.17	690.22

2023年各地区A级旅游景区基本情况

地　区	A级旅游景区总数/个	直接从业人员/万人	接待人次/亿人次	营业收入/亿元	门票收入/亿元
总　计	**15721**	**160.71**	**57.54**	**4068.66**	**745.40**
北　京	215	5.39	1.76	68.03	25.76
天　津	103	0.76	0.82	27.71	6.25
河　北	516	5.42	0.91	37.03	12.00
山　西	390	2.68	0.85	78.51	23.12
内蒙古	457	2.95	0.45	23.97	8.35
辽　宁	582	6.61	1.68	41.79	14.34
吉　林	303	1.90	0.45	19.62	6.11
黑龙江	438	3.36	0.47	38.41	8.57
上　海	144	1.60	1.37	70.66	26.82
江　苏	637	7.68	5.75	161.19	49.46
浙　江	947	6.05	5.23	320.21	73.78
安　徽	689	3.78	2.08	194.23	29.38
福　建	494	3.40	1.79	67.84	22.53
江　西	515	4.10	3.10	615.23	31.85
山　东	1229	13.14	3.98	194.85	56.10
河　南	724	4.65	1.87	79.59	35.21
湖　北	609	6.43	1.92	121.59	34.63
湖　南	639	15.04	2.98	303.96	32.87
广　东	664	9.54	3.42	165.53	51.18
广　西	720	4.71	2.46	95.92	26.20
海　南	86	2.21	0.45	33.30	14.55
重　庆	294	2.51	1.92	135.05	13.87
四　川	931	24.54	4.11	563.66	49.29
贵　州	543	4.15	1.58	124.31	13.94
云　南	624	4.10	1.68	168.88	26.44
西　藏	170	0.39	0.06	2.89	1.78
陕　西	563	6.10	1.85	127.36	28.21
甘　肃	469	1.94	0.90	56.61	6.75
青　海	178	0.70	0.35	23.22	6.74
宁　夏	137	1.23	0.26	10.78	2.34
新　疆	712	3.66	1.04	96.73	6.98

注：5A级景区中：黄河壶口瀑布旅游区分别隶属于山西省和陕西省

2023年各地区分等级A级旅游景区数量

地区	总计	5A	4A	3A	2A	1A
总　计	**15721**	**318**	**4863**	**8717**	**1747**	**76**
北　京	215	8	70	109	26	2
天　津	103	2	33	50	18	
河　北	516	11	152	253	99	1
山　西	390	10	141	208	29	2
内蒙古	457	6	157	140	154	
辽　宁	582	6	151	361	55	9
吉　林	303	7	90	142	43	21
黑龙江	438	6	120	248	56	8
上　海	144	4	72	68		
江　苏	637	25	235	312	65	
浙　江	947	20	239	589	95	4
安　徽	689	12	214	384	79	
福　建	494	10	124	272	88	
江　西	515	14	212	268	21	
山　东	1229	14	232	759	224	
河　南	724	15	234	381	94	
湖　北	609	14	198	356	40	1
湖　南	639	11	186	423	18	1
广　东	664	15	216	423	10	
广　西	720	9	349	351	11	
海　南	86	6	34	28	18	
重　庆	294	11	153	86	43	1
四　川	931	16	336	490	87	2
贵　州	543	9	152	348	27	7
云　南	624	9	180	354	78	3
西　藏	170	5	37	87	30	11
陕　西	563	12	162	360	29	
甘　肃	469	7	139	256	66	1
青　海	178	4	48	115	11	
宁　夏	137	4	31	61	39	2
新　疆	712	17	166	435	94	

注：5A级景区中：黄河壶口瀑布旅游区分别隶属于山西省和陕西省

2023年各地区旅行社基本情况

地　区	机构数/个	从业人员/人	营业收入/千元	国内旅游营业收入	入境旅游营业收入	出境旅游营业收入	营业利润/千元
总　计	**39580**	**312584**	**444272900**	**232128428**	**4178088**	**31010480**	**3737411**
北　京	2011	20910	65335710	16087362	381983	7729708	199174
天　津	443	2694	18784934	5911973	2247	348678	124467
河　北	1585	6104	2173454	1580937	7883	71982	15683
山　西	1031	5885	2713687	2096685	150570	155318	54834
内蒙古	1258	5240	1691087	1396101	46876	28295	2513
辽　宁	1154	4875	2376902	1867174	5125	351959	-7650
吉　林	570	3611	1317582	974854	97206	61744	18324
黑龙江	863	3769	1514522	1273477	34112	75704	-868
上　海	1485	22556	46683264	25041080	426735	4729448	1481654
江　苏	2805	19243	89908673	17520393	104871	1510757	103043
浙　江	2783	26063	35487442	24913937	164143	2359397	129497
安　徽	1632	8636	5946007	3889334	42309	119035	-1854
福　建	1243	12198	10654837	8087259	101130	935275	182019
江　西	1094	6713	4357994	3593717	61457	196256	72622
山　东	2772	13343	7421757	4353230	86957	377062	17121
河　南	1180	7968	2656136	1990497	33651	265974	-29999
湖　北	1304	13184	16146215	12965226	295166	953047	243002
湖　南	1326	15698	8828923	6912513	253604	447684	77393
广　东	3031	36614	49303207	34562045	810640	5612783	287522
广　西	980	8732	5180528	3643188	128873	270160	64698
海　南	735	6132	6679363	6320605	181652	71439	-89733
重　庆	947	10911	16601840	13819536	136615	1484557	479764
四　川	670	7150	10260511	7426449	50280	1059328	200339
贵　州	770	5338	4300030	3996037	26833	58550	12851
云　南	1634	13181	9187253	7459883	205769	527507	-14595
西　藏	268	2130	830012	613098	25755	2276	17139
陕　西	1156	8980	8310873	6102550	191152	888490	-2053
甘　肃	1082	5013	2735958	2007753	19428	36317	40693
青　海	567	3048	1163916	829259	18743	94686	2642
宁　夏	181	1133	853978	632300	10761	92401	-2625
新　疆	1020	5532	4866305	4259976	75562	94663	59794

注：表中数据为经过省级文化和旅游部门审校确认过的旅行社数据。

2023年全国旅行社组织接待国内旅游情况

地 区	人次数/人次		人天数/人天	
	组织	接待	组织	接待
全国合计	**131622064**	**161705140**	**341216589**	**354185977**
北 京	4818046	4295005	13259271	10875082
天 津	711571	272571	2106276	486043
河 北	1522908	1336944	4371457	3348538
山 西	1426122	1748358	4369811	6720457
内蒙古	702068	1087155	1904800	3133204
辽 宁	1474168	1907659	4991939	4973931
吉 林	864488	1223977	2377330	2494831
黑龙江	450734	1043669	1838484	2768367
上 海	6872271	6033411	17575646	10650089
江 苏	13375963	17155197	30307592	28864833
浙 江	18076351	18914930	43046268	35047202
安 徽	3540870	4714200	9680367	9488806
福 建	4351701	6013921	10570099	14667507
江 西	5144141	4020020	10502583	7830232
山 东	4697836	2698791	12204967	6183044
河 南	2303280	1850941	5236064	2994645
湖 北	10913109	17119770	23424770	30752189
湖 南	8734394	10210462	22079754	23573126
广 东	15130181	10430152	34621159	20541848
广 西	1573215	3457671	4267027	9945737
海 南	668634	4595091	1455847	12843477
重 庆	8301995	7960584	33412733	12608653
四 川	5888353	4407658	16149769	12641872
贵 州	1351958	6674654	3433070	14791223
云 南	3550528	10949836	10073882	28536773
西 藏	166172	505970	330150	2320341
陕 西	3069934	6310205	10525514	13667387
甘 肃	789074	1517747	2751595	6361622
青 海	298291	1109862	993439	5441965
宁 夏	384831	586100	1561841	1713361
新 疆	468877	1552629	1793085	7919592

注：表中数据为经过省级文化和旅游部门审核确认过的旅行社数据。

2023年各地区星级饭店主要经济指标

地　区	饭店数/个	从业人员数/人	酒店客房数/间	酒店床位数/张	固定资产净值/亿元	营业收入/亿元				营业利润/亿元	平均出租率/%	平均房价/元
							客房收入	餐饮收入	其他收入			
总　计	**7245**	**633293**	**1067203**	**1726231**	**3993.67**	**1601.09**	**711.76**	**630.67**	**258.41**	**32.59**	**50.69**	**370.83**
北　京	294	40576	67439	105804	479.71	181.57	88.21	46.50	46.86	12.80	59.84	598.87
天　津	49	5600	8946	13408	25.96	14.23	6.58	5.06	2.60	-0.04	42.67	466.15
河　北	251	26422	40921	69090	146.13	51.04	18.23	25.27	7.54	-9.16	40.36	325.08
山　西	164	14470	18948	32401	71.22	25.50	8.03	12.08	5.39	-3.24	46.63	258.12
内蒙古	204	12969	24773	42774	78.06	25.04	10.04	12.34	2.66	-1.35	41.10	272.84
辽　宁	216	15760	31159	50256	136.38	33.85	15.34	13.32	5.19	-0.37	44.36	314.66
吉　林	59	4229	7922	13921	29.51	8.19	3.57	2.68	1.94	-1.04	43.34	287.88
黑龙江	89	5086	11076	18911	36.29	9.77	5.02	3.03	1.73	-0.39	41.00	307.61
上　海	144	25590	39712	57666	272.64	131.45	65.28	39.04	27.13	17.14	61.39	737.36
江　苏	283	41693	54183	82314	253.13	117.77	41.82	63.96	11.99	-0.15	53.75	406.04
浙　江	410	44764	68079	107659	313.38	122.80	47.25	56.60	18.95	-3.17	53.99	363.35
安　徽	197	19393	31974	52485	116.84	43.49	16.42	20.52	6.54	0.73	48.40	299.86
福　建	222	30914	42876	65220	136.32	73.64	34.79	31.36	7.48	2.45	59.29	383.10
江　西	289	19064	43188	69600	103.91	34.76	17.09	14.71	2.95	-1.05	48.55	228.52
山　东	409	46161	68000	109680	283.26	112.48	41.19	54.61	16.68	-0.45	49.25	347.55
河　南	316	24685	40939	70882	100.73	40.89	16.77	18.57	5.55	-0.65	45.55	261.53
湖　北	269	18711	39573	64105	115.24	44.81	21.17	18.44	5.20	1.34	46.99	317.04
湖　南	216	18702	32259	52653	119.12	41.38	18.99	16.92	5.47	1.48	67.12	245.74
广　东	440	58988	84644	131336	320.28	163.92	73.08	64.71	26.13	7.14	51.14	478.74
广　西	306	18170	42531	68363	96.91	40.07	15.56	10.91	13.60	-1.43	46.01	226.69
海　南	75	12519	18672	29279	74.13	39.24	25.36	9.20	4.68	6.42	62.54	641.89
重　庆	118	10697	18758	29642	72.99	23.30	12.13	8.50	2.67	-0.39	52.23	351.45
四　川	318	33963	45993	72925	170.88	62.10	27.91	24.65	9.29	1.26	51.03	329.11
贵　州	213	9105	22815	36684	49.67	19.58	10.02	5.76	3.81	-0.41	46.27	262.88
云　南	298	17692	37057	63219	107.22	30.46	16.66	7.94	5.86	0.93	49.49	254.71
西　藏	131	1359	2881	4725	18.60	2.59	1.80	0.55	0.24	0.10	49.23	397.40
陕　西	268	22359	37036	62772	93.26	45.02	20.29	20.99	3.74	2.13	49.22	314.93
甘　肃	299	15082	33899	58332	64.94	25.34	12.45	10.53	2.35	0.14	44.22	237.25
青　海	260	2171	6918	12117	9.91	4.05	2.49	0.91	0.66	-0.27	43.27	226.88
宁　夏	69	1844	5054	8898	10.18	3.92	1.75	1.23	0.93	0.51	44.19	226.22
新　疆	328	12655	34023	60360	72.90	24.93	14.25	8.72	1.96	1.24	45.38	261.50
新疆兵团	41	1900	4955	8750	13.95	3.90	2.22	1.05	0.62	0.33	51.93	245.24

注：表中数据为经省级文化和旅游部门审校确认过的星级饭店数据。

2023年各地区星级饭店机构情况

地区	合计	五星级	四星级	三星级	二星级	一星级
总计	**7245**	**777**	**2326**	**3466**	**669**	**7**
北京	294	54	97	115	28	
天津	49	12	21	16		
河北	251	27	101	98	25	
山西	164	11	42	84	27	
内蒙古	204	12	43	112	37	
辽宁	216	22	55	110	29	
吉林	59	3	23	32	1	
黑龙江	89	5	28	47	9	
上海	144	52	50	36	6	
江苏	283	67	122	89	5	
浙江	410	81	151	149	27	2
安徽	197	23	95	76	3	
福建	222	48	112	59	3	
江西	289	20	137	126	6	
山东	409	41	158	200	10	
河南	316	21	81	185	29	
湖北	269	23	84	141	21	
湖南	216	19	61	112	24	
广东	440	88	121	212	19	
广西	306	14	108	168	16	
海南	75	19	29	27		
重庆	118	27	38	46	7	
四川	318	30	99	120	69	
贵州	213	7	83	104	17	2
云南	298	15	58	156	68	1
西藏	131	3	40	69	18	1
陕西	268	16	49	177	26	
甘肃	299	2	88	168	40	1
青海	260	3	58	156	43	
宁夏	69		27	30	12	
新疆	369	12	67	246	44	

注：表中数据为经省级文化和旅游部门审校确认过的星级饭店数据。

2023年各地区五星级饭店经营情况

地　区	饭店数/个	从业人员数/人	客房数/间(套)	床位数/张	固定资产原价/亿元	营业收入/亿元				营业利润/亿元
							客房收入	餐饮收入	其他收入	
总　计	**777**	**197260**	**256383**	**377806**	**1765.34**	**676.49**	**327.43**	**256.55**	**92.42**	**49.77**
北　京	54	14171	19161	27500	201.35	75.33	39.09	21.78	14.45	8.33
天　津	12	2329	3138	4166	8.58	6.64	3.95	2.37	0.33	0.23
河　北	27	6735	8477	13294	61.56	15.81	6.21	7.43	2.16	-2.54
山　西	11	3000	2761	4201	28.37	7.06	1.84	3.17	2.04	-0.92
内蒙古	12	3014	3899	5796	29.07	6.88	2.92	2.96	1.00	-0.39
辽　宁	22	4966	8338	11445	50.67	13.99	6.91	5.51	1.57	0.92
吉　林	3	571	983	1449	8.77	1.62	0.65	0.61	0.35	-0.28
黑龙江	5	1105	1589	2349	9.55	3.06	1.64	1.20	0.22	-0.08
上　海	52	15828	20560	28139	189.86	88.65	48.24	28.87	11.54	14.81
江　苏	67	16486	20832	29876	142.57	56.37	23.14	29.29	3.94	2.15
浙　江	81	16921	21512	32824	145.58	48.90	19.95	22.13	6.83	-1.43
安　徽	23	4857	7309	11063	31.57	12.54	5.65	5.45	1.44	0.70
福　建	48	13490	16279	23513	71.85	38.05	19.62	15.23	3.20	1.48
江　西	20	4002	5957	8847	37.15	8.48	4.00	3.81	0.68	-0.26
山　东	41	10840	13456	19928	114.62	34.37	15.65	15.17	3.55	2.68
河　南	21	5069	5266	8088	22.86	10.43	4.74	4.89	0.80	-0.26
湖　北	23	5251	7888	10982	35.92	18.32	9.92	6.59	1.80	2.57
湖　南	19	4749	5778	8808	50.38	13.41	5.56	5.66	2.19	1.03
广　东	88	26380	31861	47504	204.87	96.91	45.43	38.50	12.99	9.21
广　西	14	3871	5041	7713	42.88	17.90	4.17	3.33	10.39	-0.40
海　南	19	8068	9132	13737	55.39	31.79	21.09	7.11	3.59	6.43
重　庆	27	4779	7045	10626	41.38	12.86	6.61	4.81	1.44	0.42
四　川	30	7997	10954	16585	79.67	22.86	11.02	8.77	2.98	0.58
贵　州	7	1129	1608	2526	9.94	2.64	1.72	0.74	0.18	0.36
云　南	15	3171	5273	8351	42.36	7.30	4.32	2.37	0.61	0.92
西　藏	3	489	678	1069	11.31	1.02	0.77	0.20	0.05	0.12
陕　西	16	4812	6173	8576	12.83	16.10	8.83	6.34	0.93	3.41
甘　肃	2	246	476	762	5.14	0.51	0.30	0.07	0.14	-0.16
青　海	3	311	384	571	1.08	0.74	0.23	0.22	0.29	-0.04
宁　夏										
新　疆	12	2623	4575	7518	18.20	5.95	3.28	1.95	0.73	0.18

注：表中数据为经省级文化和旅游部门审校确认过的星级饭店数据。

7 文物

2023年全国

	机构数/个	从业人员/人	在编人员数	单位编制数量	专业技术人才
总　　计	**9645**	**180573**	**96065**	**91095**	**57427**
按单位类型分类：					
文物科研机构	128	6921	4466	5954	3884
文物保护管理机构	2547	30752	20052	16849	9051
博物馆(纪念馆)	4508	122635	59475	58614	42516
文物行政部门	2212	15468	10536	8183	
其他文物机构	250	4797	1536	1495	1976
按隶属关系分类：					
中央	13	3743	2878	2192	2373
省区市	251	22739	12846	15085	10708
地市	1539	54050	28111	28239	19193
县市区	7842	100041	52230	45579	25153
按部门分类：					
文物部门	8765	158455	84843	81798	51071
其他部门	880	22118	11222	9297	6356

续表 1

	国家级青年人才称号或奖项获得者	省部级青年人才称号或奖项获得者	登记注册志愿者/人	藏品数/件(套)	文物藏品
总　　计	**51**	**198**	**281358**	**50172257**	**29936846**
按单位类型分类：					
文物科研机构	17	52	1387	1803428	1472691
文物保护管理机构	1	5	14184	1703817	1309134
博物馆(纪念馆)	32	136	265557	41252855	25005279
文物行政部门				900748	768992
其他文物机构	1	5	230	4511409	1380750
按隶属关系分类：					
中央	2	2	888	3546925	3431713
省区市	20	87	39147	15018235	8530831
地市	7	61	100204	11410856	8499410
县市区	22	48	141119	20196241	9474892
按部门分类：					
文物部门	35	148	237662	42477915	28988094
其他部门	16	50	43696	7694342	948752

文物业基本情况

正高级职称	副高级职称	中级职称	安全保卫人员	考古发掘项目负责人	人才称号或奖项获得者	国家级人才称号或奖项获得者	省部级人才称号或奖项获得者
2928	**9670**	**23636**	**34787**	**948**	**1434**	**214**	**761**
419	785	1334	644	555	219	36	155
187	1232	3841	4626	122	88	11	25
2176	7297	17712	29398	248	1105	159	568
146	356	749	119	23	22	8	13
306	629	981	450	33	15	10	5
979	2303	4075	3577	430	509	66	357
896	3409	8188	11274	304	473	55	180
747	3329	10392	19486	181	437	83	219
2508	8531	21056	30673	921	1143	165	617
420	1139	2580	4114	27	291	49	144

			在藏品数中/件(套)			本年修复藏品数/件(套)	
一级文物	二级文物	三级文物	本年新增藏品	本年从有关部门接收文物数	本年藏品征集数		一级文物
95313	**691002**	**4155706**	**1550354**	**222587**	**347898**	**120978**	**163**
1890	5418	34577	58498	122	151	45915	17
10098	34336	143134	29847	5848	5225	14582	10
81703	640764	3908425	1368611	214587	339215	53149	136
1378	4914	58655	6873	2030	3085	1082	
244	5570	10915	86525		222	6250	
14996	353232	933534	15864		2671	7159	4
32707	168031	1536961	405317	13670	31018	29742	72
18974	83301	754590	407655	127695	60280	60182	40
28636	86438	930621	721518	81222	253929	23895	47
90893	674568	4057713	1341973	196390	277004	115380	148
4420	16434	97993	208381	26197	70894	5598	15

续表 2

		本年修复藏品数/件(套)		基本陈列/个	临时展览/个
	二级文物	三级文物	其他考古出土文物		
总　计	**2499**	**11558**	**58260**	**13377**	**16556**
按单位类型分类:					
文物科研机构	327	1162	18619	37	67
文物保护管理机构	55	411	9017	702	466
博物馆(纪念馆)	2048	9419	24624	12638	16023
文物行政部门	41	445			
其他文物机构	28	121	6000		
按隶属关系分类:					
中央	203	61	6740	95	53
省区市	646	3414	19061	576	1047
地市	836	4328	26118	3170	5356
县市区	814	3755	6341	9536	10100
按部门分类:					
文物部门	2452	11229	57959	11521	14944
其他部门	47	329	301	1856	1612

续表 3

	财政拨款收入	事业收入	本年支出合计/千元	基本支出	项目支出
总　计	**61709044**	**6785736**	**89486917**	**28955114**	**42941797**
按单位类型分类:					
文物科研机构	3077061	2301349	6602360	1236460	3987141
文物保护管理机构	10188242	998419	14543285	7461164	6260882
博物馆(纪念馆)	33745407	3156077	42002095	16552817	21328722
文物行政部门	14050654		22621783	3124569	10945449
其他文物机构	647680	329891	3717394	580104	419603
按隶属关系分类:					
中央	1872662	900602	3995647	1455928	1261259
省区市	10775713	3014074	14697717	4339928	9539339
地市	18388851	1279539	22090038	7654030	12919191
县市区	30671818	1591521	48703515	15505228	19222008
按部门分类:					
文物部门	56397828	5744724	80957278	25743550	39084592
其他部门	5311216	1041012	8529639	3211564	3857205

参观人次/万人次	未成年人参观人次	境外观众参观人次	举办社会教育活动/个	参加活动人次/万人次	未成年人参加人次	门票销售总额/千元	本年收入合计/千元
140266.37	**32203.45**	**790.47**	**487104**	**20305.79**	**7913.94**	**12394764**	**79785676**
694.41	92.04	0.62	883	13.07	7.17	267449	5720408
19527.11	2093.80	55.40	30961	756.30	328.93	5613364	14264681
120044.83	30017.76	734.39	455260	19536.60	7578.05	6513951	40578829
							15136432
							4085326
2785.37	920.36	101.98	11345	47.72	10.47	773244	3060265
14268.58	2891.64	64.72	70741	3947.35	1027.83	2032069	14741878
49614.87	9583.40	199.48	115668	5690.29	2203.66	3670443	21294671
73597.55	18808.05	424.29	289350	10620.43	4671.98	5919008	40688862
118685.66	27849.17	711.41	357583	17117.81	6731.22	11013906	71828030
21580.69	4354.31	79.10	129521	3188.13	1182.77	1380858	7957646

经营支出	在支出合计中，工资福利支出	资产总计/千元	固定资产净值	实际使用房屋建筑面积/万平方米	展览用房	文物库房（含标本室）	实际拥有产权面积/万平方米
2671102	**28388013**	**497310248**	**331988695**	**4824.86**	**1563.23**	**262.85**	**2887.87**
83597	951960	8568800	1558236	53.15		12.80	23.20
196489	4069782	70595245	52967405	1373.72	99.68	17.30	401.29
2293162	13459409	376506073	266462178	3238.00	1459.91	226.66	2347.66
	9597079	23960004	8534786	122.83			83.68
97854	309783	17680126	2466090	37.32	3.73	6.05	31.84
	915374	7537913	2912451	58.53	10.76	6.54	56.98
118121	3277706	47133581	21280715	399.13	130.01	57.99	250.99
797015	6051263	79191426	37385802	1151.51	459.83	81.18	784.14
1755966	18143670	363447328	270409727	3215.69	962.63	117.14	1795.76
1924358	25869749	400010611	258983617	4275.98	1284.52	239.46	2401.16
746744	2518264	97299637	73005078	548.85	278.79	23.39	486.70

2023年全国文物保护

	机构数/个	从业人员/人	在编人员数	编制人员数	专业技术人才
总　计	**2547**	**30752**	**20052**	**16849**	**9051**
按隶属关系分类：					
中央					
省区市	10	455	291	339	198
地市	248	9895	6233	5541	2905
县市区	2289	20402	13528	10969	5948
按部门分类：					
文物部门	2493	28177	18176	16416	8762
其他部门	54	2575	1876	433	289
按机构类型分类：					
区域性文物保护管理机构	1664	15035	10657	10071	6083
专门为一处或几处文物保护单位设立的保护管理机构	883	15717	9395	6778	2968

续表 1

	省部级青年人才称号或奖项获得者	登记注册志愿者人数/人	藏品数/件(套)	文物藏品	一级文物
总　计	**5**	**14184**	**1703817**	**1309134**	**10098**
按隶属关系分类：					
中央					
省区市			230784	207237	1301
地市	4	3968	179542	125095	270
县市区	1	10216	1293491	976802	8527
按部门分类：					
文物部门	4	14057	1694293	1305114	10079
其他部门	1	127	9524	4020	19
按机构类型分类：					
区域性文物保护管理机构	2	8980	1215572	878323	4420
专门为一处或几处文物保护单位设立的保护管理机构	3	5204	488245	430811	5678

管理机构基本情况

正高级职称	副高级职称	中级职称	安全保卫人员	考古发掘项目负责人	人才称号或奖项获得者	国家级人才称号或奖项获得者	省部级人才称号或奖项获得者	国家级青年人才称号或奖项获得者
187	**1232**	**3841**	**4626**	**122**	**88**	**11**	**25**	**1**
12	33	79	63	5	8	2	6	1
114	506	1253	1085	65	50	5	7	
61	693	2509	3478	52	30	4	12	
182	1188	3735	4431	122	87	11	25	1
5	44	106	195		1			
123	844	2519	2080	109	54	8	18	
64	388	1322	2546	13	34	3	7	1

		在藏品数中/件(套)						
二级文物	三级文物	本年新增藏品	本年从有关部门接收文物数	本年藏品征集数	本年修复文物数/件(套)	一级文物	二级文物	三级文物
34336	**143134**	**29847**	**5848**	**5225**	**14582**	**10**	**55**	**411**
11764	22918							
928	7748	5462	2	1711	11265	1		31
21644	112468	24385	5846	3514	3317	9	55	380
34237	142005	29197	5848	5225	14582	10	55	411
99	1129	650						
14728	88640	18342	5386	4790	13665	10	54	366
19608	54494	11505	462	435	917		1	45

续表 2

	其他考古出土文物	基本陈列/个	临时展览/个	参观人次/万人次	未成年人参观人次
总　计	**9017**	**702**	**466**	**19527.21**	**2093.90**
按隶属关系分类：					
中央					
省区市				297.74	4.30
地市	8251	185	137	9430.17	453.10
县市区	766	517	329	9799.30	1636.50
按部门分类：					
文物部门	9017	695	456	15862.30	2011.23
其他部门		7	10	3664.91	82.66
按机构类型分类：					
区域性文物保护管理机构	8457	442	299	8167.69	1168.57
专门为一处或几处文物保护单位设立的保护管理机构	560	260	167	11359.52	925.33

续表 3

	本年完成科研成果				本年收入合计/千元
	获国家奖/个	获省、部奖/个	论文数(省级及以上刊物发表)/篇	在国外期刊发表论文	
总　计	**4**	**22**	**385**	**6**	**14264681**
按隶属关系分类：					
中央					
省区市			26		231177
地市	4	16	278	6	4942377
县市区		6	81		9091127
按部门分类：					
文物部门	4	22	382	6	12750215
其他部门			3		1514466
按机构类型分类：					
区域性文物保护管理机构	1	20	198	4	6250552
专门为一处或几处文物保护单位设立的保护管理机构	3	2	187	2	8014129

境外观众参观人次	举办社会教育活动/次	参加活动人次/万人次	未成年人参加人次	门票销售总额/千元	本年完成科研成果			
					省部级及以上科研课题数/个	专利/个	专著或图录/册	古建维修、考古发掘报告/册
55.43	**30961**	**756.37**	**328.97**	**5613364**	**26**	**8**	**654**	**107**
0.01	19	1.31	0.42	190056	5	3	6	
16.35	11300	325.77	118.58	1724717	16	3	41	8
39.07	19642	429.29	209.97	3698591	5	2	607	99
55.39	29909	737.49	314.00	4886218	26	8	653	107
0.04	1052	18.90	14.97	727146			1	
25.64	18622	306.46	154.87	1493030	4	4	632	66
29.78	12339	449.91	174.10	4120334	22	4	22	41

财政拨款收入	事业收入	本年支出合计/千元	基本支出	项目支出	经营支出	在支出合计中：工资福利支出	资产总计/千元	固定资产净值
10188242	**998419**	**14543285**	**7461164**	**6260882**	**196489**	**4069782**	**70595245**	**52967405**
139900	88697	266722	140217	126505		71019	184777	62085
3891207	748458	5007751	1647621	3154301	129574	1292248	18478563	5055954
6157135	161264	9268812	5673326	2980076	66915	2706515	51931905	47849366
8807628	997961	12843706	7044265	4992775	189799	3757280	21903831	8518244
1380614	458	1699579	416899	1268107	6690	312502	48691414	44449161
5311457	686135	6258556	2187491	3591590	73380	1767223	9063051	3607630
4876785	312284	8284729	5273673	2669292	123109	2302559	61532194	49359775

续表 4

	实际使用房屋建筑面积/万平方米	展览用房	文物库房(含标本室)	实际拥有产权面积/万平方米	文物保护规划和方案设计/个
总　　计	**1374.04**	**99.78**	**17.50**	**401.37**	**18849**
按隶属关系分类：					
中央					
省区市	1.76	0.32	0.01	4.21	2
地市	120.70	26.79	2.56	132.87	88
县市区	1251.58	72.67	14.93	264.29	18759
按部门分类：					
文物部门	1352.60	98.53	17.35	396.02	18805
其他部门	21.44	1.26	0.15	5.35	44
按机构类型分类：					
区域性文物保护管理机构	199.94	54.64	9.34	197.83	793
专门为一处或几处文物保护单位设立的保护管理机构	1174.06	45.17	8.15	203.55	18056

续表 5

	考古发掘面积/平方米	原址保护展示面积/平方米	异地保护展示面积/平方米	出土器物/件(套)	采集科技考古样本数/个
总　　计	**4972609**	**557673**	**4191**	**54779**	**9641**
按隶属关系分类：					
中央					
省区市	1250			1130	103
地市	117399	132139	3960	31608	4393
县市区	4853960	425534	231	22041	5145
按部门分类：					
文物部门	4972609	557673	4191	54779	9641
其他部门					
按机构类型分类：					
区域性文物保护管理机构	4953065	299981	4191	44965	9641
专门为一处或几处文物保护单位设立的保护管理机构	19544	257692		9814	

文物保护维修情况				进行考古发掘情况				
国保单位保护维修项目数/个	保护维修面积/平方米	省保单位保护维项修目数/个	市、县保单位保护维修项目数/个	考古调查项目数量/个	考古调查面积/平方米	考古勘探项目数量/个	考古勘探面积/平方米	考古发掘项目数量/个
413	**8280113**	**415**	**499**	**1984**	**336346099**	**2710**	**104548221**	**208**
9		9		62	5580000	6	1050000	3
90	1857483	19	18	975	281962623	2128	77334650	111
314	6422630	387	481	947	48803476	576	26163571	94
411	8279184	414	499	1984	336346099	2710	104548221	208
2	929	1						
298	6423279	392	492	1779	306727369	2574	93679809	190
115	1856834	23	7	205	29618730	136	10868412	18

				文博单位举办新媒体情况				
向国有文物收藏单位移交文物/件(套)	主办刊物/种	国际合作项目数/个	文化创意产品种类/个	网站年访问量/万次	举办微信公众号、微博/个	举办微信公众号、微博关注人数/万人次	举办线上展览/个	线上展览访问人次/万人次
1995	**27**	**4**	**2061**	**5916.95**	**741**	**1526.70**	**225**	**2255.87**
169	2		327	0.51	5	3.18		
23	12	3	1380	5445.23	528	977.59	62	2040.66
1803	13	1	354	471.21	208	545.93	163	215.21
1995	27	4	2019	5734.73	732	1193.37	220	2254.74
			42	182.22	9	333.34	5	1.13
1694	14	1	801	5251.85	216	416.73	135	2059.55
301	13	3	1260	665.10	525	1109.99	90	196.32

2023年全国博物馆

	机构数/个	从业人员/人	在编人员数	编制人员数	专业技术人才
总　计	**4508**	**122635**	**59475**	**58614**	**42516**
其中：免费开放	3954	98772	46152	46405	35443
按机构类型分类：					
综合性	1831	53491	26294	25771	21140
历史类	1729	48621	23548	23482	14239
艺术类	242	4500	2002	1998	1632
自然科技类	152	5412	3098	3131	2385
其他	554	10611	4533	4232	3120
按隶属关系分类：					
中央	5	3009	2446	1637	1951
省区市	122	16569	8705	9831	7544
地市	901	37712	17920	18768	14689
县市区	3480	65345	30404	28378	18332
按系统分类：					
文物部门	3760	103808	50191	49799	36710
其他部门	748	18827	9284	8815	5806

续表 1

	国家级青年人才称号或奖项获得者	省部级青年人才称号或奖项获得者	登记注册志愿者/人	藏品数/件(套)	文物藏品
总　计	**32**	**136**	**265557**	**41252855**	**25005279**
其中：免费开放	25	107	241142	34214063	21607383
按机构类型分类：					
综合性	7	59	122246	20317128	15696720
历史类	18	52	98967	9906588	6870987
艺术类	3	6	7459	1774954	341490
自然科技类	2	12	18477	5537426	916991
其他	2	7	18408	3716759	1179091
按隶属关系分类：					
中央			888	3531565	3431446
省区市	4	36	38697	10290121	6872684
地市	7	53	95213	9646839	7112116
县市区	21	47	130759	17784330	7589033
按系统分类：					
文物部门	16	87	221988	33632664	24066485
其他部门	16	49	43569	7620191	938794

基本情况

			安全保卫人员/人	考古发掘项目负责人	人才称号或奖项获得者		
正高级职称	副高级职称	中级职称				国家级人才称号或奖项获得者	省部级人才称号或奖项获得者
2176	**7297**	**17712**	**29398**	**248**	**1105**	**159**	**568**
1732	6100	14828	24598	216	963	140	495
1032	3838	8974	13860	145	506	55	238
637	2161	5831	11351	54	372	67	191
150	288	617	705	7	75	16	39
179	470	991	1008	23	82	11	59
178	540	1299	2474	19	70	10	41
228	505	843	446	13	7	5	2
652	1668	3000	3229	39	314	34	208
660	2590	6274	9755	70	389	45	158
636	2534	7595	15968	126	395	75	200
1787	6237	15361	25479	221	818	111	426
389	1060	2351	3919	27	287	48	142

			在藏品数中/件(套)			本年修复文物数/件(套)
			本年新增藏品			
一级文物	二级文物	三级文物		本年从有关部门接收文物数	本年藏品征集数	
81703	**640764**	**3908425**	**1368611**	**214587**	**339215**	**53149**
62481	280442	3011470	1217858	209360	293612	49349
45259	186412	2009248	897501	103498	169989	35757
27956	385394	1317209	226756	70856	91497	9716
2157	38853	161856	16547	289	9269	645
2531	8716	312109	182494	25024	49486	5340
3800	21389	108003	45313	14920	18974	1691
14996	353232	933534	15864		2671	938
29690	147950	1495659	367508	13670	30798	9893
18158	79123	701886	357650	127570	57955	22554
18859	60459	777346	627589	73347	247791	19764
77322	624605	3813229	1162356	188390	268321	47551
4381	16159	95196	206255	26197	70894	5598

续表 2

					基本陈列/个
	一级文物	二级文物	三级文物	其他考古出土文物	
总　　计	**136**	**2048**	**9419**	**24624**	**12638**
其中：免费开放	129	1747	8492	23075	11170
按机构类型分类：					
综合性	89	1327	6867	20649	5804
历史类	36	612	1880	3235	4353
艺术类		38	117	169	500
自然科技类	2	8	26	282	569
其他	9	63	529	289	1412
按隶属关系分类：					
中央		159	31	597	95
省区市	63	500	2243	4747	559
地市	35	656	4041	13760	2969
县市区	38	733	3104	5520	9015
按系统分类：					
文物部门	121	2001	9090	24323	10789
其他部门	15	47	329	301	1849

续表 3

	门票销售总额/千元	本年完成科研成果			
		省部级及以上科研课题数/个	专利/个	专著或图录/册	古建维修、考古发掘报告/册
总　　计	**6513951**	**1159**	**266**	**3512**	**182**
其中：免费开放	546473	955	203	3242	131
按机构类型分类：					
综合性	1801069	552	132	2755	136
历史类	3918286	364	53	476	41
艺术类	198346	25	21	100	2
自然科技类	352086	131	36	92	3
其他	244164	87	24	89	
按隶属关系分类：					
中央	773244	82	10	96	2
省区市	1779164	294	94	432	42
地市	1741126	348	49	469	60
县市区	2220417	435	113	2515	78
按系统分类：					
文物部门	5860239	861	221	3281	178
其他部门	653712	298	45	231	4

临时展览/个	参观人次/万人次	未成年人参观人次	境外观众参观人次	举办社会教育活动/次	参加活动人次/万人次	未成年人参加人次
16023	**120044.83**	**30017.76**	**734.39**	**455260**	**19536.60**	**7578.05**
14611	96725.28	25578.49	503.75	383055	18245.79	6917.54
8672	44251.87	12692.65	293.09	151496	8780.95	3080.79
4776	57447.42	12901.59	309.51	198278	7799.91	2892.01
964	3269.38	617.65	29.21	13435	235.18	123.99
410	4760.53	1739.06	37.43	51402	1028.78	534.30
1201	10315.82	2067.12	65.26	40649	1692.07	947.25
52	2785.34	920.36	101.98	11345	47.72	10.47
1015	13798.98	2860.40	64.45	70366	3942.82	1025.78
5185	39678.63	9073.35	182.76	103849	5355.36	2080.13
9771	63781.88	17163.65	385.20	269700	10190.70	4461.67
14421	102129.03	25746.15	655.39	326791	16367.55	6410.27
1602	17915.78	4271.65	79.06	128469	3169.25	1167.81

获国家奖/个	获省、部奖/个	论文数(省级及以上刊物发表/篇	在国外期刊发表论文	本年收入合计/千元	财政拨款收入	基建拨款
314	**861**	**9066**	**389**	**40578829**	**33745407**	**3474609**
244	696	7264	292	29535230	26738577	2053558
102	385	4606	103	17681074	16152730	1031357
89	244	3032	49	15932683	12879048	2112341
9	36	272	11	1698145	1131112	271328
37	96	597	185	2266099	1664972	24795
77	100	559	41	3000828	1917545	34788
1	11	875	8	2336297	1626439	407040
35	127	2605	108	8634855	7538084	1076224
150	354	2962	39	10962973	10067635	355357
128	369	2624	234	18644704	14513249	1635988
259	663	7694	269	34326746	29857158	3137141
55	198	1372	120	6252083	3888249	337468

续表 4

	中央财政免费开放补助资金	地方财政免费开放补助资金	事业收入	本年支出合计/千元	基本支出
总　计	**2811816**	**2250112**	**3156077**	**42002095**	**16552817**
其中：免费开放	2795757	2196747	1581234	31377084	12582297
按机构类型分类：					
综合性	1549958	1491307	898743	17697661	7508218
历史类	1076971	500609	705021	16703257	6124718
艺术类	23537	38496	474084	1985216	615041
自然科技类	36002	71406	440256	2344346	1074712
其他	125348	148294	637973	3271615	1230128
按隶属关系分类：					
中央	501		548775	2148118	1096006
省区市	569917	382888	903440	8778648	3004154
地市	1030968	742956	318959	11521005	4757794
县市区	1210430	1124268	1384903	19554324	7694863
按系统分类：					
文物部门	2534917	2109415	2115523	35348033	13770746
其他部门	276899	140697	1040554	6654062	2782071

续表 5

			本年度可移动文物保护情况		
	文物库房(含标本室)面积	实际拥有产权面积/万平方米	数字化保护/项	预防性保护/项	国际合作项目数/个
总　计	**227.11**	**2348.17**	**287474**	**43694**	**270**
其中：免费开放	203.02	2048.16	202210	35618	228
按机构类型分类：					
综合性	134.17	963.59	6976	25532	113
历史类	51.20	981.00	148942	13685	57
艺术类	12.07	58.55	1695	46	48
自然科技类	12.23	125.63	64764	16	13
其他	17.67	219.44	65097	4415	39
按隶属关系分类：					
中央	6.53	52.11	104199	23	7
省区市	45.57	225.18	6314	5954	123
地市	72.76	615.14	54019	592	87
县市区	102.25	1455.74	122942	37125	53
按系统分类：					
文物部门	203.90	1876.09	233856	26253	235
其他部门	23.29	472.12	53618	17441	35

项目支出	经营支出	在支出合计中，工资福利支出	资产总计/千元	固定资产净值	实际使用房屋建筑面积/万平方米	展览用房
21328722	**2293162**	**13459409**	**376506073**	**266462178**	**3238.73**	**1460.39**
16775004	653451	10282965	339231131	247333810	2749.23	1225.32
9394000	185824	5998626	118048934	88112619	1594.06	703.66
8246403	1637877	5030796	161637015	132200773	1023.93	449.97
1295207	55640	495539	34950364	2294746	108.13	52.33
1086897	75532	755345	41016868	31657635	198.79	116.66
1306215	338289	1179103	20852892	12196405	314.16	138.15
1052111		792014	5546406	2197821	52.24	10.76
5723395	21219	2331361	37223793	19868609	353.54	128.81
5886278	583559	3915616	45410869	29061685	973.88	432.33
8666938	1688384	6420418	288325005	215334063	1859.07	888.49
18763878	1553108	11264761	328982256	238018769	2718.33	1182.93
2564844	740054	2194648	47523817	28443409	520.49	277.61

主办刊物/个	文化创意产品种类/个	文博单位举办新媒体情况				
		网站年访问量/万次	举办微信公众号、微博/个	举办微信公众号、微博关注人数/万人次	举办线上展览/个	线上展览访问人次/万人次
1876	**71852**	**169290.33**	**118671**	**36374.30**	**16259**	**45068.03**
1826	53902	130575.33	96333	22531.83	15228	43236.32
1614	22357	108849.58	57601	12170.25	9450	15832.88
156	23334	30942.68	58728	15241.12	4848	21247.19
27	15507	3000.54	391	1539.46	927	888.06
17	3448	12678.91	513	2604.20	196	1184.90
62	7206	13818.75	1438	4819.62	838	5915.09
7	2052	11589.85	23	4046.42	103	327.30
62	23216	14530.47	2192	9083.82	753	15543.00
211	25066	51234.77	11655	9384.19	5312	7711.94
1596	21518	91935.24	104801	13859.87	10091	21485.79
1792	62309	150300.83	83497	29165.70	15370	34059.30
84	9543	18989.58	35174	7208.77	889	11008.71

2023年文物保护科学

	机构数/个	从业人员/人			
			在编人员数	编制人员数	专业技术人才
总　计	**128**	**6921**	**4466**	**5954**	**3884**
按性质分类：					
考古研究	88	4967	3167	4547	2807
古建研究	12	825	466	538	400
其他研究	28	1129	833	869	677
按隶属关系分类：					
中央	1	150	123	159	125
省区市	40	3722	2571	3655	2348
地市	72	2871	1641	1984	1342
县市区	15	178	131	156	69
按部门分类：					
文物部门	127	6903	4466	5954	3884
其他部门	1	18			
按经费来源分类：					
文物经费	106	5426	3433	4365	3010
科研经费	15	1325	943	1487	775
其他经费	7	170	90	102	99

续表 1

	省部级青年人才称号或奖项获得者	登记注册志愿者/人	藏品数/件(套)		
				文物藏品	
					一级文物
总　计	**52**	**1387**	**1803428**	**1472691**	**1890**
按性质分类：					
考古研究	39	727	1241891	916094	1804
古建研究	4	364	511536	511031	38
其他研究	9	296	50001	45566	48
按隶属关系分类：					
中央			4429		
省区市	48	363	880411	638999	1522
地市	4	977	904027	819190	266
县市区		47	14561	14502	102
按部门分类：					
文物部门	52	1387	1803428	1472691	1890
其他部门					
按经费来源分类：					
文物经费	39	1221	1360517	1078195	1426
科研经费	12	70	390107	341932	454
其他经费	1	96	52804	52564	10

研究机构基本情况

正高级职称	副高级职称	中级职称	安全保卫人员/人	考古发掘项目负责人	人才称号或奖项获得者	国家级人才称号或奖项获得者	省部级人才称号或奖项获得者	国家级青年人才称号或奖项获得者
419	**785**	**1334**	**644**	**555**	**219**	**36**	**155**	**17**
298	565	926	378	508	188	27	137	14
33	85	171	134	21	14	3	9	
88	135	237	132	26	17	6	9	3
35	39	25	2	7	4	3	1	2
277	477	729	264	378	179	27	139	14
105	267	551	369	168	34	5	15	
2	2	29	9	2	2	1		1
419	785	1334	644	555	219	36	155	17
301	620	1055	498	428	167	20	125	10
112	151	236	75	123	44	15	24	7
6	14	43	71	4	8	1	6	

		在藏品数中/件(套)						
二级文物	三级文物	本年新增藏品	本年从有关部门接收文物数	本年藏品征集数	本年修复文物数/件(套)	一级文物	二级文物	三级文物
5418	**34577**	**58498**	**122**	**151**	**45915**	**17**	**327**	**1162**
4277	27093	29643		151	26754	6	41	117
1018	6414	20709			836	3	154	14
123	1070	8146	122		18325	8	132	1031
					221	4	44	30
3117	14180	20960			19599	9	118	1050
2150	18940	37538	122	151	25957	4	158	56
151	1457				138		7	26
5418	34577	58498	122	151	45915	17	327	1162
4399	31148	30633	122	151	27278	10	125	1076
823	1860	17463			18314	7	49	86
196	1569	10402			323		153	

续表 2

	其他考古出土文物	基本陈列/个	临时展览/个	参观人次/万人次	未成年人参观人次
总　计	**18619**	**37**	**67**	**694.41**	**92.04**
按性质分类：					
考古研究	17419	31	41	224.60	57.56
古建研究	605	5	15	20.43	2.29
其他研究	595	1	11	449.37	32.20
按隶属关系分类：					
中央	143		1	0.03	
省区市	14314	17	32	171.87	26.92
地市	4107	16	34	506.08	57.07
县市区	55	4		16.43	8.05
按部门分类：					
文物部门	18619	37	67	694.41	92.04
其他部门					
按经费来源分类：					
文物经费	16541	34	61	653.27	80.88
科研经费	1908	3	4	30.23	8.71
其他经费	170		2	10.90	2.46

续表 3

	本年完成科研成果				
	古建维修、考古发掘报告/册	获国家奖/个	获省、部奖/个	论文数(省级及以上刊物发表)/篇	在国外期刊发表论文
总　计	**314**	**25**	**72**	**1288**	**72**
按性质分类：					
考古研究	288	23	64	1048	64
古建研究	9		2	56	
其他研究	17	2	6	184	8
按隶属关系分类：					
中央				56	4
省区市	274	21	50	878	56
地市	40	3	22	349	10
县市区		1		5	2
按部门分类：					
文物部门	314	25	72	1288	72
其他部门					
按经费来源分类：					
文物经费	103	20	69	957	38
科研经费	211	5	2	313	33
其他经费			1	18	1

境外观众参观人次	举办社会教育活动/次	参加活动人次/万人次		门票销售总额/千元	本年完成科研成果		
			未成年人参加人次		省部级及以上科研课题数/个	专利/个	专著或图录/册
0.62	**883**	**13.07**	**7.17**	**267449**	**147**	**41**	**150**
0.10	595	10.24	6.45	46433	106	16	126
0.06	130	1.39	0.41	4103	8	13	5
0.46	158	1.43	0.31	216913	33	12	19
					4	4	7
0.28	356	3.23	1.63	62849	116	12	113
0.34	519	9.22	5.02	204600	24	25	30
	8	0.62	0.52		3		
0.62	883	13.07	7.17	267449	147	41	150
0.56	746	11.76	6.92	261756	103	20	118
0.06	44	0.20	0.11	4103	37	9	29
	93	1.10	0.14	1590	7	12	3

本年收入合计/千元			本年支出合计/千元				
	财政拨款收入	事业收入		基本支出	项目支出	经营支出	在支出合计中：工资福利支出
5720408	**3077061**	**2301349**	**6602360**	**1236460**	**3987141**	**83597**	**951960**
4512230	2432610	1847044	4102661	849525	3127665	16661	673485
405648	199230	137103	413788	112867	246791	42056	96430
802530	445221	317202	2085911	274068	612685	24880	182045
181540	46851	128009	1326301	139859	22771		43784
3853468	1775609	1961789	3674939	741835	2774954	44345	572543
1568790	1147570	204073	1485112	314271	1113903	39252	315248
116610	107031	7478	116008	40495	75513		20385
5716361	3073014	2301349	6598313	1234760	3984794	83597	950268
4047	4047		4047	1700	2347		1692
4212795	2395711	1525593	3859373	902478	2767108	58717	739323
1462194	642956	775756	2688376	315898	1183927	24880	196469
45419	38394		54611	18084	36106		16168

续表 4

	资产总计/千元	固定资产原值	公用房屋建筑面积/万平方米	文物库房(含标本室)面积	实验室面积
总　计	**8568800**	**1558236**	**53.15**	**12.80**	**2.64**
按性质分类:					
考古研究	5955679	1026531	40.64	9.91	1.58
古建研究	705413	206772	5.75	2.22	0.39
其他研究	1907708	324933	6.76	0.66	0.68
按隶属关系分类:					
中央	489155	65673	1.31		
省区市	6115405	863947	28.77	6.74	1.74
地市	1841059	581153	22.01	5.76	0.74
县市区	123181	47463	1.06	0.30	0.16
按部门分类:					
文物部门	8568767	1558203	53.14	12.80	2.64
其他部门	33	33	0.01		
按经费来源分类:					
文物经费	5198736	1165292	39.44	10.15	1.55
科研经费	3245034	306585	10.96	1.74	0.75
其他经费	125030	86359	2.75	0.90	0.34

续表 5

	原址保护展示面积/平方米	异地保护展示面积/平方米	出土器物/件(套)	采集科技考古样本数/个	向国有文物收藏单位移交文物/件(套)
总　计	**171955**	**2423**	**334243**	**22740**	**21582**
按性质分类:					
考古研究	168755	2423	319106	22686	16529
古建研究			3257	54	
其他研究	3200		11880		5053
按隶属关系分类:					
中央			294		
省区市	30355	1653	249623	19684	20967
地市	141600	770	82871	3056	615
县市区			1455		
按部门分类:					
文物部门	171955	2423	334243	22740	21582
其他部门					
按经费来源分类:					
文物经费	163435	2195	228764	17510	15369
科研经费	8520	228	105479	5230	6213
其他经费					

实际拥有产权面积/万平方米	文物保护规划和方案设计/个	进行考古发掘情况					
		考古调查项目数量/个	考古调查面积/平方米	考古勘探项目数量/个	考古勘探面积/平方米	考古发掘项目数量/个	考古发掘面积/平方米
23.20	**270**	**6434**	**13601416909**	**5525**	**268186562**	**2628**	**1258475**
15.33	57	6046	13539041964	4954	225624145	1503	1182317
0.52	62	83	40100000	158	18910332	1050	16180
7.34	151	305	22274945	413	23652085	75	59978
1.31	112					1	128
13.63	129	4240	9943615353	3394	144611497	1138	788147
8.05	27	2038	3657448362	1976	120998157	1480	462920
0.21	2	156	353194	155	2576908	9	7280
23.20	270	6434	13601416909	5525	268186562	2628	1258475
14.44	140	5895	12844119431	4481	228393510	2127	876520
4.55	129	537	727277478	1039	28002720	500	381455
4.20	1	2	30020000	5	11790332	1	500

国际合作项目数/个	主办刊物/种	文化创意产品种类/个	文博单位举办新媒体情况				
			网站年访问量/万次	举办微信公众号、微博/个	举办微信公众号、微博关注人数/万人次	举办线上展览/个	线上展览访问人次/万人次
19	**18**	**77**	**640.49**	**4127**	**354.51**	**24**	**48.84**
14	13	48	428.47	3636	288.72	22	40.84
2	2	24	73.17	18	40.93	1	8.00
3	3	5	138.85	473	24.85	1	
3	1		61.86	3	3.90		
12	13	53	222.29	4076	246.96	9	31.05
4	4	24	356.34	48	103.65	15	17.79
19	18	77	640.49	4127	354.51	24	48.84
9	13	18	342.79	3650	127.79	22	37.47
10	4	44	225.30	473	194.11	1	6.87
	1	15	72.40	4	32.61	1	4.50

2023年全国各地区

地区	机构数/个	从业人员/人				
			在编人员数	单位编制数量	专业技术人才	
						正高级职称
总计	**9645**	**180573**	**96065**	**91095**	**57427**	**2928**
北京	172	7118	3652	4253	2286	171
天津	98	1697	1245	1392	763	47
河北	511	9640	4928	5687	2491	175
山西	381	9753	5350	4797	2376	72
内蒙古	215	4038	2059	1972	1854	93
辽宁	138	3660	2329	1860	1404	87
吉林	156	2357	1475	1375	1098	92
黑龙江	327	2964	1514	1793	1179	71
上海	112	5023	2836	3148	2197	73
江苏	473	8830	3779	3633	3202	201
浙江	395	11523	5902	5482	3252	177
安徽	271	3652	1652	1704	1305	31
福建	171	3084	1371	1559	1163	60
江西	240	4877	2547	2853	1668	67
山东	517	12209	6806	4921	4272	190
河南	566	10851	5700	6066	2871	115
湖北	291	6233	3354	3257	2212	85
湖南	326	5795	3110	2733	1661	80
广东	390	7945	4028	3593	2588	104
广西	290	4066	2105	1941	1535	66
海南	68	1217	407	434	316	14
重庆	193	3397	1629	1736	1194	79
四川	573	9566	4225	4348	2697	91
贵州	238	3364	1596	1585	809	27
云南	408	3465	2177	1892	1780	71
西藏	748	3237	2332	1100	270	11
陕西	582	15750	9554	7937	3343	151
甘肃	356	7186	3432	3849	1919	67
青海	107	602	335	271	235	9
宁夏	103	1236	630	576	409	22
新疆	216	2495	1128	1156	705	23

文物业基本情况

副高级职称	中级职称	安全保卫人员	考古发掘项目负责人	人才称号或奖项获得者	国家级人才称号或奖项获得者	省部级人才称号或奖项获得者
9670	**23636**	**34787**	**948**	**1434**	**214**	**761**
399	784	1239	18	39	5	28
117	351	184	6	13	3	10
504	954	2012	31	64	12	38
284	993	1560	45	42	7	29
370	666	832	15	18	6	9
231	642	586	31	13	1	11
280	373	298	16	30	3	25
301	474	617	15	19	2	4
247	889	672	8	69	10	38
585	1319	2098	65	147	12	44
549	1336	1890	67	136	10	31
179	560	879	19	37	6	29
210	409	847	42	5	1	2
246	690	1275	26	107	27	54
743	1947	2208	67	71	14	42
442	1227	2299	65	58	18	35
344	1047	1388	52	59	12	30
281	706	1137	45	60	5	23
324	1145	1612	26	34	3	24
200	616	830	22	11	2	4
44	102	299	12	41	2	36
246	510	750	3	22	1	13
355	1073	1995	61	91	8	63
121	295	658	2	27	7	15
447	807	666	20	44	1	13
32	78	467	10	6	1	4
461	1363	2813	74	49	13	26
301	780	1337	16	69	8	44
39	87	97	9	6		5
63	169	309	11	18	2	15
96	263	483	16	14	2	12

续表 1

地　区	国家级青年人才称号或奖项获得者	省部级青年人才称号或奖项获得者	登记注册志愿者/人	藏品数/件(套)	文物藏品	一级文物
总　计	**51**	**198**	**281358**	**50172257**	**29936846**	**95313**
北　京	1	9	7989	3168881	1095591	3865
天　津			5012	1099718	985267	1062
河　北	2	8	5458	664196	421425	1523
山　西	1	2	5176	1853923	1377072	4548
内蒙古	2	7	2314	1339157	1237335	2237
辽　宁		2	4188	758055	479038	2060
吉　林	2	1	6540	872169	620568	593
黑龙江	1	1	5712	1000951	488956	2211
上　海	7	18	12531	6820563	452071	3390
江　苏	3	18	26197	2258021	1395447	3839
浙　江	1	11	28535	1567689	836653	2329
安　徽	4	10	4248	866732	564995	2291
福　建	1		8581	705563	597732	1100
江　西	3	12	10935	844755	562658	1600
山　东		7	20249	4138496	3521201	6094
河　南	4	9	17593	2127353	1671464	2503
湖　北	4	13	12476	3134582	2142228	3798
湖　南	4	13	13519	1464920	1255398	3618
广　东		6	28179	3026970	1342038	1468
广　西			5652	565751	362590	345
海　南		6	643	203601	143787	196
重　庆		5	11717	664643	360046	1194
四　川		2	8149	1594971	1266499	3824
贵　州		1	3028	325260	180451	663
云　南		3	4119	1702556	531450	1094
西　藏	1		169	452695	385177	8604
陕　西	3	6	8905	1802014	1280893	7670
甘　肃	4	10	8995	802735	501989	4545
青　海		1	227	97767	88867	708
宁　夏		12	1329	384192	95580	396
新　疆	1	3	2105	316453	260667	949

		在藏品数中/件(套)				
二级文物	三级文物	本年新增藏品	本年从有关部门接收文物数	本年藏品征集数	本年修复藏品数/件(套)	一级文物
691002	**4155706**	**1550354**	**222587**	**347898**	**120978**	**163**
13902	406617	112037	5759	49625	1358	2
5527	135314	18416	317	792	466	9
13916	47956	147383	48111	14375	763	3
9834	67481	32773	10060	3264	3754	
6336	12632	14490	57	3152	4700	2
15425	142580	3192	796	2144	993	
6307	31683	16051	2389	4606	1827	
5626	50134	61251	192	59038	26	
43970	192186	14998	257	10834	513	2
21712	301095	37263	6123	7605	6891	4
11529	87499	53944	3774	14050	6521	12
5701	59194	74916	970	1793	1196	6
2886	106953	22072	976	13092	1704	2
6142	63919	48146	11450	23953	1744	19
16149	360509	70318	1402	48413	10574	5
17113	242910	111832	48377	5581	5454	21
10449	134407	265070	10811	7412	23828	13
9978	94759	83405	3522	11515	4823	5
16221	70400	37862	2147	16256	1146	
5880	44405	8652	1387	5216	802	1
815	3417	1832		1721	51	
2931	31490	22035	294	6234	2901	1
7853	108268	90088	618	10022	10149	8
2332	7286	4570	880	2222	1204	
2317	21190	34363	3312	1331	3127	12
41065	83253	12759	11467	328	37	
15831	185242	49438	27952	8700	4321	3
12887	109336	71340	17896	6388	2826	
1526	3471	232	1	212	334	6
3694	9170	7865		1221	7707	1
1916	7416	5897	1290	4132	2079	22

续表 2

地　区				基本陈列/个	临时展览/个	参观人次/万人次
	二级文物	三级文物	其他考古出土文物			
总　计	**2499**	**11558**	**58260**	**13377**	**16556**	**140266.37**
北　京	216	369	606	288	259	4054.56
天　津	26	123		124	167	1353.04
河　北	67	188	62	461	573	5031.82
山　西	161	1544	1656	328	301	3767.90
内蒙古	35	61	370	401	220	1698.87
辽　宁	50	476	385	248	257	4810.13
吉　林	18	116	944	229	410	1104.72
黑龙江		1	5	579	540	1902.72
上　海	15	71	192	252	436	2773.75
江　苏	17	205	1550	911	1145	13205.95
浙　江	26	136	5048	753	1555	8985.32
安　徽	62	724	339	548	739	2978.20
福　建	2	78	1497	337	776	3229.58
江　西	440	269	258	541	896	5199.79
山　东	252	1859	5964	1226	1315	10987.01
河　南	33	396	2814	520	723	8762.55
湖　北	94	1235	5651	631	510	6189.37
湖　南	98	673	831	378	630	9523.60
广　东	22	355	696	755	1416	7661.64
广　西	114	203	349	299	289	2796.09
海　南			50	105	96	770.45
重　庆	33	228	1311	290	504	3682.07
四　川	45	263	8357	741	667	8534.27
贵　州	18	33	1111	251	214	2347.72
云　南	35	294	614	516	430	2410.02
西　藏	1			35	22	578.74
陕　西	76	454	2107	626	409	7016.37
甘　肃	198	989	546	465	713	4047.32
青　海	2	10	316	55	32	136.84
宁　夏	100	27	7511	112	108	767.33
新　疆	40	117	380	277	151	1173.26

未成年人参观人次	境外观众参观人次	举办社会教育活动/个	参加活动人次/万人次	未成年人参加人次	门票销售总额/千元	本年收入合计/千元
32203.45	**790.47**	**487104**	**20305.79**	**7913.94**	**12394764**	**79785676**
666.95	45.43	20948	816.04	587.56	2036577	6469108
338.61	4.69	5367	112.76	69.62	39243	611137
1118.49	2.41	5252	380.56	228.03	300587	1802830
577.38	11.59	19896	1845.53	95.02	455881	4826151
491.90	8.11	7015	552.69	294.37	4442	980614
588.94	14.77	6434	425.73	177.68	235953	925837
220.07	7.74	5285	139.02	68.74	58842	670618
446.14	26.80	3181	569.81	252.97	907	600770
618.03	20.20	46239	557.25	191.37	270447	3442355
2767.39	55.78	38905	771.40	264.20	461549	4022930
1872.26	36.92	29979	882.05	335.08	459661	7264987
896.83	20.01	14024	457.15	287.98	3360	1167336
891.36	22.51	4223	147.47	71.36	13483	917566
1635.56	13.97	10889	756.40	305.30	41147	1323215
2950.51	40.15	25572	1060.16	596.90	1063078	3870571
2254.38	18.13	14759	834.33	505.67	173803	2811633
1605.03	44.29	15469	1780.08	730.43	320086	2077664
2838.96	81.80	50895	1311.06	563.74	62859	1911666
1602.38	76.45	21165	2633.66	452.24	194853	5978825
698.21	13.99	5627	543.71	283.22	553220	1391882
153.59	7.21	1745	195.42	83.13	26930	308235
644.29	13.10	12774	615.57	210.41	112399	1426041
1839.23	41.33	38619	1260.19	499.45	1309917	3437725
402.71	6.15	10258	123.68	50.82	11319	1617274
556.88	15.83	13621	366.22	220.54	14638	953508
8.84	0.89	2412	4.76	0.37	185374	1281486
989.51	17.21	20269	298.03	131.24	2681135	6721936
1097.44	13.54	12422	546.77	228.89	496195	5980614
30.70	0.10	622	13.73	6.15		397086
183.13	5.17	4668	111.99	43.42	19871	244285
297.39	2.22	7225	144.85	67.57	13764	1289526

续表 3

地　区	财政拨款收入	事业收入	本年支出合计/千元	基本支出	项目支出	经营支出
总　计	**61709044**	**6785736**	**89486917**	**28955114**	**42941797**	**2671102**
北　京	3960827	528731	6244744	1794251	2964910	25394
天　津	436775	49119	617621	248191	258068	86395
河　北	1641952	108158	1849829	850899	941075	45704
山　西	4658667	19685	4783350	965079	3673973	37019
内蒙古	939422	26074	1005763	401280	547821	6651
辽　宁	881497	10101	896675	415787	451598	6834
吉　林	505792	64212	671935	202754	423329	35178
黑龙江	557835	5052	608646	257082	324579	6211
上　海	2559085	717082	3669005	1179244	2304226	8325
江　苏	3280220	186267	4143015	1591323	2122915	115034
浙　江	5282984	1173536	7130257	2064617	4255681	531487
安　徽	1061561	65173	1128115	417491	675606	6612
福　建	809055	35880	923901	364873	530297	479
江　西	1245690	33839	1297206	529692	672292	4184
山　东	2347906	358468	4403180	1623699	1764162	162140
河　南	2087948	446601	2888238	1039275	1609107	135024
湖　北	1623898	184773	2093547	731134	1133724	103687
湖　南	1708901	100625	1897200	674497	1118331	13430
广　东	5395867	134480	5870604	2405111	2981559	10043
广　西	1287475	12371	1653205	409022	625755	42538
海　南	295370	9089	298274	98740	196148	1146
重　庆	1199106	161226	1275444	382983	837379	6748
四　川	3085908	193448	3607660	1023730	2428725	21565
贵　州	1094170	428020	1861127	637389	729378	278766
云　南	829932	80322	1067481	338228	665244	10683
西　藏	907477	129655	1150783	433773	554973	15074
陕　西	5124390	307927	6960739	1444720	4261574	942058
甘　肃	3285930	233548	13514552	4414678	1283215	11197
青　海	353351	18001	407683	92907	301977	10
宁　夏	210718	17923	250975	120362	107905	263
新　疆	1176673	45748	1320516	346375	935012	1223

在支出合计中，工资福利支出	资产总计/千元	固定资产净值	实际使用房屋建筑面积/万平方米	展览用房	文物库房(含标本室)	实际拥有产权面积/万平方米
28388013	**497310248**	**331988695**	**4824.86**	**1563.23**	**262.85**	**2887.87**
1162700	21273079	6364883	140.58	48.13	12.01	88.55
281633	2966149	1601640	36.71	14.92	5.13	33.47
683095	4181365	2646450	130.65	61.31	8.77	95.61
764465	13356294	4718693	115.01	41.60	8.89	121.21
332388	7885379	6630025	118.37	63.99	7.55	66.21
296644	5757782	2559668	85.22	34.60	6.66	130.95
188479	1453790	994985	51.78	26.60	3.81	17.63
192615	2836669	1929563	63.29	39.86	6.15	32.86
875998	15744510	6483635	93.47	41.78	7.88	65.07
1236040	63557315	25426572	310.54	127.49	15.28	188.91
1669564	18770365	8427824	239.74	99.58	13.89	117.61
318902	102768627	101437651	102.31	46.38	7.71	50.12
265870	2487873	1509750	85.95	35.17	5.37	69.37
393056	55798933	45623656	130.96	60.57	11.24	154.07
1408092	17233547	8753800	260.64	126.78	20.17	150.30
766641	9352738	3654756	202.00	74.95	17.78	143.53
560053	12592211	10395784	213.93	101.49	11.71	126.46
474740	10160107	4498279	189.42	51.75	8.42	130.91
1710971	11728182	6943596	190.08	68.42	13.24	191.04
357052	3721518	1993228	78.69	34.99	4.97	70.99
73041	2067030	1475385	23.61	10.17	2.14	22.16
313065	4556671	2004777	75.99	36.55	6.11	34.89
831214	9080031	5433521	184.73	75.00	11.58	157.56
569760	5601873	4760759	62.62	26.36	3.97	47.64
307871	3843753	2026653	82.24	33.23	5.06	79.44
375667	44801695	44536081	1061.93	6.01	6.80	69.08
1569464	21220148	7395324	204.88	66.28	11.16	185.18
9109461	7609846	4262632	116.32	44.59	6.86	110.55
70787	1548299	901618	22.87	7.00	1.17	20.01
108471	1553165	1222110	33.13	17.87	1.70	26.00
204840	4263391	2462946	58.67	29.05	3.13	33.51

2023年全国各地区文物

地　区	机构数/个	从业人员/人	在编人员数	编制人员数	专业技术人才	正高级职称
总　计	**2547**	**30752**	**20052**	**16849**	**9051**	**187**
北　京	19	973	738	835	129	1
天　津	6	101	97	151	74	3
河　北	157	3608	2075	2484	759	25
山　西	78	1900	1125	1157	591	15
内蒙古	78	563	402	422	355	8
辽　宁	58	895	710	382	216	1
吉　林	52	276	240	229	189	9
黑龙江	53	219	187	166	145	7
上　海	5	103	98	106	68	1
江　苏	44	427	261	278	210	10
浙　江	85	2709	1889	2011	1014	35
安　徽	80	446	301	282	241	3
福　建	60	363	245	260	181	9
江　西	49	265	141	155	66	
山　东	79	2680	2051	629	818	10
河　南	111	1843	1270	1190	445	6
湖　北	42	769	309	383	227	1
湖　南	28	598	416	220	124	2
广　东	25	327	173	185	90	
广　西	70	411	306	289	250	2
海　南	12	447	62	65	36	
重　庆	38	123	87	96	69	1
四　川	171	2019	1104	1023	606	11
贵　州	64	406	296	267	175	
云　南	139	991	760	649	681	10
西　藏	635	2513	1909	814	132	5
陕　西	187	3456	2059	1345	750	4
甘　肃	54	868	451	519	228	3
青　海	28	70	26	12	25	1
宁　夏	21	275	165	160	106	3
新　疆	19	108	99	85	51	1

保护管理机构基本情况

副高级职称	中级职称	安全保卫人员	考古发掘项目负责人	人才称号或奖项获得者	国家级人才称号或奖项获得者	省部级人才称号或奖项获得者	国家级青年人才称号或奖项获得者
1232	**3841**	**4626**	**122**	**88**	**11**	**25**	**1**
6	46	273	1				
11	37	2	5	3	1	2	
132	298	639	3	2			
67	276	224	7	1		1	
55	135	66		1	1		
38	102	140	3				
41	63	14	1	1		1	
32	50	16	4	2			
6	23						
35	83	34	15	2			
158	420	355	14	36	1	5	
30	95	56		4	2	2	
21	67	61	24	1			
9	16	46					
101	364	101	1	3		2	
54	214	270	3	1	1		
14	114	197					
8	70	115	5	1	1		
6	36	47					
15	101	52	3	2		1	
3	9	138		1	1		
13	28	20					
60	245	271	29	16	2	5	
19	57	62					
170	334	156	2	1			
12	27	408		5	1	4	1
61	330	597	1				
27	112	142	1	4		2	
3	10	30					
16	50	87		1			
9	29	7					

续表 1

地区	省部级青年人才称号或奖项获得者	登记注册志愿者人数/人	藏品数/件(套)	文物藏品	一级文物	二级文物
总计	**5**	**14184**	**1703817**	**1309134**	**10098**	**34336**
北京		1337	31869	20678	201	395
天津			44	44		2
河北		424	79548	77852	230	1224
山西		1332	263440	117339	300	1021
内蒙古		20	46168	44088	62	309
辽宁		176	31114	29321	106	847
吉林		23	14956	14720	10	36
黑龙江		316	16446	9221	24	69
上海		119	2028			
江苏		364	9937	7319	16	68
浙江	2	4431	105333	76655	103	272
安徽		233	38015	28784	149	362
福建		213	3849	325	2	1
江西		314	1866	1409	14	32
山东		177	100117	88083	25	198
河南		636	109627	100806	97	973
湖北		210	17556	17236	66	171
湖南		534	10636	8169	61	238
广东		434	12185	8569		23
广西		71	36289	31031	27	382
海南	1	19	7371	515		1
重庆		38	1300	864		37
四川		703	129273	116922	563	1098
贵州		101	31805	4823	37	192
云南		662	101170	68459	181	146
西藏		107	349790	320635	7472	24858
陕西		885	112179	77395	219	822
甘肃	2	182	1606	1195	27	42
青海		1	13014	11859	45	142
宁夏		113	22818	22460	49	348
新疆		9	2468	2358	12	27

	在藏品数中/件(套)						
三级文物	本年新增藏品	本年从有关部门接收文物数	本年藏品征集数	本年修复文物数/件(套)	一级文物	二级文物	三级文物
143134	**29847**	**5848**	**5225**	**14582**	**10**	**55**	**411**
1856	1586	702	641				
5							
6378	305		58	43		2	22
7437	54	27	27	286		29	150
1006	373	7	366	13		2	11
8940	32		28				
178	599	467	115	52		6	46
1050	66		66				
589	550			2930			
3040	3701	1977	75	1068			
6002	34	8	23				
	4	4		150			
551	71		67				
1333	8507		20	714		1	55
19587	961	2	128	124		1	17
690	20			20			
1902	22	2	19	6			6
343	49		47				
3300	1218	7	508	74		6	68
4	2			1			
61				308			
15928	3328	475	1243	7638	1		15
620				3			
2028	1940	32	76	1099	9	3	20
52147	732	6	12				
6603	5679	2132	1692	35		4	1
55				10			
291							
1137	14		14	8		1	
73							

续表 2

地区	其他考古出土文物	基本陈列/个	临时展览/个	参观人次/万人次	未成年人参观人次	境外观众参观人次
总计	**9017**	**702**	**466**	**19527.21**	**2093.90**	**55.43**
北京		37	38	1376.01	207.46	11.95
天津						
河北	19	15	4	1159.12	81.57	0.10
山西	66	34	50	1071.30	84.85	3.82
内蒙古		13		19.56	10.74	
辽宁		22	6	2160.03	9.59	0.08
吉林		6	14	13.98	3.17	0.01
黑龙江		13	7	29.43	6.68	0.10
上海		6	21	35.83	11.56	0.20
江苏		30	5	212.86	33.04	0.06
浙江	717	124	72	3006.09	259.22	2.88
安徽		14	23	113.55	23.30	0.04
福建	150	8	17	460.49	89.61	7.97
江西		6	5	80.22	30.69	0.07
山东	643	39	18	2153.17	285.44	2.90
河南	71	2	9	1550.78	195.52	0.53
湖北		14	10	1104.80	231.54	12.88
湖南		14	14	497.38	99.11	2.19
广东		29	34	470.14	37.62	1.83
广西		28	8	172.90	37.90	0.21
海南		23	7	274.33	31.54	0.10
重庆		1	3	2.52	0.86	
四川	7314	31	20	809.95	24.27	3.85
贵州		15	9	101.88	13.13	1.35
云南		75	29	313.78	66.55	0.85
西藏				578.55	8.78	0.89
陕西	30	94	27	1376.08	130.78	0.45
甘肃		1	3	336.95	66.63	0.06
青海						
宁夏	7	4	11	30.04	8.53	0.06
新疆		4	2	15.49	4.22	

举办社会教育活动/次	参加活动人次/万人次		门票销售总额/千元	本年完成科研成果			
		未成年人参加人次		省部级及以上科研课题数/个	专利/个	专著或图录/册	古建维修、考古发掘报告/册
30961	**756.37**	**328.97**	**5613364**	**26**	**8**	**654**	**107**
407	12.66	4.79	1888375				
3	0.01	0.01				5	
129	15.34	2.32	279504		1	2	2
463	117.73	14.44	159515	4		9	2
172	7.98	5.97					1
291	3.88	1.77	22029				
36	0.83	0.33					1
18	0.37	0.27					
145	1.75	0.51		1	2	1	
205	10.17	1.93	3231	1		2	1
4029	73.82	46.29	402737	1		605	5
492	9.72	5.43				1	
788	26.51	12.28	12051			3	2
1056	11.68	7.87	3365				
775	66.58	43.70	840391			1	
1447	10.49	6.78	26826			12	
464	51.58	26.01	278488		2		
1248	49.35	28.98	4158				
294	23.32	8.74	59293			2	
260	10.02	4.73	221				2
559	116.25	53.55	6930				
29	0.22	0.12					
1471	16.30	7.38	742754	1	2	4	2
1688	13.67	6.48	1000				
4077	54.82	21.91	8669	1			49
2409	4.73	0.36	185374	4	1		
5565	20.89	7.01	640113	1			40
2300	20.60	6.13	27091	9		4	
3	0.16	0.05					
58	2.32	1.98	19798			3	
80	2.62	0.85	1451	3			

续表 3

地　　区	获国家奖/个	获省、部奖/个	论文数(省级及以上刊物发表)/篇	在国外期刊发表论文	本年收入合计/千元	财政拨款收入
总　　计	**4**	**22**	**385**	**6**	**14264681**	**10188242**
北　　京			1		1213502	1213402
天　　津			1		42287	41682
河　　北		1	26		591103	524996
山　　西			54		880103	841168
内 蒙 古			1		125302	120926
辽　　宁			1		187181	177671
吉　　林					55272	53173
黑 龙 江		1	4		32945	32108
上　　海			9		71706	70968
江　　苏	1	2	10		324275	284397
浙　　江			22	1	1728793	850182
安　　徽		1	7		266895	250069
福　　建			13	2	168237	129602
江　　西					38589	29081
山　　东		1	9		881452	759853
河　　南			2		324631	269125
湖　　北			6		182258	157827
湖　　南			3		134815	115993
广　　东			30		103116	84702
广　　西		1	16		79687	77102
海　　南					37760	33059
重　　庆			7		88243	87639
四　　川		14	78	3	771879	762116
贵　　州			2		69724	66070
云　　南			13		247850	219600
西　　藏			2		470619	357448
陕　　西	3	1	15		1365702	1246746
甘　　肃			26		3619494	1179755
青　　海					17803	17633
宁　　夏			23		73535	65512
新　　疆			4		69923	68637

事业收入	本年支出合计/千元	基本支出	项目支出	经营支出	在支出合计中，工资福利支出	资产总计/千元	固定资产净值
998419	**14543285**	**7461164**	**6260882**	**196489**	**4069782**	**70595245**	**52967405**
	1210790	320028	889706		232027	508017	199452
82	50105	30712	19393		23047	68428	29840
48050	608901	337615	265460	4566	289708	971875	417067
11365	861533	191462	645206	4275	152075	2208124	1177351
1523	127458	64071	55682		58428	284963	166466
2171	188125	127959	37357	6392	80377	2761116	201679
	48027	24854	22064		23847	23324	14053
	32685	21579	10953		17910	32643	25086
410	72875	38683	34192		34134	34204	29070
32901	326363	68401	252939	3613	58775	509641	48539
693246	1536080	599370	799396	108029	457358	8029377	2264280
206	247978	77866	159484	120	48443	247818	47966
14333	179756	73804	101047	169	39246	110401	18586
795	41900	16963	22984	50	12727	24559	2472
	1070610	432441	632793	3382	366059	1021650	147431
14310	351989	203042	118155	17238	129451	1575216	248176
10586	185130	60783	109358	997	53135	497756	208267
515	134519	55317	60502		51004	775375	343449
13389	111163	40380	37678		37079	138988	52186
775	345037	55361	31914	80	52252	128502	56065
1173	37049	14297	20980	56	16112	81648	69283
	95372	18300	77068		15230	101330	39725
7635	759858	251578	502248	1750	203172	1502958	599818
515	66517	34012	30587		29461	50274	28538
11165	232932	111951	102641	1881	104957	482735	195546
74852	507966	247214	125386	13279	275677	44539184	44387147
37047	1351301	336182	965650	26994	303780	2831638	1081222
20335	3604242	3550648	44958	3554	853222	321177	254975
100	17745	5060	11454	10	4678	84113	78775
300	81135	32328	34714	3	31009	604160	529628
640	58144	18903	38933	51	15402	44051	5267

续表 4

地　区	实际使用房屋建筑面积/万平方米			实际拥有产权面积/万平方米	文物保护规划和方案设计/个	
		展览用房	文物库房（含标本室）			国保单位保护维修项目数/个
总　计	**1374.04**	**99.78**	**17.50**	**401.37**	**18849**	**413**
北　京	7.67	2.15	0.25	1.27	9	14
天　津	0.26					2
河　北	17.95	6.46	1.10	10.94	34	27
山　西	13.83	4.11	0.88	48.44	83	32
内蒙古	4.74	2.04	0.18	1.38	45	6
辽　宁	10.55	2.16	0.35	91.69	15	7
吉　林	1.47	0.77	0.23	0.15	5	5
黑龙江	2.17	1.18	0.13	0.95	7	2
上　海	0.98	0.79	0.03	0.09	1	1
江　苏	7.29	3.51	0.22	4.83	4	5
浙　江	47.17	19.02	0.62	20.33	87	57
安　徽	4.60	1.27	0.48	0.91	102	15
福　建	3.41	0.92	0.03	0.65	62	28
江　西	3.08	1.52	0.02	0.55	36	11
山　东	15.83	6.52	0.49	4.91	47	14
河　南	16.54	5.42	1.46	12.58	12	16
湖　北	33.72	6.20	0.11	5.91	18	16
湖　南	7.15	2.93	0.32	5.78	29	9
广　东	9.76	3.54	0.10	2.05	23	3
广　西	4.04	2.02	0.37	2.36	20	25
海　南	3.22	1.23	0.01	10.16	3	1
重　庆	3.08	1.18	0.70	0.21	22	11
四　川	23.49	3.20	1.67	36.88	74	43
贵　州	4.64	1.62	0.28	1.77	24	5
云　南	20.51	4.20	0.50	11.34	73	23
西　藏	1045.95	3.31	5.53	51.14	17948	1
陕　西	48.31	6.87	0.87	58.62	41	16
甘　肃	4.75	1.50	0.25	9.38	10	13
青　海	1.77	1.07	0.09	3.98	5	1
宁　夏	4.18	1.39	0.19	0.60	6	2
新　疆	1.93	1.68	0.04	1.52	4	2

文物保护维修情况			进行考古发掘情况				
保护维修面积/平方米	省保单位保护维项修目数/个	市、县保单位保护维修项目数/个	考古调查项目数量/个	考古调查面积/平方米	考古勘探项目数量/个	考古勘探面积/平方米	考古发掘项目数量/个
8280113	**415**	**499**	**1984**	**336346099**	**2710**	**104548221**	**208**
17290	3	6	1	750	2	6750	1
2000	1		61	5580000	6	1050000	3
1436837	23	10	31	163355000	22	1292444	12
60444	22	39	264	2861422	80	1792892	10
118888	10	4	74	661660	2	40618	2
87400	6	2	167	56500	7	98925	3
11100	1	1					1
480	2						
625	4	6					
4250000	1	2	136	6897608	175	18376595	35
108478	65	108	621	42068719	239	8700091	47
261298	18	41	8	1873200	9	286573	9
286377	48	68	50	46796539	37	1387823	9
34640	8	10	1	147600	1	147600	1
15403	18	21	52	3854282	164	14463411	10
89142	7	2	32	32036363	99	4860861	28
17878	9	4	3	247100	2	248800	1
143188	14	14	65	6210618	65	6237118	
6942	5	5					
145697	13	9	2	1000	3	1500	1
1047							
637804	19	10	8	5695886	1	3865	3
162446	48	33	351	12216019	1784	45311855	23
21968	15	7	2	60740			
334091	25	87	52	5672913	11	69500	5
	2	4					
16931	12	4	1	50000	1	171000	
10420	6						
555	7						
744	3	1					
		1	2	2180			4

续表 5

地区	考古发掘面积/平方米	原址保护展示面积/平方米	异地保护展示面积/平方米	出土器物/件(套)	采集科技考古样本数/个	主办刊物/种
总计	**4972609**	**557673**	**4191**	**54779**	**9641**	**27**
北京	750					
天津	1250			1130	103	
河北	150840	400	230	683	4	1
山西	19488	7830		662		1
内蒙古	235			19		
辽宁	3000			300		1
吉林	100			3566	3566	
黑龙江						
上海						
江苏	57787	9480		5881	107	
浙江	4241366	45000		6357	285	2
安徽	1736	2	1	918		
福建	103647	4000	1400	1514	4	
江西	700	150000		5	1	1
山东	327462	78525		8328		2
河南	28473	1500		3732	2125	
湖北	1200	180728		161		
湖南		6230				4
广东						
广西	1560	63929		420		1
海南						
重庆	3671	4000		56	8	
四川	18841	2200		18886	3411	4
贵州	40					1
云南	2211	3849		131	27	2
西藏						2
陕西	12		2560			1
甘肃						3
青海						
宁夏						1
新疆	8240			2030		

国际合作项目数/个	文化创意产品种类/个	文博单位举办新媒体情况				
		网站年访问量/万次	举办微信公众号、微博/个	举办微信公众号、微博关注人数/万人次	举办线上展览/个	线上展览访问人次/万人次
4	**2061**	**5916.95**	**741**	**1527**	**225**	**2255.87**
	39	77.04	5	183	5	1.90
			2	2	5	0.03
	79	36.82	16	57	1	32.33
1	234	116.31	388	242	29	23.49
		4.53	8			
		3.80	7	1	1	0.25
	7	3.25	48	1	20	2.85
		0.20	3		12	0.18
			8	4		
		15.08	6	45	6	2.40
3	275	134.18	43	172	64	6.48
	4	2.22	5	1	15	0.68
		2.42	8	7	17	0.53
	20	4.01	1	1	3	0.20
	12	143.22	14	360	5	3.20
		15.17	31	9	1	10.04
	23	15.57	8	19	4	1.57
	56	153.09	9	159	2	151.26
	8	12.28	8	43		
	2	29.45	8	1		
		5.66	2	1		
			1		1	0.66
	485	42.88	15	71	5	0.97
			1			
	292	6.00	21	22	13	2.25
	346	0.51	6	2		
	22	5067.51	45	108	13	2011.44
	49	8.75	16	6	3	3.16
	103	17.00	7	10		
	5		1			

2023年全国各地区

地区	机构数/个	从业人员/人	在编人员数	编制人员数	专业技术人才	正高级职称
总计	**4508**	**122635**	**59475**	**58614**	**42516**	**2176**
北京	69	4444	2439	2866	1576	127
天津	53	1393	1100	1188	591	24
河北	147	4848	2014	2271	1448	109
山西	155	4386	1732	1627	1320	40
内蒙古	128	3336	1562	1435	1443	77
辽宁	66	2527	1430	1304	1104	71
吉林	94	1902	1133	1042	848	76
黑龙江	132	2548	1186	1424	982	56
上海	85	4748	2650	2973	2051	71
江苏	330	7794	3163	2997	2835	172
浙江	206	5837	2447	2261	2008	116
安徽	181	3075	1266	1310	1024	25
福建	102	2586	1031	1171	942	43
江西	170	4331	2189	2437	1493	57
山东	348	8247	4072	3560	3019	155
河南	259	6996	3228	3197	1971	62
湖北	172	4556	2394	2354	1760	64
湖南	159	4017	1913	1822	1341	65
广东	223	5812	2696	2649	2299	87
广西	119	2792	1152	1209	1191	48
海南	33	686	277	269	270	14
重庆	106	2987	1450	1525	1017	70
四川	272	6742	2615	2792	1840	63
贵州	122	2499	914	932	614	22
云南	143	2143	1221	1077	1014	49
西藏	15	312	165	132	99	3
陕西	246	9854	6018	5388	2063	104
甘肃	194	5479	2425	2701	1515	53
青海	24	346	183	191	158	4
宁夏	52	809	324	258	238	12
新疆	98	1594	640	615	491	9

博物馆基本情况

副高级职称	中级职称	安全保卫人员/人	考古发掘项目负责人	人才称号或奖项获得者	国家级人才称号或奖项获得者	省部级人才称号或奖项获得者	国家级青年人才称号或奖项获得者	省部级青年人才称号或奖项获得者
7297	**17712**	**29398**	**248**	**1105**	**159**	**568**	**32**	**136**
324	615	956	1	31	4	22		3
80	279	178	1	10	2	8		
302	536	1324	6	51	11	28	2	6
158	511	1110	5	23	5	12		
302	507	757	15	17	5	9	2	7
167	508	439	3	8		7		1
227	285	281	3	16	3	11		1
254	407	599	3	15	2	3		1
238	838	669	8	69	10	38	7	18
513	1176	2060	10	138	7	44	1	18
360	846	1531	10	89	8	23	1	5
139	446	821	7	24	3	19	4	10
176	333	786	4	2		2		
220	634	1168	9	90	23	42	3	10
558	1385	2063	31	51	12	26		3
289	815	1936	6	43	12	28	1	3
282	840	1170	26	46	6	23	2	9
242	583	993	16	56	4	23	4	13
287	1038	1560	12	31	3	22		6
178	491	771	10	9	2	3		
37	90	161	12	37	1	33		2
200	445	712	3	16	1	7		5
241	746	1699	7	51	5	37		1
96	230	595	2	27	7	15		1
256	450	510	7	40	1	10		3
14	38	54		1				
296	851	2176	12	37	8	23	2	3
237	601	1140	2	54	7	34	3	3
27	61	66		5		5		
32	100	222		6	2	4		3
60	184	445	4	5		5		1

续表 1

地　区	登记注册志愿者/人	藏品数/件(套)				
			文物藏品			
				一级文物	二级文物	三级文物
总　计	**265557**	**41252855**	**25005279**	**81703**	**640764**	**3908425**
北　京	6652	3006267	1014272	3477	8368	401454
天　津	4993	738139	631240	1062	5521	135272
河　北	5034	513796	293712	1094	11608	34496
山　西	3351	1465443	1149027	3730	8161	56594
内蒙古	2294	1275564	1175822	1970	5891	11473
辽　宁	4012	694290	418036	1837	14186	131191
吉　林	6484	853790	602425	583	6262	31419
黑龙江	5396	963509	465664	2173	5453	47115
上　海	12412	4020027	452071	3390	43970	192186
江　苏	25815	1749415	1047475	3796	21541	299517
浙　江	24104	1376802	730748	2173	10946	80741
安　徽	4015	806877	534579	2111	5308	52702
福　建	8307	701714	597407	1098	2885	106953
江　西	10507	786438	504876	1577	5913	61613
山　东	20053	3737692	3136301	6016	15637	357076
河　南	16664	1162614	780612	2105	14577	206740
湖　北	12168	2627010	1677011	3395	9007	107341
湖　南	12714	1262125	1111764	3206	8455	81421
广　东	27721	2513453	853666	1449	16046	68365
广　西	5569	484217	292426	298	5079	36589
海　南	624	179222	141862	186	779	3282
重　庆	11679	613742	333142	1194	2893	31243
四　川	7430	1359230	1043139	3255	6729	89209
贵　州	2927	277499	162269	616	2069	6257
云　南	3415	1589343	454327	902	2147	18941
西　藏	62	94168	56367	1068	15847	27720
陕　西	8020	1566995	1105598	6850	13681	172323
甘　肃	8813	574990	429470	4359	12412	108149
青　海	185	75326	67696	512	1088	2736
宁　夏	1216	355648	67399	347	3346	8024
新　疆	2033	295945	243430	878	1727	6749

在藏品数中/件(套)			本年修复文物数/件(套)					基本陈列/个
本年新增藏品	本年从有关部门接收文物数	本年藏品征集数		一级文物	二级文物	三级文物	其他考古出土文物	
1368611	**214587**	**339215**	**53149**	**136**	**2048**	**9419**	**24624**	**12638**
59049	5057	48984	1184	2	195	342	506	251
1484	317	572	466	9	26	123		124
146546	48111	14315	541	1	33	85	40	445
32574	9951	3213	2282		132	1254	544	289
14087	50	2786	4088	2	33	50	370	388
3147	796	2116	657		50	476	49	226
15384	1922	4491	888		12	70	57	223
60967	192	58754	26			1	5	566
14998	257	10834	513	2	15	71	192	246
23495	5287	7074	2056	4	17	203	969	881
49715	1780	13970	1416	12	22	135	302	629
74877	962	1770	1196	6	62	724	339	534
22068	972	13092	1404	2	2	78	1247	328
38331	11450	23886	1313	19	287	269	180	535
60363	1384	48373	5025	4	191	960	2062	1186
91538	48375	5453	1654	20	32	379	352	511
264940	10811	7363	5285	10	73	1005	3722	613
81323	2720	10812	2044	5	76	467	809	356
31640	2008	16070	755		22	355	305	724
6348	1380	3653	525	1	102	101	186	270
1830		1721	50				50	82
16466	294	6234	2136	1	33	228	854	286
85196	143	8779	1937	7	45	248	1043	710
4552	871	2220	243		18	33	159	236
32276	3280	1253	1714	3	32	274	314	441
11728	11333	156	1		1			35
39180	25698	6773	1654	3	42	319	1052	531
55594	17896	6388	2219		197	989	454	464
232	1	212	14			10	4	55
7087		1207	7653	1	99	27	7481	106
5732	1289	4020	1272	22	40	112	380	272

续表 2

地 区	临时展览/个	参观人次/万人次	未成年人参观人次	境外观众参观人次	举办社会教育活动/次	参加活动人次/万人次
总 计	**16023**	**120044.83**	**30017.76**	**734.39**	**455260**	**19536.60**
北 京	221	2678.55	459.50	33.48	20518	803.32
天 津	167	1353.04	338.61	4.69	5364	112.75
河 北	569	3872.32	1036.91	2.32	5123	365.24
山 西	234	2241.71	456.63	7.39	19207	1724.66
内蒙古	220	1679.31	481.17	8.11	6839	544.66
辽 宁	249	2649.90	579.31	14.69	6132	421.86
吉 林	395	1090.73	216.91	7.71	5248	138.18
黑龙江	533	1873.30	439.46	26.70	3149	569.14
上 海	415	2737.92	606.49	20.01	46094	555.50
江 苏	1140	12993.12	2734.36	55.72	38691	761.21
浙 江	1482	5979.18	1613.06	34.05	25926	808.10
安 徽	716	2864.63	873.54	19.97	13532	447.44
福 建	759	2755.74	793.73	14.54	3435	120.95
江 西	891	5119.56	1604.87	13.89	9749	743.74
山 东	1292	8822.55	2660.68	37.23	24762	993.50
河 南	699	7199.03	2055.35	17.58	13268	823.49
湖 北	498	5084.26	1373.41	31.42	15005	1728.54
湖 南	607	8969.75	2722.71	79.58	49489	1256.03
广 东	1381	7189.47	1564.76	74.60	20867	2610.34
广 西	281	2622.98	660.31	13.78	5366	533.64
海 南	89	496.12	122.05	7.10	1186	79.17
重 庆	501	3675.74	641.83	13.10	12645	614.34
四 川	646	7718.14	1814.43	37.49	37143	1243.90
贵 州	205	2245.83	389.59	4.80	8570	110.04
云 南	401	2096.24	490.33	14.97	9440	311.29
西 藏	22	0.20	0.06		3	0.05
陕 西	381	5640.31	858.71	16.76	14696	277.15
甘 肃	707	3609.68	1010.92	13.45	10104	525.31
青 海	32	136.84	30.70	0.10	619	13.57
宁 夏	97	736.74	174.54	5.11	4610	109.68
新 疆	141	1126.60	292.47	2.07	7135	142.09

未成年人参加人次	门票销售总额/千元	本年完成科研成果					
		省部级及以上科研课题数/个	专利/个	专著或图录/册	古建维修、考古发掘报告/册	获国家奖/个	获省、部奖/个
7578.05	**6513951**	**1159**	**266**	**3512**	**182**	**314**	**861**
582.76	148202	89	31	60		29	35
69.61	39243	11		8		3	2
225.72	21083	7	2	20			11
78.96	85719	21	1	40	3	14	25
288.40	4442	32	15	17	5	8	4
175.92	213924	15		24			1
68.39	58842	11		18	1		10
252.60	907	19	2	19		6	13
190.86	270447	32	7	103	1	30	75
262.26	458318	58	12	103	10	58	69
288.78	56924	31	17	173	4	20	81
282.56	3360	13	1	24	5		15
59.07	1432	8	20	23	4		4
297.34	37782	39	12	47	6	21	50
553.16	222687	98	17	114	23	22	116
498.63	146977	76	6	48	6	7	49
704.43	41598	50	8	102	23	20	109
531.07	58701	62	2	64	13	22	26
443.50	135560	48	18	93	10	6	10
278.50	552998	26	8	21		5	6
29.59	20000	5		2009	3	3	
209.39	112399	98	16	59	9	2	21
492.08	565573	92	3	63	11	15	48
44.34	10319	5		11	7	1	2
198.60	5969	37	5	28		6	6
0.01		1		1			
124.23	2041022	31	10	50	3	3	25
222.61	426279	50	43	62	32	6	31
6.10				5		5	2
41.43		7		2			3
66.68		5		5	1	1	1

续表 3

地　区	论文数(省级及以上刊物发表)/篇	在国外期刊发表论文	本年收入合计/千元	财政拨款收入	中央财政免费开放补助资金	地方财政免费开放补助资金
总　计	**9066**	**389**	**40578829**	**33745407**	**2811816**	**2250112**
北　京	576	47	2818615	2231541	36995	21001
天　津	43	1	519085	391986	25855	10955
河　北	187	2	734509	698004	124317	79820
山　西	266	1	790872	767992	41211	25784
内蒙古	216		804746	768029	50632	16609
辽　宁	120	1	582583	549332	66071	47757
吉　林	77	1	462009	350907	30631	20995
黑龙江	76		531974	497568	112016	113724
上　海	534	37	3150984	2362055	7896	3035
江　苏	716	6	2826511	2399536	81596	71405
浙　江	388	31	2388119	2058543	122553	211725
安　徽	126	4	700983	676251	86231	136356
福　建	143	1	684520	615320	78751	53004
江　西	272	5	1105635	1046564	147076	92882
山　东	608	35	1840418	1179826	94970	88458
河　南	333	5	1252700	1029458	82490	83562
湖　北	283	3	1189000	925220	124070	51293
湖　南	527	5	1314489	1222586	189700	88814
广　东	507	75	3497517	3271558	71905	668205
广　西	196	15	792540	764438	75600	91501
海　南	44	2	234686	226542	9656	4195
重　庆	405	18	1023796	920417	152865	37063
四　川	277	10	2173262	2050900	217667	71615
贵　州	119	5	1291590	798574	306552	31231
云　南	164	29	446153	401207	55763	18824
西　藏	1		157229	156869	4800	24120
陕　西	285	18	2696296	1683185	145036	25214
甘　肃	505	18	1586629	1483744	152938	35442
青　海	28	1	135403	131490	17020	2285
宁　夏	52	2	116662	103202	21488	10996
新　疆	117	3	393017	356124	76964	12242

事业收入	本年支出合计/千元	基本支出	项目支出	经营支出	在支出合计中，工资福利支出	资产总计/千元	固定资产净值
3156077	**42002095**	**16552817**	**21328722**	**2293162**	**13459409**	**376506073**	**266462178**
342479	2703474	1281848	1372581	12383	814678	8031021	4560629
49037	519162	215159	238675	59369	242101	2438346	1565094
7072	771152	383597	346417	41138	296928	2661625	2096383
5615	816546	243918	556458	7278	230978	5678872	2512412
24471	822668	317240	460143	6651	260813	7561235	6456808
7627	570954	251280	313748	350	187266	2909067	2329489
63893	468824	158006	271878	35178	149679	1387578	957767
3381	533466	218568	294114	6211	162102	2753917	1887078
672065	3383874	1084225	2245097	8325	821142	15300062	6398162
127625	3009325	1417134	1412218	111421	1092192	62305503	25271888
138617	2798739	871157	1338246	423458	798025	8053724	5607559
2199	712542	309165	380949	6492	250030	102213919	101361243
21171	674782	276748	374209	310	215816	2361670	1487148
33044	1089705	486347	532756	1845	346149	55530747	45478680
54156	2193215	1051223	565817	158758	926918	15226223	8501023
46877	1287016	576968	538285	102807	462643	6211372	3082850
89786	1234116	515032	542877	77810	393761	10693733	9311350
54954	1346745	475876	818133	13430	321629	9033471	3932607
108489	3521625	1690460	1782816	10043	1347723	7569139	4768996
11440	792860	228859	297820	402	220580	2559115	1642899
7916	226454	72629	152640	1090	48074	1726118	1352695
86011	1038078	343505	668735	6748	280450	3997592	1829824
24880	2333880	626994	1675326	7440	519441	7042483	4597586
409802	1537341	527926	525885	278766	491065	5074853	4530426
28115	440427	190296	218224	8802	173153	2946997	1749910
	190547	51007	136286	1620	10604	119016	62439
88798	2700744	723166	1029566	895962	958424	10487943	5454829
77092	1472072	618232	813291	7643	444206	4982068	2348338
369	140105	43536	89009		39485	598991	497144
5852	120845	68854	43397	260	59055	863742	665133
14469	402694	137856	241015	1172	102285	2639525	1965968

续表 4

地区	实际使用房屋建筑面积/万平方米	展览用房	文物库房(含标本室)面积	实际拥有产权面积/万平方米	本年度可移动文物保护情况	
					数字化保护(项)	预防性保护(项)
总　计	**3238.73**	**1460.39**	**227.11**	**2348.17**	**287474**	**43694**
北　京	123.92	46.00	9.38	82.31	359	18157
天　津	34.34	14.89	3.82	33.23	6	7
河　北	107.66	54.13	7.62	83.95	8	13
山　西	78.17	37.07	6.67	60.74	10	12
内蒙古	112.57	61.99	7.05	64.49	9	18
辽　宁	71.92	32.46	6.28	38.67	10	17
吉　林	48.53	25.84	3.47	16.73	4	17
黑龙江	59.87	38.69	5.79	31.32	137	126
上　海	89.41	40.39	7.11	64.44	53427	8378
江　苏	298.70	124.05	14.91	182.48	2049	1958
浙　江	182.67	80.60	12.92	86.03	3292	627
安　徽	95.19	45.14	7.27	46.65	632	24
福　建	82.21	34.28	5.27	68.72	604	36
江　西	123.47	59.06	10.19	152.17	66250	129
山　东	238.12	120.28	19.42	141.53	2623	12036
河　南	176.63	69.42	13.47	127.95	26	21
湖　北	168.78	94.31	10.00	108.05	332	18
湖　南	174.25	48.84	7.53	122.03	332	41
广　东	158.87	64.92	12.21	177.48	462	328
广　西	69.72	32.93	4.11	66.07	210	19
海　南	19.51	8.94	2.13	11.98	5	18
重　庆	71.18	35.38	4.84	34.57	15	18
四　川	156.55	71.21	9.25	108.96	52259	25
贵　州	54.35	24.75	3.62	42.85	10	24
云　南	58.65	29.07	4.56	65.07	161	21
西　藏	10.66	2.70	1.28	15.58		
陕　西	131.15	59.38	8.86	108.42	18	1542
甘　肃	96.16	43.10	6.26	89.88	9	21
青　海	13.10	5.93	0.92	9.01	2	3
宁　夏	28.58	16.50	1.45	25.26	4	6
新　疆	51.60	27.38	2.92	29.44	10	11

国际合作项目数/个	主办刊物/个	文化创意产品种类/个	文博单位举办新媒体情况				
			网站年访问量/万次	举办微信公众号、微博/个	举办微信公众号、微博关注人数/万人次	举办线上展览/个	线上展览访问人次/万人次
270	**1876**	**71852**	**169290.33**	**118671**	**36374.30**	**16259**	**45068.03**
9	20	2142	73478.39	546	5102.19	111	1905.69
1	6	505	3372.55	1945	581.50	181	3474.94
3	11	1468	4212.75	115	1277.16	336	402.19
	9	1264	854.31	268	558.39	835	410.42
1	1382	540	615.09	135	226.19	901	79.31
6	8	1398	1392.74	2091	404.49	198	1220.35
	7	208	741.72	864	123.31	427	99.00
2	3	542	553.48	40384	234.35	760	378.88
50	23	15073	5552.03	821	2124.26	236	1749.31
32	29	4434	20445.10	281	3973.50	1229	8093.73
40	38	2625	3990.21	8298	1439.79	379	542.73
6	81	1885	1719.73	396	327.30	616	131.99
4	13	486	528.49	114	142.16	385	1042.36
8	30	3714	2170.53	1648	806.92	688	7101.94
38	51	4323	3110.53	992	1119.38	1615	4958.05
2	8	1282	1120.29	279	964.16	254	1196.92
15	16	4664	2255.82	132	1023.62	189	976.01
4	16	946	3559.46	195	1380.27	136	399.91
10	16	2827	11023.15	216	2730.60	417	3725.24
4	5	968	649.11	163	287.05	106	337.57
1	1	205	195.61	487	58.39	28	35.83
3	10	1931	1252.50	868	802.42	414	3338.96
8	20	9926	8707.46	206	2050.21	835	420.39
	11	515	273.57	19982	197.31	42	72.31
4	6	1302	2365.72	117	211.77	246	159.35
	2	109	5.27	83	25.10	4	9.38
9	18	2490	1287.38	675	3468.78	899	499.34
1	20	1296	1578.93	35925	461.52	3545	1557.70
1		82	26.36	15	25.88	33	290.48
1	3	158	226.76	27	69.90	54	76.88
	6	492	435.44	380	130.01	57	53.57

2023年全国各地区文物系统

地区	机构数/个	从业人员/人	在编人员数	编制人员数	专业技术人才	正高级职称
总计	**3760**	**103808**	**50191**	**49799**	**36710**	**1787**
北京	56	3284	1756	1981	1129	89
天津	35	858	631	706	492	24
河北	124	3896	1514	1719	1098	79
山西	148	4225	1669	1586	1272	37
内蒙古	116	2954	1402	1346	1326	69
辽宁	62	2328	1336	1175	1063	68
吉林	73	1465	812	871	705	60
黑龙江	100	2023	967	1171	807	50
上海	30	1996	1015	1156	845	42
江苏	252	6563	2826	2700	2462	144
浙江	161	5193	2115	2184	1871	110
安徽	154	2648	1063	1107	900	20
福建	100	2564	1015	1153	932	43
江西	156	3880	1970	2145	1397	55
山东	280	6497	3192	3033	2631	118
河南	223	6198	2979	2950	1780	47
湖北	136	3859	2002	2032	1559	47
湖南	137	3093	1557	1392	990	26
广东	199	5387	2588	2573	2215	80
广西	108	2570	1085	1135	1143	44
海南	27	638	272	263	251	14
重庆	73	1923	901	972	653	51
四川	263	6619	2546	2726	1796	56
贵州	112	2089	750	757	486	13
云南	120	1767	993	906	864	28
西藏	14	308	165	132	99	3
陕西	203	9037	5612	5049	1820	75
甘肃	147	4553	2015	2253	1378	48
青海	24	346	183	191	158	4
宁夏	27	535	201	201	169	7
新疆	95	1503	613	597	468	8

管理的国有博物馆基本情况

副高级职称	中级职称	安全保卫人员/人	考古发掘项目负责人	人才称号或奖项获得者	国家级人才称号或奖项获得者	省部级人才称号或奖项获得者	国家级青年人才称号或奖项获得者	省部级青年人才称号或奖项获得者
6237	**15361**	**25479**	**221**	**818**	**111**	**426**	**16**	**87**
225	444	811		17	3	10		3
74	239	128	1	10	2	8		
217	382	1124	6	37	5	20	1	3
152	493	1075	5	23	5	12		
287	472	633	3	6	1	2		1
157	488	382	3	8		7		1
182	228	233	2	14	2	11		1
217	314	500	2	6	2	2		1
115	314	162	6	14	2	10	1	5
455	1032	1783	10	116	5	36	1	17
345	795	1426	10	87	8	22	1	5
121	389	722	7	20	3	15	4	10
176	333	785	4	2		2		
202	591	1053	9	90	23	42	3	10
470	1217	1697	31	35	8	19		2
253	741	1769	3	34	10	24	1	3
229	757	1017	26	39	4	19	2	8
142	440	746	16	23		11		1
273	1005	1395	11	30	3	21		6
171	482	733	9	6		2		
35	88	153	12	37	1	33		2
130	300	483	2	4		1		
233	727	1674	7	46	5	32		1
74	188	477	1	13	4	4		1
199	397	422	5	9		1		
14	38	51		1				
257	754	2009	11	23	2	16		
222	562	961	2	45	6	28	2	2
27	61	66		5		5		
22	69	146		6	2	4		3
56	178	417	4	5		5		1

续表 1

地　区	登记注册志愿者/人	藏品数/件(套)	文物藏品	一级文物	二级文物	三级文物
总　计	**221988**	**33632664**	**24066485**	**77322**	**624605**	**3813229**
北　京	4550	2679839	862395	3137	6363	373986
天　津	4665	686372	627895	1052	5503	135136
河　北	4735	424806	284138	1035	11574	34177
山　西	3032	1446548	1147836	3730	8161	56594
内蒙古	2134	1211007	1165433	1970	5890	10643
辽　宁	3841	520243	409136	1817	14156	131141
吉　林	5889	669191	575686	558	5969	31175
黑龙江	3915	825120	422550	2060	5139	44988
上　海	5088	1237441	223376	1060	34594	150757
江　苏	19436	1415805	1001989	3199	20283	294017
浙　江	22684	1311910	727509	2173	10918	80442
安　徽	3498	675119	531406	2056	5159	51717
福　建	8306	701436	597227	1098	2885	106953
江　西	9681	710400	456375	1547	5539	60608
山　东	17819	3543158	3129153	5898	15589	356716
河　南	15155	1057400	766729	2090	14422	205399
湖　北	10553	1870670	1641846	3363	8911	106401
湖　南	6518	1154921	1065474	2971	7830	77429
广　东	25249	2402586	844799	1448	16026	67876
广　西	5342	479750	290444	298	5073	36469
海　南	589	160502	137134	184	733	3282
重　庆	8719	486791	305355	909	2295	26146
四　川	7240	1287478	972701	3245	6713	89059
贵　州	2035	214714	160049	598	1756	5680
云　南	2852	493377	409127	893	2133	18748
西　藏	62	94168	56367	1068	15847	27720
陕　西	6783	1407645	1060153	6844	13604	171815
甘　肃	7664	514877	417131	4321	12152	107136
青　海	185	75326	67696	512	1088	2736
宁　夏	918	77847	65738	347	3343	8020
新　疆	1963	264652	212192	845	1725	6729

在藏品数中/件(套)			本年修复文物数/件(套)					基本陈列/个
本年新增藏品	本年从有关部门接收文物数	本年藏品征集数		一级文物	二级文物	三级文物	其他考古出土文物	
1162356	**188390**	**268321**	**47551**	**121**	**2001**	**9090**	**24323**	**10789**
54386	5053	45301	1173	2	189	337	506	211
1096	317	401	466	9	26	123		76
108473	48111	7974	511	1	33	85	40	389
32549	9951	3213	2282		132	1254	544	285
6652	50	2343	552	2	33	50	134	355
2684	461	1988	657		50	476	49	209
6146	1904	3586	876		5	65	57	180
60055	168	57866	26			1	5	510
1259	105	509	358		8	55	192	74
18930	5283	4258	1910	4	17	201	968	736
46981	1780	13211	1416	12	22	135	302	522
68857	962	1421	1153	6	54	689	339	469
22068	972	13092	1404	2	2	78	1247	325
37319	11263	23444	1013	19	273	269	126	511
28082	1320	17146	4734		191	956	2052	945
88040	48056	4864	994	20	32	179	352	436
260903	10805	6619	5268	10	73	1005	3722	529
78711	2720	8367	1883	5	76	467	809	301
26851	1955	13726	749		22	355	305	666
5598	1172	3592	525	1	102	101	186	261
1548		1439	50				50	68
8249	294	3784	2013	1	28	206	854	187
85032	115	8777	1932	7	45	248	1043	673
3344	871	2095	242		18	32	159	212
6332	3106	1252	1687	3	32	274	314	369
11728	11333	156	1		1			34
8843	1446	4884	1628	3	42	319	1052	404
54419	17527	5597	2180		197	950	454	369
232	1	212	14			10	4	55
5964		1084	7653	1	99	27	7481	68
5161	1289	3449	1263	13	40	112	380	265

续表 2

地区	临时展览/个	参观人次/万人次	未成年人参观人次	境外观众参观人次	举办社会教育活动/次	参加活动人次/万人次
总计	**14421**	**102129.03**	**25746.15**	**655.39**	**326791**	**16367.55**
北京	189	2287.95	379.49	32.22	17396	789.49
天津	115	913.01	265.51	4.39	3000	75.95
河北	516	3342.41	904.00	1.76	4554	315.80
山西	222	2122.76	436.53	7.31	19077	1717.28
内蒙古	213	1536.09	428.39	8.11	5782	534.93
辽宁	238	2507.15	538.87	14.52	5739	416.51
吉林	367	887.78	184.79	7.10	4262	117.36
黑龙江	497	1499.91	353.25	25.93	2586	407.78
上海	189	1225.71	190.51	5.08	4944	86.85
江苏	983	10608.13	2325.74	49.49	30337	642.23
浙江	1376	5502.59	1477.64	21.65	23102	760.14
安徽	675	2465.08	745.81	16.22	12520	266.42
福建	757	2700.47	771.57	14.54	3394	119.48
江西	853	4710.33	1507.04	13.17	9286	704.38
山东	1128	6951.76	2111.00	30.54	19855	717.77
河南	655	6293.84	1649.24	16.88	9650	545.71
湖北	434	4723.64	1278.44	30.01	11566	1642.03
湖南	560	6803.40	2090.55	73.45	17531	907.27
广东	1304	6974.59	1520.31	67.51	19990	2106.71
广西	271	2280.96	587.07	13.75	5212	513.88
海南	84	436.84	108.07	7.09	923	59.04
重庆	410	1554.19	426.52	5.03	4554	442.50
四川	627	7577.51	1790.39	37.40	35763	1225.64
贵州	189	2062.18	349.34	3.94	8204	106.34
云南	372	1844.26	403.96	14.10	7081	282.69
西藏	22	0.20	0.06		3	0.05
陕西	295	5096.73	739.09	15.20	10500	240.49
甘肃	573	2656.23	810.30	10.77	7008	361.63
青海	32	136.84	30.70	0.10	619	13.57
宁夏	86	573.95	135.03	4.11	3940	58.84
新疆	137	1067.20	286.58	2.04	7068	141.07

未成年人参加人次	门票销售总额/千元	本年完成科研成果：省部级及以上科研课题数/个	专利/个	专著或图录/册	古建维修、考古发掘报告/册	获国家奖/个	获省、部奖/个
6410.27	**5860239**	**861**	**221**	**3281**	**178**	**259**	**663**
576.56	104985	64	19	46		23	26
52.24	7348	11		8		3	2
197.95	15163	5	1	14			4
75.29	85719	21	1	40	3	14	25
282.56	1587	27	5	17	4	8	4
173.12	213924	14		24			
60.06	58120	5		16	1		5
203.54	907	8	2	9		4	11
41.21	102539	12	3	62	1	5	11
240.23	237873	38	7	84	10	57	61
258.76	26494	28	16	169	4	19	74
153.76	2460	12	1	23	5		15
58.18	1432	8	20	23	4		4
276.69	10299	37	12	45	6	21	45
345.17	168190	82	12	91	23	11	79
319.87	141583	71	5	45	4	7	48
664.11	36736	46	8	88	23	17	95
440.53	58701	20	2	22	13	22	24
434.87	135490	48	18	90	10	6	10
263.64	552998	24	8	19		5	4
23.61	20000	5		2009	3	3	
174.48	110009	54	16	46	9	1	12
483.48	565573	63	3	57	10	14	45
42.81	1004	2		10	7	1	1
178.18	469	8	2	11		6	4
0.01		1		1			
109.01	2010808	11	7	45	3	2	14
167.22	416584	46	43	59	32	3	24
6.10				5		5	2
30.33		4		2			2
66.23		4		5	1	1	1

续表 3

地区	论文数(省级及以上刊物发表)/篇	在国外期刊发表论文	本年收入合计/千元	财政拨款收入	中央财政免费开放补助资金	地方财政免费开放补助资金
总计	**7694**	**269**	**34326746**	**29857158**	**2534917**	**2109415**
北京	434	31	2378667	2007248	36731	19401
天津	25	1	330243	292642	25255	10955
河北	167		557005	547927	94309	54163
山西	266	1	755993	744642	39727	24691
内蒙古	214		668157	651081	50172	14894
辽宁	117		554881	521630	65071	47757
吉林	51		357966	290019	29631	19847
黑龙江	55		472325	453028	90481	110335
上海	238	11	1854690	1370819	5479	
江苏	662	6	2390256	2128872	75276	57875
浙江	363	31	2217654	1968990	119203	209135
安徽	114	1	606774	584691	81741	132111
福建	143	1	651842	583798	78501	53004
江西	247	3	957879	899896	136337	84594
山东	526	15	1093812	1030787	89250	71389
河南	325	3	1011237	938876	74036	80399
湖北	259	2	1116110	889929	119870	49527
湖南	228	5	1006063	929228	141853	80473
广东	497	75	3377857	3181777	71495	666681
广西	194	15	741173	715709	70800	90401
海南	44	2	232510	224571	8756	3815
重庆	293	18	610801	565800	73482	26254
四川	252	10	2163481	2041987	216467	71296
贵州	93	1	786176	696382	304652	14193
云南	111	1	346219	317647	53713	16234
西藏	1		156729	156369	4800	23620
陕西	234	5	2606304	1629713	132606	25136
甘肃	480	18	1396010	1324171	131150	32068
青海	28	1	135403	131490	17020	2285
宁夏	44	1	82464	73912	19888	4640
新疆	114	3	373768	337088	76664	12242

事业收入	本年支出合计/千元	基本支出	项目支出	经营支出	在支出合计中：工资福利支出	资产总计/千元	固定资产净值
2115523	**35348033**	**13770746**	**18763878**	**1553108**	**11264761**	**328982256**	**238018769**
132507	2226624	877470	1300109	12383	588109	6472794	3654705
32823	322365	178774	140162	3096	152940	930745	680266
6562	561149	285395	272685	3069	211979	1666373	1330706
4435	782628	232115	541188	1613	224035	5353222	2279167
6471	682827	289767	358619	4685	239233	6544759	5525361
7627	543252	233339	304588	350	173526	2629635	2100112
62679	357970	128828	224705	2962	122616	1149695	762294
846	442909	156066	277815	366	127419	1672517	994262
475251	2073810	493251	1580233	8	338609	8763783	3331827
125394	2545394	1175753	1271446	30505	933375	54801891	20839630
112036	2614778	806030	1264595	402009	739733	6428762	4434225
1689	616750	263864	335588	5506	207518	101581494	101170194
21171	642091	266963	351303	310	211654	2349235	1480079
32400	949853	417718	461913	1845	310120	55347157	45409612
24488	1142206	598367	454742	8371	509121	5622288	4241403
46501	1093749	525918	477568	59948	418530	3979053	1681289
83280	1138933	462277	514541	76306	359413	9659117	8359394
47776	1035521	377491	613542	6380	247602	7396303	2710169
107015	3389496	1624179	1727796	8125	1312115	6954470	4351300
11174	741176	220527	256710	162	212570	1837462	998615
7711	218794	67997	149612	1090	44670	1575632	1350587
40780	584294	226355	343545	6596	174264	1481020	497211
24864	2324837	624580	1673236	7400	513711	7024209	4581058
8774	1159665	494075	430933	31074	466447	3241101	2777971
16344	334000	160815	157809	3490	142509	1866153	1300652
	190117	50869	136066	1620	10532	84016	48939
52941	2594500	679705	1004322	864806	917564	9287201	4356219
55381	1281095	532765	725060	7601	385078	4256690	1874966
369	140105	43536	89009		39485	598991	497144
2990	86308	48415	31728	260	41137	384760	281195
14469	382719	131536	240599	1172	97133	2495322	1920396

续表 4

地区	实际使用房屋建筑面积/万平方米	展览用房	文物库房(含标本室)面积	实际拥有产权面积/万平方米	本年度可移动文物保护情况	
					数字化保护(项)	预防性保护(项)
总　　计	**2718.33**	**1182.93**	**203.90**	**1876.09**	**233856**	**26253**
北　　京	101.01	39.38	7.55	62.70	357	18154
天　　津	21.64	9.65	3.31	3.16	5	7
河　　北	88.51	45.01	6.76	59.64	8	10
山　　西	72.88	32.76	6.55	56.36	10	12
内 蒙 古	101.42	54.95	5.97	55.23	9	16
辽　　宁	69.16	30.86	6.19	37.17	10	17
吉　　林	35.08	19.11	2.79	10.46	4	17
黑 龙 江	43.50	28.33	5.15	12.62	4	21
上　　海	31.35	12.22	4.50	13.82	2364	489
江　　苏	253.25	98.45	13.67	132.49	1868	1956
浙　　江	159.02	70.21	12.34	77.31	3292	627
安　　徽	82.62	37.70	6.53	36.46	534	21
福　　建	80.80	33.90	5.24	68.72	604	36
江　　西	112.26	53.16	9.31	148.99	64753	126
山　　东	195.48	96.67	17.34	116.98	2593	4140
河　　南	160.38	62.91	12.52	104.60	26	21
湖　　北	116.80	50.49	9.17	88.07	7	18
湖　　南	148.38	39.53	6.65	97.30	323	34
广　　东	148.66	59.99	11.88	170.21	352	328
广　　西	56.07	30.35	3.95	39.91	209	16
海　　南	17.49	7.71	2.11	10.59	5	18
重　　庆	42.47	21.34	3.93	18.80	13	16
四　　川	153.68	69.15	9.09	87.27	52256	24
贵　　州	47.11	21.12	2.65	39.36	9	24
云　　南	46.95	23.52	3.30	56.65	9	20
西　　藏	10.37	2.53	1.25	15.29		
陕　　西	112.82	48.08	7.67	87.88	11	22
甘　　肃	74.77	31.50	5.31	56.88	7	20
青　　海	13.10	5.93	0.92	9.01	2	3
宁　　夏	19.09	9.38	0.98	21.01	3	6
新　　疆	49.97	26.28	2.79	29.04	10	11

国际合作项目数/个	主办刊物/个	文化创意产品种类/个	文博单位举办新媒体情况				
			网站年访问量/万次	举办微信公众号、微博/个	举办微信公众号、微博关注人数/万人次	举办线上展览/个	线上展览访问人次/万人次
235	**1792**	**62309**	**150300.83**	**83497**	**29165.70**	**15370**	**34059.30**
5	12	1972	67280.85	403	4504.15	83	1164.09
1	3	432	199.53	141	294.27	97	319.33
1	8	1324	4100.58	94	800.88	320	332.27
	9	1248	854.30	265	545.69	832	377.26
1	1382	519	512.69	125	186.10	885	67.18
5	8	1391	1392.74	2072	373.74	194	1210.65
	7	180	727.62	850	110.27	420	98.57
1	1	470	519.82	35317	215.25	703	217.15
39	10	13150	2465.14	427	723.79	156	764.92
32	26	3763	18057.13	225	2082.47	1195	8034.02
30	33	2501	3939.68	1976	1352.40	349	532.51
6	81	1825	1630.98	191	246.53	518	100.91
4	13	483	528.49	114	142.16	382	1039.36
8	26	2691	1804.28	1634	752.25	668	6522.99
35	38	4039	2586.08	817	532.15	1551	1572.66
2	7	1172	1076.74	261	870.56	225	1187.67
14	12	2803	1306.50	107	894.15	157	844.35
3	13	639	3264.75	172	928.33	126	308.18
9	14	2552	10933.55	195	2558.53	400	3717.66
4	5	927	518.55	159	276.19	103	245.58
1	1	204	157.83	485	58.38	26	35.78
3	4	1269	641.76	814	278.39	260	2019.34
8	19	9894	8697.04	202	2049.29	824	417.76
	5	425	253.32	19975	117.85	38	63.11
4	6	1123	2295.99	107	189.96	232	132.60
	2	109	5.27	83	25.10	4	9.38
9	16	1363	1214.89	637	3386.21	885	490.41
1	15	1091	1244.58	15217	433.65	3493	1485.58
1		82	26.36	15	25.88	33	290.48
1	3	124	38.50	15	52.70	51	76.68
	6	492	435.44	379	112.01	57	53.57

主要统计指标解释

1. **藏品：**藏品是文博机构根据收藏品的文化属性、自然属性等情况所划分的文物藏品、标本藏品、模型藏品（含具有收藏、展示价值的雕塑、绘画等艺术作品）和复制品藏品的总和。本指标所统计的藏品是指报告期末，该机构已经整理并登记入账的藏品数。尚未整理或正在整理的藏品，在整理造册入账后列入下年统计。一级品、二级品、三级品均根据入账情况如实统计。

藏品数：指按历年来以件、套为计量单位统计的藏品数量。即单件藏品编一个号的按一件计算，成套藏品按整体编一个号的，也按一件计算（其组成部分即使有分号，也按一件计）。不易计数的藏品，如粮食、药材及液体等，不论数量多少，均按一件计算。

2. **本年新增藏品数：**指本年从各种渠道获得的新增入库藏品总数。

3. **本年从有关部门接收文物数：**指本年从公安、工商、海关等司法及检查部门移交接收的文物。

4. **本年藏品征集数：**本年从社会上征集为馆藏的文物数量（包括标本数）。

5. **本年修复文物数：**本年运用技术手段进行修复保养的馆藏文物数量（包括标本）。

6. **基本陈列：**指由本馆设计布陈、地点固定、时间较长的展出。

7. **举办展览：**展览指在本机构内设置，由本馆设计布陈、形式比较多样的展出。同一内容的巡回展览，均按一个计算。展览的计量单位不是指每次展出的文物藏品件数。与系统外机构合办的展览，由本馆统计；与系统内机构合办的，由主办馆统计。基本陈列不作为展览统计。

8. **参观人次和未成年人参观人次：**参观人次指本报告期末，向社会开放的文物保护管理机构当年接待的所有参观人次的累计数。

未成年人参观人次是指接待有组织的集体参观人次与零散观众中能够确切统计的未成年人参观人次的总和。

9. **本年承担课题、项目数：**指本机构报告期内承担的课题和项目数量。

10. **专利数：**向中央及地方专利局申请并得到承认的专利数量。

11. **专著或图录：**由本单位人员完成，经过正式出版部门编印出版的科技专著、高等院校教科书、科普著作和论文集。

12. **论文数：**是指由本机构的人员完成，并在省级以上刊物公开发表的论文数之和。

13. **古建维修报告：**地上不可移动文物维修保护工程全过程记录及应用技术研究介绍的综合性技术报告。

教育、科技及其他

8

2023年文化和旅游

	机构数/个	从业人员/人			
			专职教师	双师型教师	专业技术人才
总　计	**93**	**12092**	**7275**	**3676**	**9049**
本科以上院校	4	1644	1063	387	1378
高等职业学院	57	7597	5008	2774	5951
中等专业学校	17	1849	1000	462	1189
文化和旅游干部院校	13	381	114	45	266
其他教育机构	2	621	90	8	265

续表 1

	升学人数	就业人数	本科生数	升学人数	就业人数
总　计	**4294**	**17213**	**646**	**168**	**478**
本科以上院校	956	2088	646	168	478
高等职业学院	3192	15125			
中等专业学校	146				
文化和旅游干部院校					
其他教育机构					

部门教育机构基本情况

	正高级职称	副高级职称	中级职称	毕业生数/人	中职生人数	升学人数	就业人数	高职生人数
	500	**2105**	**4051**	**40460**	**11612**	**6909**	**3850**	**27253**
	142	350	491	4551	320	160	32	3390
	271	1392	2773	29525	7924	4887	2721	21425
	48	257	511	3214	3068	1773	1062	146
	11	38	109	706	128	89	35	
	28	68	167	2464	172			2292

	招生数/人	中职生	高职生	本科生	在校生数/人	1.艺术设计类	2.表演艺术类	(1)音乐表演
	48178	**11677**	**33873**	**816**	**133929**	**18827**	**54427**	**16354**
	6968	536	5395	816	18000	3851	10071	5265
	33050	6095	25699		92807	12835	34793	9117
	4864	4539	325		13832	1973	7606	1404
	571	236			1771		1124	432
	2725	271	2454		7519	168	833	136

续表 2

	在校生数/人				
	(2)舞蹈表演	(3)戏曲表演	(4)曲艺表演	(5)其他	3.文化服务类
总　计	**18502**	**5415**	**1007**	**13149**	**3793**
本科以上院校	2847	586	16	1357	421
高等职业学院	11286	3668	733	9989	3183
中等专业学校	3480	890	214	1618	189
文化和旅游干部院校	512	84	44	52	
其他教育机构	377	187		133	

续表 3

	本年支出合计/千元	基本支出	项目支出	经营支出	在支出合计中，工资福利支出
总　计	**5221722**	**3307978**	**1896199**	**15228**	**2430835**
本科以上院校	838119	525231	311924	964	372786
高等职业学院	3522678	2208134	1310857	3627	1557256
中等专业学校	594873	380971	201314	10637	349101
文化和旅游干部院校	101891	68875	32710		60980
其他教育机构	164161	124767	39394		90712

在校生人数/人						本年收入合计/千元	
4.旅游类	5.餐饮类	6.其他	中职生人数	高职生人数	本科生人数		财政拨款收入
11686	**3815**	**41381**	**25971**	**78888**	**2822**	**5249995**	**4267765**
204		3453	5918	8591	2822	814748	655318
10205	2984	28807	15074	62902		3569981	2924013
1277	831	1956	4656	769		599743	487026
		647	323	108		100651	96675
		6518		6518		164872	104733

资产总计/千元		实际使用房屋建筑面积/万平方米		实际拥有产权面积/万平方米	实训基地数量/个		
	固定资产净值		教学用房面积			校内实训基地数量	校外实训基地数量
12037177	**7949138**	**359.01**	**205.57**	**254.58**	**7572**	**6014**	**1558**
1712292	1284851	53.09	26.35	40.70	134	80	54
8091273	5233946	232.22	130.57	175.33	7240	5775	1465
1638583	959800	47.71	32.86	32.31	198	159	39
275868	233228	10.89	7.41	4.89			
319161	237313	15.09	8.38	1.37			

2023年各地区文化和旅游

地　区	机构数/个	从业人员/人	专职教师	双师型教师	专业技术人才	正高级职称
全　国	**93**	**12092**	**7275**	**3676**	**9049**	**500**
北　京	1	361	209	117	287	24
天　津	2	337	230	95	279	14
河　北	5	637	408	181	528	21
山　西	9	548	395	110	441	6
内 蒙 古	1	30	28	9	21	
辽　宁	3	75	50		52	3
吉　林	1	4			2	
黑 龙 江	4	405	200	61	339	51
上　海						
江　苏	13	1172	768	434	965	41
浙　江	6	2208	1453	894	1797	149
安　徽	4	79	58	12	20	1
福　建	8	699	425	147	494	19
江　西	2	370	190	94	338	10
山　东	4	769	426	228	609	18
河　南	5	112	67	29	78	2
湖　北	6	725	401	271	461	28
湖　南	2	576	422	191	499	37
广　东	2	328	282	92	286	1
广　西	2	123	86	44	91	12
海　南	1	159	83	55	109	4
重　庆	2	638	486	281	423	6
四　川	3	968	304	144	480	34
贵　州						
云　南						
西　藏						
陕　西	2	102	75	40	87	
甘　肃						
青　海	1	145	81	32	81	5
宁　夏	2	245	110	105	186	9
新　疆	1	60	38	10	46	

部门教育机构基本情况

副高级职称	中级职称	毕业生数/人	中职生人数	升学人数	就业人数	高职生人数
2105	**4051**	**40460**	**11612**	**6909**	**3850**	**27253**
48	143	291	145	113	20	146
76	130	1427	164	75	81	1263
133	218	2745	1019	840	70	1726
95	186	908	908	406	460	
4	6	23	23	13	10	
14	35	99	99	88	11	
91	140	775	175	75		585
243	430	3287	481	291	186	2522
446	774	7666	596	536	34	6229
3	13	212	140	47	93	
107	204	2029	432	308	118	1597
63	117	1461	253	160	68	1208
123	246	4622	1658	1011	647	2964
21	31	727	359	97	231	
116	204	3476	1389	636	753	2087
115	291	2533	369	286	12	2164
73	112	539	539	425	109	
30	46	399	399	176	130	
28	35	318	318	166	152	
71	240	2235	275	275		1960
117	268	3228	790	284	330	2438
15	37	193	178	74	83	
17	35	176	176	63	33	
37	55	1018	654	426	207	364
6	24	73	73	38	12	

续表 1

地区						招生数/人
	升学人数	就业人数	本科生数	升学人数	就业人数	
全　国	**4294**	**17213**	**646**	**168**	**478**	**48178**
北　京	29	106				324
天　津	30	1015				1552
河　北	238	1391				2387
山　西						1084
内蒙古						12
辽　宁						94
吉　林						
黑龙江	147	328				1781
上　海						
江　苏	407	2066				4048
浙　江	1165	4991	646	168	478	8159
安　徽						234
福　建	447	1109				2342
江　西	362	651				2436
山　东	303	2411				5168
河　南						438
湖　北						4856
湖　南	318	1650				2697
广　东						627
广　西						1477
海　南						392
重　庆	654	1179				2864
四　川	146					3629
贵　州						
云　南						
西　藏						
陕　西						167
甘　肃						
青　海						202
宁　夏	48	316				958
新　疆						250

中职生	高职生	本科生	在校生数/人	1.艺术设计类	2.表演艺术类	(1)音乐表演
11677	**33873**	**816**	**133929**	**18827**	**54427**	**16354**
140	184		1373	114	1259	314
109	1443		4318	2036	1365	292
501	1886		6839	854	2798	724
1084			3076	528	1784	612
12			49	2	47	22
94			619		619	88
92	1689		3368	626	1774	763
673	3229		13009	1745	3664	1288
1057	6185	696	24357	1677	8381	4727
45			619		134	
616	1686		7450	2245	3320	1107
175	2020	120	5385	1082	2816	657
443	3645		15022	941	2721	613
438			1179	3	1176	297
1356	3500		11365	2171	9065	1513
197	2500		7057	1258	2824	865
627			2101	220	1881	641
1477			2213	549	1664	194
392			1198	172	1026	251
371	2493		7309	1216	2458	503
850	2779		11135	659	1068	133
152			644		644	144
202			606		492	140
324	634		3034	628	944	282
250			604	101	503	184

续表 2

地　区	(2)舞蹈表演	(3)戏曲表演	(4)曲艺表演	(5)其他	3. 文化服务类	4. 旅游类
全　国	**18502**	**5415**	**1007**	**13149**	**3793**	**11686**
北　京	311	486	86	62		
天　津	269	123	202	479	100	305
河　北	1375	325	32	342	732	
山　西	636	428		108	147	118
内蒙古	25					
辽　宁	476		18	37		
吉　林						
黑龙江	757	118	16	120	25	
上　海						
江　苏	1556	348	44	428		3108
浙　江	1327	645	51	1631	926	5867
安　徽	134					59
福　建	1353	284		576	371	212
江　西	1323	127		709	25	37
山　东	1396	440	272		669	158
河　南	227	178	10	464		
湖　北	2122	986	11	4433		
湖　南	1043	343		573	312	265
广　东	527			713		
广　西	365	41		1064		
海　南	552	173		50		
重　庆	706	36	203	1010	200	268
四　川	583	187	32	133	42	907
贵　州						
云　南						
西　藏						
陕　西	220	102		178		
甘　肃						
青　海	352					2
宁　夏	566	45	30	21	244	380
新　疆	301			18		

		在校生人数/人			本年收入合计/千元	
5.餐饮类	6.其他	中职生人数	高职生人数	本科生人数		财政拨款收入
3815	**41381**	**25971**	**78888**	**2822**	**5249995**	**4267765**
		867	506		194460	166999
	512	429	2038		145782	109765
	2455	864	4709		276698	239491
	499	1080			121699	121261
		49			7937	7937
		585			28302	28302
					280	280
	943	614	2743		107331	86513
1277	3215	2232	9479		498929	429687
1707	5799	2422	17827	2822	1447905	1196709
35	391	430			7960	4133
	1302	873	5218		237002	191092
	1425	4393	630		172061	137515
	10533	4247	9807		324937	227493
					21339	21298
	129	1130	8389		409808	343066
	2398		2398		196596	154716
					212452	205548
					41820	36619
		1198			76447	75925
	3167	203	6221		218224	143381
463	7996	2877	7287		238258	170205
					26038	22405
	112	606			42696	38105
333	505	872	1636		74317	62931
					24281	20619

续表 3

地　区	本年支出合计/千元	基本支出	项目支出	经营支出	在支出合计中，工资福利支出
全　国	**5221722**	**3307978**	**1896199**	**15228**	**2430835**
北　京	194460	158799	32818	2843	53375
天　津	149826	137898	11928		96176
河　北	276725	148867	127858		171977
山　西	121698	93338	28359		82115
内蒙古	7922	5830	2092		4833
辽　宁	28302	24155	4147		1764
吉　林	280	280			260
黑龙江	105233	68420	36813		56209
上　海					
江　苏	502739	370993	130961	784	300978
浙　江	1373995	825814	548179		566679
安　徽	9034	6755	57	1862	3401
福　建	244860	208506	29781	6572	134790
江　西	184582	57931	125687	964	70353
山　东	331237	206159	125077		156667
河　南	21118	14043	7074		14238
湖　北	406123	177934	228189		109063
湖　南	184994	101264	83730		85261
广　东	212346	140536	71810		115128
广　西	46262	15660	30602		24373
海　南	76447	58045	18401		32961
重　庆	233366	129391	102027		76665
四　川	241694	163477	76708	1509	132910
贵　州					
云　南					
西　藏					
陕　西	26038	20504	5534		17796
甘　肃					
青　海	42492	27397	15095		23310
宁　夏	88561	51149	36717	694	41936
新　疆	24785	12198	12587		9886

资产总计/千元	固定资产净值	实际使用房屋建筑面积/万平方米	教学用房面积	实际拥有产权面积/万平方米	实训基地数量/个	校内实训基地数量	校外实训基地数量
12037177	**7949138**	**359.01**	**205.57**	**254.58**	**7572**	**6014**	**1558**
168118	134025	5.35	3.38	4.00	24	3	21
291359	269997	7.87	4.54	7.77	35	19	16
135106	110040	10.14	6.24	3.32	60	47	13
62532	43520	8.15	2.68	2.74	13	7	6
15369	6836	0.57	0.50	0.57			
52341	51619	1.72	1.72		17	16	1
162	4	0.01	0.01				
68335	12328	4.65	3.21	2.89			
1435343	1038417	44.32	23.46	33.24	442	64	378
3286719	1994539	92.32	49.75	78.32	870	347	523
76962	37571	2.89	2.39	2.06	3	1	2
486467	328539	16.71	8.55	10.93	141	83	58
249955	50329	4.71	1.99	3.97	13	1	12
649711	518061	31.71	16.11	9.83	211	101	110
29047	5455	3.13	2.19	2.41			
675064	298057	13.76	11.91	8.97	5164	5045	119
1461248	1179335	27.61	12.57	27.61	34	10	24
428396	383626	10.69	7.26	5.60	33	22	11
50403	48993	3.86	2.94	3.82	6	4	2
243947	241482	5.53	3.65	5.53	44	20	24
1020710	356401	20.24	10.71	13.57	386	189	197
693075	541528	25.39	18.26	6.49	21	12	9
24329	23633	2.22	2.22	0.15			
34765	27671	2.11	1.87	1.18			
280175	186981	8.85	4.12	15.78	54	22	32
29206	13358	1.54	1.03	0.87	1	1	

2023年文化和旅游

	机构数/个	从业人员/人	专业技术人才	正高级职称	副高级职称	中级职称	本年立项科研项目/个	国家级
总　计	**168**	**4302**	**3420**	**386**	**915**	**1472**	**304**	**35**
按行业分类：								
文化科技研究	55	1343	994	92	242	457	97	15
综合性艺术研究	73	1942	1670	253	519	639	132	19
地方戏艺术研究	29	691	541	24	100	272	3	1
其他科研机构	11	326	215	17	54	104	72	
按经费来源分类：								
科研经费	11	885	723	137	273	292	53	8
文化经费	152	3291	2614	241	616	1132	180	27
其他经费	5	126	83	8	26	48	71	
按隶属关系分类：								
中央	3	724	596	127	241	223	97	7
省区市	27	1040	851	109	250	350	156	21
地市	105	2172	1785	150	406	791	47	7
县市区	33	366	188		18	108	4	

续表

	主导技术标准数量/个	所办刊物/种	申请专利数/个	论文及资料		本年收入合计/千元		
				专著数/册	论文数(省级及以上刊物公开发表)/篇		财政拨款收入	事业预算收入
总　计	**51**	**74**	**8**	**129**	**1607**	**1839209**	**1558620**	**245258**
按行业分类：								
文化科技研究	48	23	5	42	203	702301	537778	150075
综合性艺术研究	1	42	3	67	1251	866369	797954	47933
地方戏艺术研究		7		5	15	160027	153495	6532
其他科研机构	2	2		15	138	110512	69393	40718
按经费来源分类：								
科研经费	42	13		58	899	645438	438954	185601
文化经费	9	61	8	64	593	1136865	1099871	22827
其他经费				7	115	56906	19795	36830
按隶属关系分类：								
中央	42	9		41	934	625430	386111	222237
省区市	1	30	3	36	400	456358	437730	8681
地市	8	33	5	48	266	729241	706709	14340
县市区		2		4	7	28180	28070	

科研机构基本情况

省部级	其他	本年完成科研项目/个	国家级	省部级	其他	本年度科研项目获奖情况/个	获国家级奖	获省部级奖	本单位拥有知识产权数量/个
105	**154**	**306**	**26**	**93**	**187**	**106**	**23**	**53**	**62**
37	45	82	6	27	49	37	10	12	44
55	49	141	19	46	76	57	11	31	4
1		6	1	2	3	5	2	3	
12	60	77		18	59	7		7	14
27	18	74	15	23	36	14	1	5	42
66	77	157	11	52	94	87	22	43	6
12	59	75		18	57	5		5	14
19	71	110	15	23	72	6	1	6	56
67	59	135	5	57	73	44	7	25	1
18	21	60	6	13	41	55	15	21	5
1	3	1			1	1		1	

本年支出合计/千元	基本支出	项目支出	经营支出	在支出合计中，工资福利支出	资产总计/千元	固定资产净值	实际使用房屋建筑面积/万平方米	科研房屋面积	实际拥有产权面积/万平方米
1824817	**1049752**	**731065**	**2937**	**748017**	**3900578**	**1065419**	**29.14**	**9.52**	**12.25**
667744	328116	314614	2178	214366	921730	263601	7.81	1.06	4.39
885110	532858	334445	709	400564	2560778	525381	13.26	8.05	6.11
157391	103697	53016		78357	303959	243433	6.67	0.33	0.78
114572	85081	28990	50	54730	114111	33004	1.40	0.08	0.97
615323	311576	303695	50	212806	3000634	713764	15.23	5.10	7.54
1147440	689724	415163	2887	510008	800441	348386	13.14	4.33	4.68
62054	48452	12207		25203	99503	3269	0.76	0.09	0.03
599190	296658	302531		190696	2629258	433757	8.12	5.02	4.49
461376	268810	166682	709	193418	205953	81461	5.41	2.99	1.65
736002	459880	259939	2178	343560	1047846	537784	14.88	1.26	5.98
28249	24404	1913	50	20343	17521	12417	0.73	0.25	0.13

2023年各地区文化和

地区	机构数/个	从业人员/人			
			专业技术人才		
				正高级职称	副高级职称
全国	**168**	**4302**	**3420**	**386**	**915**
北京					
天津	1	37	35	3	9
河北	12	179	161	11	41
山西	19	946	682	36	135
内蒙古	6	170	144	12	34
辽宁	5	81	62	9	15
吉林	6	131	124	15	46
黑龙江	1	37	36	4	15
上海					
江苏	10	95	82	13	17
浙江	4	94	52	9	8
安徽	10	139	99	6	21
福建	9	101	80	10	20
江西	6	149	113	9	22
山东	3	131	107	15	29
河南	11	153	123	10	28
湖北	9	85	72	8	10
湖南	6	82	70	5	19
广东	7	100	78	15	20
广西	9	200	185	19	67
海南	1	9	3	3	
重庆	1	39	31	4	10
四川	4	216	151	15	26
贵州	3	36	33	4	7
云南	9	88	79	8	14
西藏	1	17	12	1	2
陕西	4	72	58	4	16
甘肃	3	94	74	4	21
青海	1	15	12	1	4
宁夏	2	30	27	2	8
新疆	2	52	39	4	10

旅游科研机构基本情况

中级职称	本年立项科研项目/个	国家级	省部级	其他	本年完成科研项目/个	国家级
1472	**304**	**35**	**105**	**154**	**306**	**26**
11	1		1		2	
66	11		1	1	12	1
351	21	5	16		22	4
50	6	1	5		7	1
26	7		2	5	10	
39	5	2	3		4	1
2	4		4		3	
35	10	2	3	5	6	
13	7		2	5	3	
60	4		1	3	2	
34	5	2	2		7	2
57	4	2	2		1	
46	27	2	10	15	31	1
50	16	1	3	12	8	
34						
41	5		3	2	2	
27					1	
69	13	1	2	10	33	
11	5		5		3	
64	26	1	8	17	20	1
18	3	1	2		2	
43	3	1	1	1	3	
5	3	1	2		1	
23	4	1	3		4	
37	9	2	3	4	5	
5	2	1	1		1	
11	5	1	1	3	2	
21	1	1			1	

续表 1

地　区			本年度科研项目获奖情况/个		
	省部级	其他		获国家级奖	获省部级奖
全　国	**93**	**187**	**106**	**23**	**53**
北　京					
天　津	2				
河　北	1	10	8		
山　西	18		13	7	4
内蒙古	6		3		3
辽　宁	1	9	2	2	
吉　林	3				
黑龙江	3		10		10
上　海					
江　苏	2	4	26	8	12
浙　江		3			
安　徽		2			
福　建	1	4	4	2	2
江　西	1				
山　东	9	21	12		3
河　南	4	4	1		1
湖　北					
湖　南	1	1			
广　东	1		4		4
广　西	2	31	1		1
海　南					
重　庆	3		1		1
四　川	1	18	6		4
贵　州	1	1	2		
云　南	1	2	2		
西　藏	1				
陕　西	4		5	3	2
甘　肃	1	4			
青　海		1			
宁　夏	2				
新　疆	1				

本单位拥有知识产权数量/个	主导技术标准数量/个	所办刊物/种	申请专利数/个	论文及资料		本年收入合计/千元
				专著数/册	论文数(省级及以上刊物公开发表)/篇	
62	**51**	**74**	**8**	**129**	**1607**	**1839209**
		1		3	29	18966
2	2	4			39	46841
		4		1	27	282404
1		4		6	61	50370
		2		2	16	19508
		1			8	36718
		1		4	14	11485
		1		13	86	39851
	6	5	5	2	23	66279
		3			3	31001
		5		6	47	34701
						109504
	1	2		23	79	49528
		1		3	32	36797
		2		2	17	24949
		2			32	27567
		6		9	58	58089
		2		4	16	58930
				2	1	2433
		1		2	20	24696
		3	3		30	72413
		3			6	8621
		1		1	12	19149
		2		1	5	9788
		5		1		13919
		1				16526
		1			1	10525
3		1		3	9	10276
		1			2	21945

续表 2

地　区	财政拨款收入	事业预算收入	本年支出合计/千元	基本支出	项目支出
全　国	**1558620**	**245258**	**1824817**	**1049752**	**731065**
北　京					
天　津	16603		18966	11707	5808
河　北	46841		47004	31182	3813
山　西	282216	164	282061	120369	158763
内蒙古	48251		49630	30778	15591
辽　宁	19508		19874	15585	3922
吉　林	36563	78	36872	33465	3407
黑龙江	11405	78	11371	10060	1311
上　海					
江　苏	39213	82	39823	33351	6422
浙　江	59707	6572	73235	38977	27862
安　徽	30899	30	31010	28912	2098
福　建	31294	213	33591	27462	5909
江　西	105674	3830	108040	39549	54600
山　东	44996	770	49405	37471	11932
河　南	36151	360	37721	33933	3788
湖　北	24899	50	24980	19685	4845
湖　南	27433	134	26791	18103	8658
广　东	56270	970	58397	45928	11901
广　西	57903	51	58753	46284	10814
海　南	2433		2687	2346	341
重　庆	21967	2713	24838	9731	15107
四　川	63530	6926	76103	42722	32672
贵　州	8283		8603	6716	1886
云　南	19093		20471	16203	4268
西　藏	9788		9729	5723	4006
陕　西	13470		14527	11478	3041
甘　肃	16526		17439	14027	3412
青　海	10361		10547	4768	5778
宁　夏	9481		9980	6314	3666
新　疆	21751		23179	10265	12913

经营支出	在支出合计中，工资福利支出	资产总计/千元	固定资产净值	实际使用房屋建筑面积/万平方米	科研房屋面积	实际拥有产权面积/万平方米
2937	**748017**	**3900578**	**1065419**	**29.14**	**9.52**	**12.25**
	8605	2118	639	0.17	0.15	
	31267	6571	2517	0.34		
	112058	339771	24740	3.75	0.26	0.30
	27758	32217	11723	0.31	0.20	0.20
	10363	26306	23599	0.38	0.27	0.02
	24490	10085	2149	0.52	0.09	0.50
	6509	3970	167	0.06		
50	22587	14213	8697	0.30	0.07	0.05
	16596	188748	160589	0.16	0.10	
	16260	7916	1287	0.35		0.27
	16948	230117	219390	4.22	0.16	
2178	15573	8336	4224	0.64	0.04	0.37
	30802	211610	61775	3.04		2.89
	26143	9951	5915	0.32	0.09	0.06
	14273	2053	1254	0.35		0.01
	13140	36178	30927	0.41	0.33	0.06
	33231	8090	1588	0.38		0.07
	20090	30502	15865	1.02	0.70	0.72
	2094	616	399	0.05		
	8066	24540	16606	1.55	1.55	
709	33004	39669	22263	0.84	0.09	0.95
	5707	1157	342	0.12	0.03	0.01
	15336	3844	727	0.14	0.07	0.05
	5078	4532	229			
	10195	8658	6002	0.84	0.04	0.79
	12291	7570	6190	0.41	0.05	0.36
	3771	6261	223			
	5971	1924	461	0.08	0.01	0.08
	9115	3797	1175	0.27	0.20	

2023年文化和旅游

	机构数/个	从业人员/人	事业编制人员	本年收入合计/千元	财政拨款收入
总　计	**3253**	**122008**	**55694**	**147978791**	**138977950**
中央	1	7832	7832	7928523	5809883
省区市	32	4274	203	10830648	10611602
地市	353	18501	3303	28412055	27244140
县市区	2867	91401	44356	100807565	95312325

续表 1

	资产总计/千元	固定资产净值	实际使用房屋建筑面积/万平方米	实际拥有产权面积/万平方米	国家级项目
总　计	**175696009**	**70989608**	**1162.30**	**851.94**	**1557**
中央	1074932	471626	31.21	26.48	1557
省区市	13576481	2001687	72.89	57.36	2058
地市	40532712	16336204	240.32	123.44	1295
县市区	120511884	52180091	817.88	644.66	1716

行政部门基本情况

文化和旅游类经费	在文化和旅游类经费中			本年支出合计/千元	基本支出	项目支出	在支出合计中，工资福利支出
	行政运行	一般行政管理事务	文化活动等经费				
87163112	**15083577**	**4128296**	**37760769**	**147721567**	**31321049**	**111901757**	**21075027**
3402401	132847	23300	43160	7541842	3024897	4512272	2648938
9509172	1196823	174540	7135445	10985672	1679031	8425483	1243230
20300407	3869763	905616	8956474	28750238	5754160	21804177	4031344
53951132	9884144	3024840	21625690	100443815	20862961	77159825	13151515

本辖区内非物质文化遗产名录/个							
保护单位	省级项目	保护单位	市级项目	保护单位	县级项目	保护单位	国家级代表性传承人
	12542	**13040**	**29307**	**15416**	**87581**	**35005**	**2241**
							2241
2075	12542	13040					1710
1023	7596	4473	29307	15416			865
1294	10128	5695	29755	14365	87581	35005	1116

续表 2

	本辖区内非物质文化遗产代表性传承人				
	学徒人数	省级代表性传承人	学徒人数	市级代表性传承人	学徒人数
总　计		**15440**	**48323**	**33354**	**173099**
中央					
省区市	11245	15440	48323		
地市	14192	6852	56982	33354	173099
县市区	27648	9088	92913	33441	204051

续表 3

	省级财政投入	市级财政投入	县级财政投入	其他投入	非物质文化遗产馆/个
总　计	**144946**	**186231**	**441389**		**630**
中央					
省区市	342132	151104	49212	53829	630
地市	144946	232979	41673	6776	1561
县市区	263540	186231	441389	85805	4241

县级代表性传承人	学徒人数	辖区内非物质文化遗产生态保护区 国家级	省级	市级	县级	非物质文化遗产保护专项经费投入/千元	中央财政投入
108192	**381450**	**16**	**188**	**148**	**481**	**3152044**	**1152428**
		16					
		17	188			1054152	457875
		11	115	148		606237	179863
108192	381450	63	178	196	481	1491655	514690

辖区内展示传习场所 民营非物质文化遗产馆/个	代表性项目数/个	收藏实物数/件	场馆面积/万平方米	参观人次/万人次	传承体验中心/个	民营传承体验中心/个	代表性项目数/个
920	**27444**	**2031888**	**542.81**	**8075.77**	**10041**	**7236**	**71778**
309	6821	364299	77.60	1498.39	1477	1976	9862
920	15288	642122	178.60	2593.79	2618	1675	5454
3805	27444	1025467	286.61	3983.59	5946	3585	56462

续表 4

	收藏实物数/件	场馆面积/万平方米	参观人次/万人次	传承所(点)/个	场馆面积/万平方米
总　计	**1450978**	**1400.56**	**5468.64**	**25466**	**722.69**
中央					
省区市	250750	84.32	1036.04	4189	114.55
地市	322484	999.51	1437.93	6794	145.37
县市区	877744	316.73	2994.67	14483	462.77

续表 5

	开展非遗工作人员培训班/次	培训人次/万人次	开展传承人培训班/次	培训人次/万人次	项目资源总量(累计)/件
总　计	**7528**	**30.53**	**32021**	**150.54**	**1139453**
中央					
省区市	620	3.36	2146	15.95	136429
地市	2006	7.22	9213	37.37	383581
县市区	4902	19.95	20662	97.22	619443

辖区内宣传展示培训活动						
培训学徒/人	举办展览/场	参观人次/万人次	举办演出/次	观众人次/万人次	举办民俗活动/次	参与人次/万人次
2547666	**27835**	**5830.12**	**111502**	**8296.97**	**34731**	**10428.40**
858998	1870	1102.56	9273	598.51	4986	833.41
326580	8038	2112.88	40506	3254.26	5218	2781.27
1362088	17927	2614.68	61723	4444.20	24527	6813.72

调查成果						
征集实物/件	征集文本资料/册	录音资料/小时	录像资料/小时	调查报告/篇	出版成果/册	资源清单/册
268730	**123451**	**146021**	**107662**	**21289**	**354665**	**35886**
70295	15017	17417	14647	4075	35012	2456
57812	63875	88915	24172	7483	125098	24359
140623	44559	39689	68843	9731	194555	9071

2023年文物行政

	机构数/个	从业人员/人			藏品数/件(套)	
			在编人员数	单位编制数量		文物藏品
总　计	**2212**	**15468**	**10536**	**8183**	**900748**	**768992**
中央	1	141	141	158		
省区市	32	760	720	611		
独立编制文物局	12	513	489	452		
行政部门内设机构(不挂牌)	8	98	90	64		
合署办公(挂牌)	12	149	141	95		
地市	275	2751	1850	1487	201535	155702
独立编制文物局	33	740	467	535	6841	6841
行政部门内设机构(不挂牌)	122	1110	723	454	194526	148845
合署办公(挂牌)	120	901	660	498	168	16
县市区	1904	11816	7825	5927	699213	613290
独立编制文物局	144	1794	1253	953	73759	68838
行政部门内设机构(不挂牌)	1097	6336	4339	3214	321397	245983
合署办公(挂牌)	663	3686	2233	1760	304057	298469

续表 1

		本年收入合计/千元				
			财政拨款收入			
				文物类经费	在文物类经费中	
	三级文物				行政运行	一般行政管理事务
总　计	**445**	**15136432**	**14050654**	**5084610**	**475378**	**156951**
中央		108069	107045	97378	30955	8213
省区市		1091867	1074560	661428	138645	43742
独立编制文物局		416345	404488	355072	122216	31450
行政部门内设机构(不挂牌)		74469	74469	74469	2507	
合署办公(挂牌)		601053	595603	231887	13922	12292
地市	200	3285159	3078838	949056	118010	38653
独立编制文物局		780166	774397	367999	85631	25384
行政部门内设机构(不挂牌)	200	1762419	1613618	358056	8035	4678
合署办公(挂牌)		742574	690823	223001	24344	8591
县市区	245	10651337	9790211	3376748	187768	66343
独立编制文物局	173	1250665	1102326	486038	58471	11343
行政部门内设机构(不挂牌)	41	6851990	6221727	1828228	90790	36348
合署办公(挂牌)	31	2548682	2466158	1062482	38507	18652

部门基本情况

			在藏品数中/件(套)			本年修复文物数/件(套)		
一级文物	二级文物	三级文物	本年新增藏品	本年从有关部门接收文物数	本年藏品征集数		一级文物	二级文物
1378	**4914**	**58655**	**6873**	**2030**	**3085**	**1082**		**41**
280	1087	24843	522	1	463	406		22
	18	129						
280	1069	24698	522	1	463	406		22
		16						
1098	3827	33812	6351	2029	2622	676		19
273	815	6362	1062	82	58	181		2
409	2106	19615	4919	1929	2460	115		10
416	906	7835	370	18	104	380		7

文物保护等经费	本年支出合计/千元	基本支出	项目支出	在支出合计中，工资福利支出	资产总计/千元	固定资产净值	实际使用房屋建筑面积/万平方米	实际拥有产权面积/万平方米
2583073	**22621783**	**3124569**	**10945449**	**9597079**	**23960004**	**8534786**	**122.83**	**83.68**
50470	119695	44945	74750	29704	158709	108341	1.96	1.96
253393	1103780	234804	777140	168067	1129552	171986	2.87	1.75
170577	509660	169379	338278	129602	337930	123295	2.51	1.65
22522	45640		42580		6793	127	0.04	
60294	548480	65425	396282	38465	784829	48564	0.32	0.10
477634	3559798	802060	2643929	446856	11425474	2583842	30.51	26.68
183882	712988	172460	599906	120720	2544198	209305	1.54	0.39
229149	2060943	432017	1599043	228924	8387664	2143350	24.20	22.04
64603	785867	197583	444980	97212	493612	231187	4.78	4.25
1801576	17838510	2042760	7449630	8952452	11246269	5670617	87.49	53.29
242471	1235105	233132	942805	164889	785241	434639	14.29	13.61
1047614	14060903	1394999	4474692	8507489	8601163	4091188	49.35	29.42
511491	2542502	414629	2032133	280074	1859865	1144790	23.84	10.26

续表 2

	对外交流情况					
	与国外文博机构签署协议或备忘录个数/个	联合考古项目数/个	进出境展览项目数(不含港澳台)/个	文物保护与科技国际合作项目数/个	国际会议论坛项目数/个	人员培训与交流项目数/个
总　计	**21**	**71**	**9**	**7**	**19**	**233**
中央	5				1	1
省区市	15	12	9	7	14	16
独立编制文物局	15	12	8	7	6	14
行政部门内设机构(不挂牌)						
合署办公(挂牌)			1		8	2
地市	1	4			1	16
独立编制文物局	1	3				6
行政部门内设机构(不挂牌)						2
合署办公(挂牌)		1			1	8
县市区		55			3	200
独立编制文物局		2				1
行政部门内设机构(不挂牌)		27			2	116
合署办公(挂牌)		26			1	83

续表 3

	对外开放省级及以上文物保护单位数/个	本级财政专项安排文物保护经费/千元	进出境文物审核数/件(套)			
				允许出境文物数	临时进境文物数	临时出境文物数
总　计	**8823**	**3741167**	**22355**	**1142**	**12522**	**1638**
中央						
省区市	7361	2290853	21865	1048	12032	1638
独立编制文物局	3459	2053320	9104	705	4229	845
行政部门内设机构(不挂牌)	1354	117560	331	1	330	
合署办公(挂牌)	2548	119973	12430	342	7473	793
地市	635	297331	490		490	
独立编制文物局	64	66735				
行政部门内设机构(不挂牌)	407	109096	490		490	
合署办公(挂牌)	164	121500				
县市区	827	1152983		94		
独立编制文物局	67	66704				
行政部门内设机构(不挂牌)	442	810468				
合署办公(挂牌)	318	275811		94		

赴港澳台人员数/人次	对港澳台交流项目数/个	本级举办业务培训情况 举办业务培训班/个	培训业务人员数/人次	本辖区登记公布不可移动文物/处	全国重点文物保护单位	省级文物保护单位	市县级文物保护单位	尚未公布为文物保护单位的不可移动文物
81	**45**	**1677**	**92140**	**696610**	**5058**	**21546**	**115654**	**302875**
3	7	25	5384					
57	18	139	15198	696610	5058	21546	115654	302875
43	12	78	8326	384426	2754	9894	61646	185088
		19	1901	131949	1021	5155	22395	39318
14	6	42	4971	180235	1283	6497	31613	78469
7	6	179	12422					
		27	1979					
7	6	41	3159					
		111	7284					
14	14	1334	59136					
		118	4130					
14	14	708	35881					
		508	19125					

文物拍卖标的审核数/个	禁止上拍文物标的数	文物保护单位保护维修情况/个 国保单位保护维修项目数	保护维修面积/平方米	省保单位保护维修项目数	市、县保单位保护维修项目数	本级出台落实中央文物领域的政策性文件/件	文物安全巡查次数/次
639982	**4025**	**625**	**9723588**	**798**	**1021**	**358**	**417988**
						30	
636624	3996	178	737064	183	180	33	17849
389063	1070	96	130000	25	22	19	1465
16126	201	48	579455	109	158		3314
231435	2725	34	27609	49		14	13070
3358	29	131	6222784	113	148	136	69082
		45	6021754	16	19	2	8053
3358	29	34	80275	50	60	103	47886
		52	120755	47	69	31	13143
		316	2763740	502	693	159	331057
		65	77045	78	69	3	16591
		131	865781	263	298	83	204254
		120	1820914	161	326	73	110212

附录资料

全国行政区划

单位：个

省级区划名称	地　级		县　级					乡　级			
	区划数	#地级市	区划数	#市辖区	#县级市	#县	#自治县	区划数	#镇	#乡	#街道
全　国	**333**	**293**	**2844**	**977**	**397**	**1299**	**117**	**38658**	**21421**	**8190**	**9045**
北京市			16	16				343	143	143	165
天津市			16	16				252	125	125	124
河北省	11	11	167	49	21	91	6	2254	1332	1332	310
山西省	11	11	117	26	11	80		1280	631	631	219
内蒙古自治区	12	9	103	23	11	17		1025	509	509	246
辽宁省	14	14	100	59	16	17	8	1354	640	640	513
吉林省	9	8	60	21	20	16	3	970	426	426	363
黑龙江省	13	12	121	54	21	45	1	1315	574	574	407
上海市			16	16				215	106	106	107
江苏省	13	13	95	55	21	19		1237	701	701	519
浙江省	11	11	90	37	20	32	1	1364	618	618	488
安徽省	16	16	104	45	9	50		1522	1011	1011	287
福建省	9	9	84	31	11	42		1108	653	653	203
江西省	11	11	100	27	12	61		1581	832	832	189
山东省	16	16	136	58	26	52		1825	1072	1072	696
河南省	17	17	157	54	21	82		2459	1192	1192	700
湖北省	13	12	103	39	26	35	2	1260	761	761	338
湖南省	14	13	122	36	19	60	7	1946	1134	1134	424
广东省	21	21	122	65	20	34	3	1613	1112	1112	490
广西壮族自治区	14	14	111	41	10	48	12	1256	806	806	138
海南省	4	4	25	10	5	4	6	218	175	175	22
重庆市			38	26		8	4	1031	625	625	245
四川省	21	18	183	55	19	105	4	3101	2016	2016	459
贵州省	9	6	88	16	10	50	11	1510	831	831	365
云南省	16	8	129	17	18	65	29	1426	666	666	223
西藏自治区											
陕西省	7	6	74	8	2	64		711	142	142	35
甘肃省	10	10	107	31	7	69		1317	973	973	327
青海省	14	12	86	17	5	57	7	1356	892	892	127
宁夏回族自治区	8	2	44	7	5	25	7	404	140	140	42
新疆维吾尔自治区	5	5	22	9	2	11		243	103	103	50
	14	4	108	13	29	60	6	1162	480	480	224
香港特别行政区											
澳门特别行政区											
台湾省											

注：乡级区划总数包含河北省、新疆维吾尔自治区的各一个区公所。

分地区年末人口数

单位：万人

地 区	2013	2014	2015	2016	2017	2018	2019	2020	2021	2022	2023
全 国	**136726**	**137646**	**138326**	**139232**	**140011**	**140541**	**141008**	**141212**	**141260**	**141175**	**140967**
北 京	2125	2171	2188	2195	2194	2192	2190	2189	2189	2184	2186
天 津	1410	1429	1439	1443	1410	1383	1385	1387	1373	1363	1364
河 北	7288	7323	7345	7375	7409	7426	7447	7464	7448	7420	7393
山 西	3535	3528	3519	3514	3510	3502	3497	3490	3480	3481	3466
内蒙古	2455	2449	2440	2436	2433	2422	2415	2403	2400	2401	2396
辽 宁	4365	4358	4338	4327	4312	4291	4277	4255	4229	4197	4182
吉 林	2668	2642	2613	2567	2526	2484	2448	2399	2375	2348	2339
黑龙江	3666	3608	3529	3463	3399	3327	3255	3171	3125	3099	3062
上 海	2448	2467	2458	2467	2466	2475	2481	2488	2489	2475	2487
江 苏	8192	8281	8315	8381	8423	8446	8469	8477	8505	8515	8526
浙 江	5784	5890	5985	6072	6170	6273	6375	6468	6540	6577	6627
安 徽	5988	5997	6011	6033	6057	6076	6092	6105	6113	6127	6121
福 建	3885	3945	3984	4016	4065	4104	4137	4161	4187	4188	4183
江 西	4476	4480	4485	4496	4511	4513	4516	4519	4517	4528	4515
山 东	9746	9808	9866	9973	10033	10077	10106	10165	10170	10163	10123
河 南	9573	9645	9701	9778	9829	9864	9901	9941	9883	9872	9815
湖 北	5798	5816	5850	5885	5904	5917	5927	5745	5830	5844	5838
湖 南	6600	6611	6615	6625	6633	6635	6640	6645	6622	6604	6568
广 东	11270	11489	11678	11908	12141	12348	12489	12624	12684	12657	12706
广 西	4731	4770	4811	4857	4907	4947	4982	5019	5037	5047	5027
海 南	920	936	945	957	972	982	995	1012	1020	1027	1043
重 庆	3011	3043	3070	3110	3144	3163	3188	3209	3212	3213	3191
四 川	8109	8139	8196	8251	8289	8321	8351	8371	8372	8374	8368
贵 州	3632	3677	3708	3758	3803	3822	3848	3858	3852	3856	3865
云 南	4641	4653	4663	4677	4693	4703	4714	4722	4690	4693	4673
西 藏	317	325	330	340	349	354	361	366	366	364	365
陕 西	3804	3827	3846	3874	3904	3931	3944	3955	3954	3956	3952
甘 肃	2537	2531	2523	2520	2522	2515	2509	2501	2490	2492	2465
青 海	571	576	577	582	586	587	590	593	594	595	594
宁 夏	666	678	684	695	705	710	717	721	725	728	729
新 疆	2285	2325	2385	2428	2480	2520	2559	2590	2589	2587	2598

居民人均可支配收入

单位：元

指　　标	2016	2017	2018	2019	2020	2021	2022	2023
全国居民人均收入								
可支配收入	23821	25974	28228	30733	32189	35128	36883	39218
1.工资性收入	13455	14620	15829	17186	17917	19629	20590	22053
2.经营净收入	4218	4502	4852	5247	5307	5893	6175	6542
3.财产净收入	1889	2107	2379	2619	2791	3076	3227	3362
4.转移净收入	4259	4744	5168	5680	6173	6531	6892	7261
城镇居民人均收入								
可支配收入	33616	36396	39251	42359	43834	47412	49283	51821
1.工资性收入	20665	22201	23792	25565	26381	28481	29578	31321
2.经营净收入	3770	4065	4443	4840	4711	5382	5584	5903
3.财产净收入	3271	3607	4028	4391	4627	5052	5238	5392
4.转移净收入	5910	6524	6988	7563	8116	8497	8882	9205
农村居民人均收入								
可支配收入	12363	13432	14617	16021	17131	18931	20133	21691
1.工资性收入	5022	5498	5996	6583	6974	7958	8449	9163
2.经营净收入	4741	5028	5358	5762	6077	6566	6972	7431
3.财产净收入	272	303	342	377	419	469	509	540
4.转移净收入	2328	2603	2920	3298	3661	3937	4203	4557

居民人均消费支出

单位：元

指　　标	2016	2017	2018	2019	2020	2021	2022	2023
全国居民人均支出								
1.食品烟酒	5151	5374	5631	6084	6397	7178	7481	7983
2.衣着	1203	1238	1289	1338	1238	1419	1365	1479
3.居住	3746	4107	4647	5055	5215	5641	5882	6095
4.生活用品及服务	1044	1121	1223	1281	1260	1423	1432	1526
5.交通通信	2338	2499	2675	2862	2762	3156	3195	3652
6.教育文化娱乐	1915	2086	2226	2513	2032	2599	2469	2904
7.医疗保健	1307	1451	1685	1902	1843	2115	2120	2460
8.其他用品及服务	406	447	477	524	462	569	595	697
城镇居民人均支出								
1.食品烟酒	6762	7001	7239	7733	7881	8678	8958	9495
2.衣着	1739	1758	1808	1832	1645	1843	1735	1880
3.居住	5114	5564	6255	6780	6958	7405	7644	7822
4.生活用品及服务	1427	1525	1629	1689	1640	1820	1800	1910
5.交通通信	3174	3322	3473	3671	3474	3932	3909	4495
6.教育文化娱乐	2638	2847	2974	3328	2592	3322	3050	3589
7.医疗保健	1631	1777	2046	2283	2172	2521	2481	2850
8.其他用品及服务	595	652	687	747	646	786	814	953
农村居民人均支出								
1.食品烟酒	3266	3415	3646	3998	4479	5200	5485	5880
2.衣着	575	612	648	713	713	860	864	921
3.居住	2147	2354	2661	2871	2962	3315	3503	3694
4.生活用品及服务	596	634	720	764	768	901	934	992
5.交通通信	1360	1509	1690	1837	1841	2132	2230	2480
6.教育文化娱乐	1070	1171	1302	1482	1309	1646	1683	1951
7.医疗保健	929	1059	1240	1421	1418	1580	1632	1916
8.其他用品及服务	186	201	218	241	224	284	300	341

国内生

本表按当年价格计算。

年　份	国　民 总收入	国内生产 总　值	第一产业	第二产业	第三产业
1978	3678.7	3678.7	1018.5	1755.1	905.1
1979	4100.5	4100.5	1259.0	1925.3	916.1
1980	4586.1	4587.6	1359.5	2204.7	1023.4
1981	4933.7	4935.8	1545.7	2269.0	1121.1
1982	5380.5	5373.4	1761.7	2397.6	1214.0
1983	6043.8	6020.9	1960.9	2663.0	1397.1
1984	7314.2	7278.5	2295.6	3124.7	1858.2
1985	9123.6	9098.9	2541.7	3886.4	2670.8
1986	10375.4	10376.2	2764.1	4515.1	3097.0
1987	12166.6	12174.6	3204.5	5273.8	3696.3
1988	15174.4	15180.4	3831.2	6607.2	4742.0
1989	17188.4	17179.7	4228.2	7300.7	5650.8
1990	18923.3	18872.9	5017.2	7744.1	6111.6
1991	22050.3	22005.6	5288.8	9129.6	7587.2
1992	27208.2	27194.5	5800.3	11725.0	9669.2
1993	35599.2	35673.2	6887.6	16472.7	12313.0
1994	48548.2	48637.5	9471.8	22452.5	16713.1
1995	60356.6	61339.9	12020.5	28676.7	20642.7
1996	70779.6	71813.6	13878.3	33827.3	24108.0
1997	78802.9	79715.0	14265.2	37545.0	27904.8
1998	83817.6	85195.5	14618.7	39017.5	31559.3
1999	89366.5	90564.4	14549.0	41079.9	34935.5
2000	99066.1	100280.1	14717.4	45663.7	39899.1
2001	109276.2	110863.1	15502.5	49659.4	45701.2
2002	120480.4	121717.4	16190.2	54104.1	51423.1
2003	136576.3	137422.0	16970.2	62695.8	57756.0
2004	161415.4	161840.2	20904.3	74285.0	66650.9
2005	185998.9	187318.9	21806.7	88082.2	77430.0
2006	219028.5	219438.5	23317.0	104359.2	91762.2
2007	270704.0	270092.3	27674.1	126630.5	115787.7
2008	321229.5	319244.6	32464.1	149952.9	136827.5
2009	347934.9	348517.7	33583.8	160168.8	154765.1
2010	410354.1	412119.3	38430.8	191626.5	182061.9
2011	483392.8	487940.2	44781.5	227035.1	216123.6
2012	537329.0	538580.0	49084.6	244639.1	244856.2
2013	588141.2	592963.2	53028.1	261951.6	277983.5
2014	644380.2	643563.1	55626.3	277282.8	310654.0
2015	685571.2	688858.2	57774.6	281338.9	349744.7
2016	742694.1	746395.1	60139.2	295427.8	390828.1
2017	830945.7	832035.9	62099.5	331580.5	438355.9
2018	915243.5	919281.1	64745.2	364835.2	489700.8
2019	983751.2	986515.2	70473.6	380670.6	535371.0
2020	1005451.3	1013567.0	78030.9	383562.4	551973.7
2021	1141230.8	1149237.0	83216.5	451544.1	614476.4
2022	1194401.4	1204724.0	88207.0	473789.9	642727.1
2023	1249990.6	1260582.1	89755.2	482588.5	688238.4

注：1980年以后国民总收入(原称国民生产总值)与国内生产总值的差额为来自国外的初次分配收入净额。

产总值

单位：亿元

工业	建筑业	批发和零售业	交通运输、仓储和邮政业	住宿和餐饮业	人均国民总收入(元)	人均国内生产总值(元)
1621.4	138.9	242.4	182.0	44.6	385	385
1786.5	144.6	200.9	193.7	44.0	423	423
2014.8	196.3	193.8	213.4	47.4	467	468
2067.7	208.0	231.2	220.8	54.1	496	497
2183.0	221.6	171.5	246.9	62.3	533	533
2399.0	271.7	198.7	275.0	72.5	591	588
2815.8	317.9	363.6	338.6	96.8	705	702
3478.2	419.3	802.5	421.8	138.3	868	866
4000.7	527.3	852.7	499.0	163.2	973	973
4621.1	667.5	1059.7	568.5	187.1	1122	1123
5814.0	811.8	1483.6	685.9	241.4	1377	1378
6525.5	796.1	1536.4	812.9	277.4	1537	1536
6904.5	861.7	1269.2	1167.2	301.9	1667	1663
8137.9	1017.7	1834.8	1420.5	442.3	1916	1912
10340.2	1417.9	2405.4	1689.2	584.6	2336	2334
14248.4	2269.9	2817.0	2174.3	712.1	3021	3027
19546.3	2968.8	3774.0	2788.2	1008.5	4073	4081
25023.2	3733.7	4779.4	3244.7	1200.1	5009	5091
29528.9	4393.0	5600.5	3782.6	1336.8	5813	5898
33022.6	4628.3	6328.4	4149.1	1561.3	6406	6481
34133.9	4993.0	6914.3	4661.5	1786.9	6749	6860
36014.4	5180.9	7492.2	5175.9	1941.2	7134	7229
40258.5	5534.0	8159.8	6161.9	2146.3	7846	7942
43854.3	5945.5	9120.8	6871.3	2400.1	8592	8717
47774.9	6482.1	9996.8	7494.3	2724.8	9410	9506
55362.2	7510.8	11171.2	7914.8	3126.1	10600	10666
65774.9	8720.5	12455.8	9306.5	3664.8	12454	12487
77958.3	10400.5	13968.5	10668.8	4195.7	14267	14368
92235.8	12450.1	16533.4	12186.3	4792.6	16707	16738
111690.8	15348.0	20941.1	14605.1	5548.1	20541	20494
131724.0	18807.6	26186.2	16367.6	6616.1	24250	24100
138092.6	22681.5	29004.6	16522.4	6957.0	26136	26180
165123.1	27259.3	35907.9	18783.6	7712.0	30676	30808
195139.1	32926.5	43734.5	21842.0	8565.4	35939	36277
208901.4	36896.1	49835.5	23763.2	9536.9	39679	39771
222333.2	40896.8	56288.9	26042.7	10228.3	43143	43497
233197.4	45401.7	63170.4	28534.4	11228.7	46971	46912
234968.9	47761.3	67719.6	30519.5	12306.1	49684	49922
245406.4	51498.9	73724.5	33028.7	13607.8	53516	53783
275119.3	57905.6	81156.6	37121.9	15056.0	59514	59592
301089.3	65493.0	88903.7	40337.2	16520.6	65246	65534
311858.7	70648.1	95650.9	42466.3	17903.1	69881	70078
312902.9	72444.7	96086.1	40582.9	15285.4	71253	71828
374545.6	78741.2	110147.0	48423.9	18026.9	80803	81370
395043.7	80766.0	116294.1	51076.9	17755.0	84781	85310
399103.1	85691.1	123072.4	57819.8	21023.6		89358